JN212718

関東大震災 史料が証す

戒厳令下の大虐殺の真相

朝鮮人・中国人・社会主義者の犠牲

久保井規夫著

令　厳　戒　　　作氏兒虹谷蕗

柘植書房新社

「独立新聞」（金承学社主、上海にあった独立運動の機関紙、1923.12.5）。関東大震災戒厳令下で虐殺された朝鮮人犠牲者数を、匿名特派員たちにて第一次の調査をして報道した。この調査活動を察知した警視庁正力官房主事は、「朝鮮特高㊙通達」で、「朝鮮人慰問の名目で虐殺の状況を掲載し反日思想を扇動せんとする」として、厳しく取り締まった。その妨害に会い、「独立新聞」の特派員たちは、正確を期す第二次調査ができなかった。

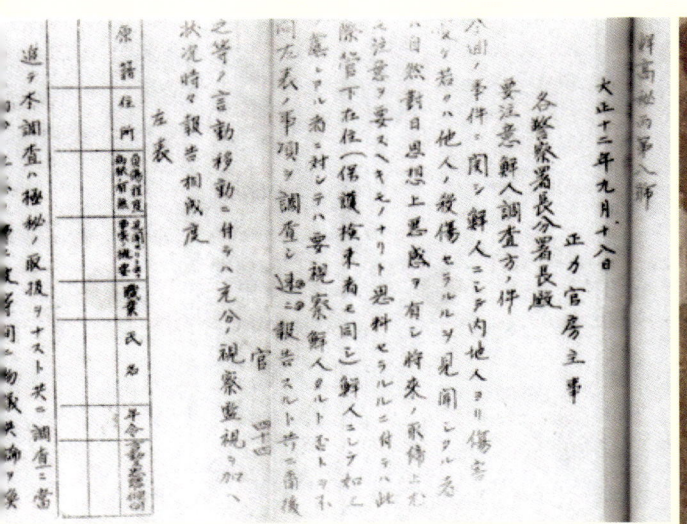

正力官房主事「<u>要注意(朝)鮮人調査方の件</u>、今回の事件に関し鮮人にして内地人より<u>傷害を受け、若しくは他人の殺傷せらるを見聞したる者は、自然に対日思想上悪寒を有し将来の取締り上もっとも注意を要すべき者</u>……言動移動については充分の視察監視を加え、情況時々報告相なりたし」(著者蔵)

新史料 警視庁官房文書課編纂「<u>震火災に関スル告諭諸達示通牒</u>」綴(1923.9)警視庁正力官房主事から<u>(朝)鮮特高㊙通達</u>など、六百余枚の各警察署長への通達綴。(著者蔵)

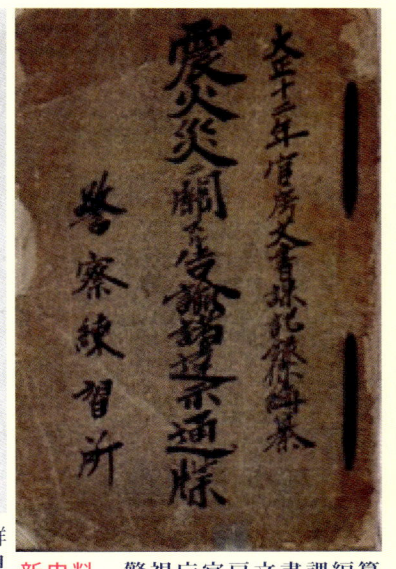

「<u>極秘</u>、関係各署長殿、鮮人死体急速措置の件指示。<u>後ろ手に縛され、或いは創傷を負える鮮人の死体</u>など、今なお散在しおる趣のところ、これらは特に急速措置を要する者につき、<u>発見次第、最先に焼却</u>その他の措置を講ぜらるべし」。(著者蔵)

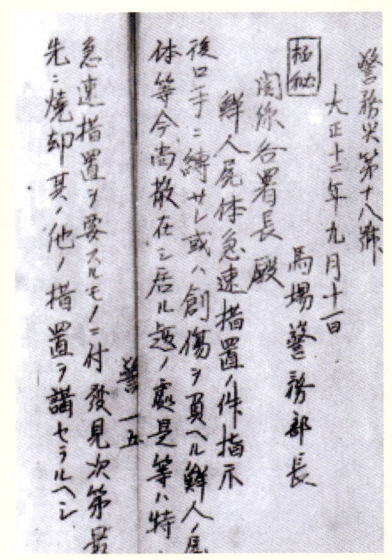

鮮人死体急速措置の件指示」<u>極秘</u>警視庁馬場警務部長(1923.9.11)。(著者蔵)

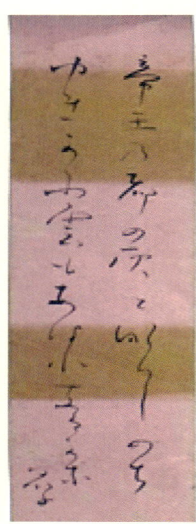

大震火災で、廃墟となった東京都心部。浅草、萬世橋駅前、日本橋、本町通など
をイメージして描いてある。（「時事画報　大震災第三号」1923.9.25著者蔵）

帝王の都の灰と
言いしのち、行
き交う雲も哀れ
なるかな
与謝野晶子

「戒厳令」下、大元帥として、焼
け果てた銀座通りを視察する摂政
宮。「戒厳令」は勅令である。犠
牲者遺体は片づけられていた。
1923.9.15。（「国際写真情報」国
際情報社1927.9.1）著者蔵

近藤紫雲「戒厳令下の萬世橋」（「大正震災画集」著者蔵1923）。
戒厳軍が設置した市内検問所四十か所の一例である。戒厳令は、
9月2日夜、東京市と隣接四郡に布かれ東京衛戍司令官が執行準
備をした。9月3日、関東戒厳司令部(福田雅太郎大将)が置かれ、
区域も兵力動員も、東京府、神奈川県、さらに埼玉県、千葉県に
拡大した。配備された兵力35,000~63,940人。

避難所とされた被服廠跡は、大火災旋風で阿鼻叫喚の地獄となった。死者約38,000人。(著者蔵)

命の水の井戸を守る兵士。「朝鮮人が暴動を起こし、放火し、井戸に毒を入れた」との流言蜚語が広がった。朝鮮人への憎悪が高まる。(著者蔵)

朝鮮人を不逞(悪者)として惨殺した(著者蔵)。

井川洗厓「夜警団」(「大正震災画集」1923)。(著者蔵)

警察官(白服)、軍隊(濃黄服)とともに、民間自警団員が、朝鮮人を虐殺している。戒厳軍は、朝鮮人の暴動を鎮圧する為に出動した。警察官、自警団員は、軍と行動を一緒にすれば、朝鮮人を殺害しても罪科に問われなかった。

河目悌二「関東大震災朝鮮人虐殺図」国立歴史民俗博物館蔵
(新井勝紘「関東大震災描かれた朝鮮人虐殺を読み解く」新日本出版社)

張玉彪「関東大震災中国人虐殺之図」2020年画。中央右は王希天斬殺場面である。左は、黄子蓮被害の場面である。誤殺でなく、中国人と知っての殺害であった。（林伯耀氏蔵）

その場で石油をかけて急速に焼却した場合。石油缶が横にある。「向島署集約」と記す。(著者蔵)

遺体を検分する警察官。「虐殺された朝鮮人遺体は焼却して隠蔽せよ」と指令されていた。(著者蔵)

軍法会議で裁かれる麹町憲兵分隊隊長の甘粕正彦大尉(著者蔵)。社会主義者の大杉栄、妻伊藤野枝、甥橘宗一(7歳)らを拘束して殺害した(1923.9.16夜)。

朴烈と金子文子。朝鮮人社会主義者として大逆罪を科せられた

農村部の自警団。「東京・横浜で悪いことをした朝鮮人が来るので、やっつけろ」という事で、村の各戸から一人ずつ出て組織したりした。自警団は、東京1,593、神奈川603、埼玉300、千葉366、茨城336、群馬469、栃木19、総計3,689団体であった(10月末)。（石田貞氏蔵）

習志野収容所で朝鮮人たちを訓戒する梨本戒厳司令長官 (大阪朝日新聞「大震災写真画報」1923.10.7)

神楽坂警察署に収容された朝鮮人たち。警察・収容所とて安全な場所ではなかった。(姜徳相氏蔵)

収容所から自警団に渡されて殺害された朝鮮人の慰霊碑(千葉県八千代市高津観音寺)

朝鮮人・中国人を守った
横浜鶴見警察署長顕彰碑
(1953.3.21東漸寺)

横浜市田島町の人達は、付き合ってきたまじめな朝鮮人をバラックに収容して守った。1923.9.4(「神奈川県大震災記念写真帳」1925.4.20)(著者蔵)

福田村事件追悼慰霊碑
(千葉県野田市三ツ堀円福寺霊園。2003.9.6建立。)

香川県の行商人一行15人が、千葉県福田村三堀の渡しから船に乗ろうとして、三ツ堀香取神社付近で休憩していた。取り囲んだ自警団は、「日本人だ」「行商許可証もある」との弁明も、聞かずに襲いかかった。(香川人権啓発展示室)

1926年1月2日、三重県熊野の木本隧道工事で働いていた朝鮮人一人が、日本人に刀で傷害された。「朝鮮人が仕返しに来る」とのデマが湧き、木本町の人たちは武装自警団を組織して、朝鮮人の飯場を襲撃し、二人を殺害した。

木本事件犠牲者の裵相度氏、李基允氏の追悼碑

「落ち行く人々の群」蕗谷虹兒(1923年)著者蔵

関東大震災 史料が証す 戒厳令下の大虐殺の真相◆目次

<< 　凡　例　>>

1. 本書は、最新史料に基づいて真相を追求した論説である。可能な限り史料原本を検証する体裁とした。史料を引用した際、「不逞鮮人」の如き、差別的表現、蔑称などが表記されるが、歴史的事実、社会状況を正確に認識していただくために原文通りとした。片仮名が使用されている文献は、現代ひらがなに表記し直している。
2. 政府官憲・軍部・警察の中枢にある公人の言辞、公文書は、多大の影響を及ぼす第一級史料として重視した。権力を伴う公的指示と責任を伴うからである。
3. 被害・加害の当事者による証言は貴重である。他の証言や、史料によって裏付けられる場合、第一級史料となる。
4. 戒厳軍、警察による虐殺、一緒になっての自警団員による虐殺、これ等の行為は目撃されている。それを記した公記録は、隠蔽され非開示である。自警団による虐殺も、検挙され公判に処された場合だけが司法省公記録にある。しかし、非開示のため、報道記録などで概略を記述することとなった。
5. 官憲警察は虐殺に関する調査資料を隠蔽した。報道機関への検閲・統制をし、民間調査へは弾圧・妨害をし、死体・現場の証拠隠蔽を行った。したがって、正確な虐殺実態・人数などは不明だが、現存する調査史料を可能な限り、検証・分析することとした。

以上

はじめに……史料は真相の証である

（1）　政府答弁「記録が無い」を諫める

1. 日弁連「勧告」「調査報告書」

　関東大震災時に於いて朝鮮人・中国人の大虐殺事件があったことは、語られ、記され、追悼行事も行われてきたことで伝えられてきた。しかし、その取り組みは、被害者である朝鮮人・中国人との友好・共生を進める人々による民間での歴史研究であり、追悼行事である。本書も、その立場の民間からの一冊である。

　日本政府は、戒厳令下で軍隊・警察、そして自警団と言う日本人組織が、何千人と言う民族大虐殺を行った事件の要因・真相を調査・研究しようとはしない。国家として、民族差別と虐殺を誤りとして反省せず、加害責任を果たさず、謝罪も追悼も行わない。それは、日本政府の現政権・官僚が、戦前からの民族差別と植民地主義を支配体制に残存しているからである。このような日本政府に対して、虐殺事件の明らかになった要因・真相を対面させ、加害責任を果たすことが政府の役割・責務であることを認識させる民間からの働きかけが今日の必然である。

　その為には、働きかける我々の側が、先ず虐殺事件の真相を明確にしなければならないが、これが大変なことであった。なぜなら、関東大震災時に於ける朝鮮人・中国人の大虐殺や、社会主義者への弾圧がなされた戦前日本は、民族差別と植民地支配を国是とする天皇制軍国主義国家であった。朝鮮人虐殺についての真相の調査や、報道・言論・出版などは検閲・統制され、弾圧された。

　ようやく戦後になって、在日朝鮮人を中心とする調査と追悼の活動が開始された。被害者・加害者・目撃者、それに関係する人たちがまだ健在で、次々と証言が記録された。ただ、加害者である日本人たちが自責を踏まえて、この在日朝鮮人を中心とした調査研究と追悼に、大勢として加わったのは、遅れて虐殺事件（1923年）から五十年ばかりを経ていた。

　さて、軍、警察、官憲などが虐殺事件と直接関わる公史料については、所蔵

している筈の政府・公機関が、未だに封印して開示を拒み続けている。だが、稀有ではあるが、軍・警察・官憲が虐殺と直接関わる公史料が、遺漏して開示されていた場合がある。また、通達の如く、一部に限定されずに公機関内部で流布された公史料もある。さらに、軍人、警察官、役人など、加害者側でも公機関に所属していた者の証言・文献も現れた。こうして、そのような史料が加害者や犠牲者・目撃者の個々の証言・文献・写真と相まって第一級史料となり、虐殺の真相は明晰となり、研究者の調査研究・論述も確固たる内容となるのである。

　関東大震災八十周年を時機に、公史料を明示した国家責任を問う組織的な行動が初めて成された。日本弁護士連合会（会長　本林徹）は、政府（内閣総理大臣小泉純一郎）に対して、「**関東大震災時に於ける虐殺事件に関する人権救済申立事件**」について勧告した（2003.8.25）。勧告の趣旨は、「1. 国は、関東大震災直後の朝鮮人、中国人に対する虐殺事件に関し、軍隊による虐殺の被害者、遺族、および虚偽事実の伝達など国の行為に誘発された自警団による虐殺の被害者、遺族に対し、その責任を認めて謝罪すべきである。」「2. 国は、朝鮮人・中国人虐殺の全貌と真相を調査し、その原因を明らかにすべきである」。そして、勧告の理由として、「**関東大震災人権救済申立事件調査報告書**」一冊を別添えした。この「調査報告書」は、それまでに確認した公史料を根拠に、関東大震災時に於ける朝鮮人・中国人虐殺の真相と国家責任を明確にした優れた内容であった。

　ところが、政府内閣官房は、「勧告の趣旨 1. 責任を認めて謝罪、2. 真相調査」の文面を見ただけで、警察庁、法務省に廻覧しただけで放置した。日弁連の勧告に法的には順守する義務はないが、答弁を為すことは政府として当然の責務であった。放置すること十三年を経て、あまりの怠慢に対して、参議院に於いて、田城郁議員より「質問主意書」にて、「勧告の内容を精査したのか」「どのような検討を加え、回答しないという結論に至ったのか」説明を求めた。やっと応じた政府の答弁書は次の通りであった。「お尋ねの日本弁護士連合会の『関東大震災人権救済申立事件調査報告書』及び『勧告書』（日弁連総第39号 2003年8月25日）については、平成15年8月29日付けで内閣官房に於いて受け付け、同年9月3日付けで警察庁及び法務省に回付したものと承知している。また、『内容を精査したのか』及び『どのような検討を加え、回答しないという結論に至ったのか』とのお尋ねについては、調査した限りでは、政府内にその事実関係を把握することができる記録が見当たらないことから、お答えする

ことは困難である。」。

　この下線を引いた「調査した限りでは、政府内にその事実関係を把握することができる記録が見当たらないことから、お答えすることは困難である」との文言は、「政府内に記録が見つからない」との言い訳を付けて、「お答えすることは困難」などと答弁を拒否した不誠実な応対である。

　ここで、皆さんに知っていただきたいことがある。政府からの答弁書の「調査した限りでは、政府内にその事実関係を把握することができる記録が見当たらないことからお答えすることは困難である」との答弁拒否のお題目的な言い訳は、コピーしたように繰り返されてきた。何度も出されてきた関東大震災時に於ける虐殺事件に関する「質問主意書」は、それぞれ内容が異なるのに、政府からの答弁書は、ここ十年を超えて、毎回同様に「調査した限りでは、政府内にその事実関係を把握することができる記録が見当たらないことからお答えすることは困難である」とのお題目をコピーして答弁拒否してきた。国会における議員の「調査・質問権」を足蹴にする不遜な現政権・官僚の所為である。

　実際、「関東大震災人権救済申立事件調査報告書」は、政府内にその事実関係を把握することができる記録（公史料）について、きちんと所蔵先の政府公機関・施設を明示し、確認した公史料の内容を抜粋さえした丁寧な構成である。記録（公史料）が見当たらないはずがないのである。まして、政府内閣官房は、

埼玉縣で殺害した
鮮人百六十六名
加害者の収監百十四

埼玉縣下に於て殺害された鮮人は左記百六十六名であるが原鮮氏名は全然不明し、中には日本人労働者も数名あるらしい

熊谷　四十三名、本庄　八十六名、神保原　卅五名、寄居　一名(飴
屋沼　一名

右鮮人殺傷事件につき殺人、強盗、傷害罪として浦和地方裁判所に検挙され起訴されている者は左の百十四名である

大里郡熊谷町　卅三名、児玉郡神保原村十
九名、寄居町　十三名、大里郡妻沼村　十四名
本庄町　卅三名、児玉郡神保原村十

流言に狂へる一團
中山道に待ち伏せ
四十三名を殺害す

出勤せよとふれまはり血気にはやる壮年者などは手に手に身をや防ぎ一時物覚検披等の凶器をたづさへ出動したので人心益々不安に陥り殊に日夜ころ々東部連合青年団から鮮人数名を本庄署上げ方依頼から鮮人二十名近く殺害上げ方依頼するとき町内に響動したところには既に久下、佐谷田村付近では警護中の鮮人か一部自衛團との間に鮮人の兇や

四日夕刻には
埼玉縣熊谷地方では九月三日米、近県地方で保護してゐる鮮人が続々熊谷に入り来り事なり中山道を東西十五里にわたり或は殺され或は壮漢若しくは婦女子に殺されるといふ噂が漸く広くなつたため在郷軍人団消防団は全力をあげて鮮人保護に努めたがさらに

四日夕刻には
誰いふとなく一戸一人づゝ自衛に

各省庁、国公立機関と綿密な連携を図り、公機関に附属する公史料の管理活用を優先して把握することも、利用することもできる立場にある。日弁連「調査報告書」が明示した記録（公史料）・所蔵先を例示していこう。

A. まず、戒厳令軍として動員された部隊・兵士が虐殺行為を行ったことを記録した軍隊内部の公史料は、唯一「関東戒厳司令部詳報第三巻第四章第三節流言並鮮人保護」の「付表；震災警備の為、兵器を使用せる事件調査表」（松尾章一監修「関東大震災政府陸海軍関係史料Ⅱ巻陸軍関係史料」日本経済評論社 1997.2.20）だけである。本書では、「Ⅵ．隠された、軍隊による朝鮮人虐殺の実相（1）漏れた公記録『兵器を使用した事件調査表』」に記載したが、一部の部隊の戒厳軍本部への内部報告である。まとまった報告書ではなく、この箇所だけが「付表」として記載され、外部に漏洩したものと思われる。それでも、所属部隊、日時場所、殺戮人数を具体的に記述した史料として貴重である。現在、**この史料原本は非開示**とされている。

B. 次に、大震災当時の司法省、内務省警保局が揃って記者会見して公表した**虐殺事件の公判記録**の数々である。警察による制止を聞かず暴徒化した自警団による虐殺事件だけを恣意的に起訴した公判記録である。公判の確定判決の閲覧謄写を求めた日弁連は検察庁から許可を得られず**非開示とされた**。虐殺の罪科を暴徒化した一部の自警団に被せて事態をしのごうとした司法省は、報道に協力的で、当時の新聞には公判の様子が詳細である。この報道資料が報告書に紹介されていた。媒体は新聞ではあるが、記載された内容は、明らかに公判の公史料に値するものであった。本書の「Ⅶ．自警団による朝鮮人虐殺の実相」に例示しておいた。しかし、政府は、「政府内に見当たらない」と、一掃した。ならば、当時の検察官であり、官僚であった法務府特別審査局長吉河光貞**「関東大震災の治安回顧」**法務府（1949.9.1）には、当時の司法省が取り上げた大震災時の自警団の虐殺を、公判記録の概略とともにまとめているが、これを追加資料として補填すれば、政府はどう対処するだろうか。「政府内に見当たらない」とは言えないであろう。

C. また、越中谷利一（習志野騎兵連隊）や久保野茂次（野戦重砲兵第一連隊）の日誌は、一兵卒の私文書ではあるが、所属軍隊の立場から知り得た戒厳軍による虐殺の実態を証言した記録として貴重である。久保野日誌では、戒厳軍による中国人の王希天（中国僑日共済会会長）殺害について見聞した仔細が記されている。政府の責任の重き要職にある方は、政府内だけでなく、民間の関係者や有知識人の著作なども、提示されれば一読する態度が必然と考える。

　D. 関東大震災時には、朝鮮人だけでなく在日した中国人も多数虐殺された。中国政府は、現地調査と傷害被害者、目撃者、遺族、友人・関係者などの証言を踏まえ、第一次調査「**日人惨殺華工之鉄証（1923.11.30）**」407名から調査を積み重ね、大震災時に東京市、神奈川県を中心に全域で、惨殺被害者総数758名とする（「**中華民国留日人民被害調査表**」1924.2.25）。日弁連は、「調査報告書」にこれらの史料の存在を示した。政府の担当者は、報告書にきちんと目を通していないのである。「政府内に記録は見当たらないのでお答えすることは困難である」と、同様の弁明をレコーダーの如く繰り返す。中国人虐殺については、中国政府から、関係文書・史料を手渡され、真相究明と加害者の処罰、賠償、在日中国人の安全への対処が申し込まれた外交問題であった。国会で審議され、新聞で報道され、閣議でも賠償を決議した。その第一級史料である外交文書や被害者名簿（写）は、外務省外交史料館（東京都港区）に保管され開示もされてきた。「外務省は政府内ではないのか」と厳しく叱責したい。政府は、無責任さを指摘する声の広がりを恐れたのか、またもやこれらの外交文書や被害者名簿を非開示とした。

2.「非開示 = 記録が無い」との不誠実

　なお、政府に対する「勧告」や「質問主意書」は、本会議での質疑答弁と違って討論を成し得ない。議事録にも官報にも記録されない。一議員としての調査権の行使であって、質問と答弁、いずれも一方通行で議論ができない。個別に内容が異なり、新史料を提示しての「質問主意書」であるにも拘わらず、政府の答弁はお題目の如く「政府内に記録は見当たらないのでお答えすることは困難である」と、返答拒否してくるのである。日弁連の「勧告」「調査報告書」以後、新しく発見された新史料を提示した「質問主意書」の要旨を次に例示する。

　A. まず、**内閣府の中央防災会議「災害教訓の継承に関する専門調査会報告書」**に記載された箇所を史料として提示して、政府として把握している虐殺犠牲者数を質問した。すなわち、衆議院に於ける初鹿明博議員の「関東大震災に於ける朝鮮人虐殺に関する質問主意書」（2017.11.2、第9号）である。

　「報告書によると、関東大震災の『**殺傷事件による犠牲者の正確な数は掴めないが、震災による死者数の1〜数%に当たる**』と記載されています。関東大震災の死者数が約十万人であることを考えると殺傷事件による犠牲者の数は一千から数千人に当たります。政府は、関東大震災に当たって発生した殺傷事件による犠牲者の総数が何人だと考えていますか。また、政府として把握して

いる犠牲者の数は何人ですか」「報告書の『朝鮮人虐殺』の記述にある行為が行われたことを政府としても事実として認めているのか」。

　この「質問主意書」に対して、内閣総理大臣臨時大臣麻生太郎からの「答弁書」である。「『関東大震災に当たって発生した殺傷事件による犠牲者の総数』『政府として把握している犠牲者の数』……調査した限りでは、**政府内にそれらの事実関係を把握することのできる記録が見当たらないことから、お尋ねについてお答えすることは困難である**」「御指摘の『報告書』は、**有識者が執筆したものであり、その記述の逐一について政府としてお答えすることは困難である**」。

　持って回った言い方で答弁しているが、質問を全否定しているのである。すなわち、虐殺犠牲者数が**「震災による死者数の1〜数％に当たる」**数という事が事実であると把握する記録は見当たらないとする。報告書の朝鮮人虐殺の記述については、**学者の一見識であって、政府の統一見解ではない**とする。すなわち、政府（現政権）は「関東大震災時に於ける虐殺事件について、国として責任を認めず、真相調査をしない」との、日弁連からの勧告を否定する立場である。その立場から、**内閣府の中央防災会議の報告書の記述と言う「公記録」**も、一学識者の私見に過ぎないと格下げしたのである。

　B. 参議院に於いて、有田芳生議員からの**「関東大震災時の朝鮮人等の虐殺事件における犠牲者の遺体処理に関する質問主意書」**（2022.5）に、「この虐

日本橋付近での朝鮮人惨殺死体（1923.9 著者蔵）

殺事件の隠蔽工作方針を示す、国立国会図書館憲政資料室所蔵の『**斎藤実関係文書**』という史料には、『**大正十二年十二月、関東地方震災の朝鮮に及ぼしたる状況、朝鮮総督府警務局**』という文書が収められており、その中の『**極秘　震災当時に於ける不逞鮮人の行動及び被殺鮮人の数に対する処置**』の項には、『**（三）処置、被殺鮮人の死体始末は関係官憲に於いて区々になせるより、その後左記一定の方針の下に処置せられつつある**』……『**一、埋葬したる者は速やかに火葬とすること**』、『**二、遺骨は内鮮人判明セザル様処置すること**』、……『**五、起訴せられたる事件にして鮮人に被害ある者は速やかにその遺骨を不明の程度に始末すること**』との記述があります」。虐殺事件を隠蔽するために遺体に証拠隠滅の工作を官憲が行うことを方針としていたという驚くべき記述である。朝鮮総督府警務局は、日本の関東地方に於いては独自の警察権を執行できない。日本内務省警保局、警視庁の方針の下に執行する筈である。つまり、個々に記されている遺体に対する虐殺隠蔽処置は、日本官憲の方針に基づく処置を記述したものと解釈できる。

　さて、政府の「答弁書」（2022.6.7、内閣参質208第53号、内閣総理大臣岸田文雄）は、例の如く返答拒否のお題目を寄越した。すなわち、「お尋ねの『**極秘　震災当時に於ける不逞鮮人の行動及び被殺鮮人の数に対する処置**』については、**調査した限りでは、政府内に見当たらない**」。「お尋ねの『**被殺者姓名判明せる者**』……『**遺骨を日本人であるか朝鮮人であるか判明しないよう処置する**』こと及び数少ない起訴された事件の被害者の遺骨すら、速やかに『**不明の程度に始末**』することについては、**調査した限りでは、政府内にそれらの事実関係を把握することのできる記録が見当たらないことから、お尋ねについてお答えすることは困難である**」。なお、政府内に見当たらないとされた公史料、すなわち国立国会図書館憲政資料室所蔵の『**斎藤実関係文書**』という史料は、現在非開示とされてしまった。非開示にしておいて、見当たらないとする。所蔵する公機関が政府（現政権）に忖度した所為の結果である。今日では、「特定秘密保護法」により、内閣から非開示を指示できるのである。こうなると、作為操作ができるコピーやレプリカでは、証言、書籍、私文書、新聞などだけでは、実証する原本史料の存在が提示（開示）されなければ史料的価値（証左）を有しないのである。

　この現実を目の当たりにしたのが、本年五月（2023.5.23）、参議院内閣法務委員会にて杉尾秀哉議員（立憲民主党）が行った質疑であった。杉尾議員は、関東大震災時に於ける朝鮮人・中国人への虐殺事件について、政府の認識と責

任を糾した。質疑と政府答弁の要旨は次の通りであった。

杉尾議員から。「多くの教科書や歴史書に、関東大震災時に於ける虐殺事件は記載されている。政府の中央防災会議『報告書』にも記載され、流言についても政府が取り組むべき人権認識の課題が指摘されている」「これまで政府に対して、日弁連の『勧告』『報告書』（2003.8.25）が提出され、私からも含めて八回に渡って『質問主意書』を提出して、虐殺事件には、軍や官憲が関与し、責任があることを裏付ける公文書記録と所在先を示して政府の認識と責任を問いただしてきた」「しかし、日弁連勧告に対しても、質問主意書に対しても、政府は、『（軍や官憲が関与した）事実関係を把握できる記録は政府内に見当たらないので、お答えすることは困難である』という答弁を一律に繰り返す不誠実な対応ぶりであった。誠意ある答弁を願いたい。」。

対して、楠芳伸警察庁官房長は、（杉尾議員から「メモ棒読みでなく、責任ある答弁をしてほしい」と言われても）、「政府として調査した限り、事実関係を把握できる記録は見当たらず、お答えすることは困難である。もし、仮に指摘の資料を確認しても、内容を評価することは困難である」との答弁メモを繰り返し読み上げた。

（杉尾議員から、「記録が見当たらないはずがない。国会図書館や公文書館にある。大震災百周年のこの機会に、公文書記録を精査して問題と責任を認識してほしい。防災担当大臣に答弁願いたい。メモを読むのでなく、自分の考えと言葉でお願いします」）。谷公一防災担当大臣は、「私がしゃべっている限り、私の考えと言葉である。警察庁官房長の答弁通りである。更なる調査の必要は考えていない。軍や官憲の関与でなく、大地震や混乱時には、流言蜚語が流れるものだ。動物園のライオンが逃げ出したというデマもある」。（杉尾議員からは、「ライオンの話ではない。人が人の命を奪う事件であった。時間の関係で今回は打ち切るが、繰り返しこの問題を提起するので、今回のような答弁で逃げ続けることはできない」）。

さて、政府は、事実を明確にする公史料を指摘され追い込まれたから、慌てて「非開示」＝「見当たらない」にして、検証できなくしているのである。逃げ切ろうとする政府に対して、「公文書史料の所在は明白である。公史料を隠蔽せず開示せよ」、「公文書史料を俎上に公開論議せよ」と引き続き要請していこう。また、政府管轄の公機関（各省庁資料室、国会図書館、公文書館）所蔵の公文書原本は、印刷物の場合、原本は一部しかないとは限らない。稀有ではあるが、たとえ、政府管轄の公機関が「非開示」にしても、他者が入手して閲

覧謄写できる場合もある。

（2）　新史料「警視庁㊙通達綴」等による補完

　第一級公史料は、政府（現政権）管轄・影響下の公機関だけが所蔵している
だけではない。国会審議の「議事録」や「官報」、審議資料は、何部も印刷さ
れている。また、その傍聴や会見報道の新聞もある。戒厳令下に於いて、内務
省警保局、警視庁から、連日の如く、各警察署へ下命した通達は、何百種類と
出されて、これまで数通が公表されている。著者は、後述するように、この警
視庁通達（公文書）のすべてを綴った史料を入手した。

　また、震災時の通信不可・取材混乱で、流言蜚語を報道した新聞原本は、情
況とメディアの責任を把握する重要課題としての史料となる。戒厳令下の報道
規制が一部解かれた十月二十日以降、取材の自由を得た新聞は、真相に迫る参
考史料となる。戒厳令下での新聞は発行販売に規制があったし、百年前となる
と原本を所蔵保管している図書館も稀であり、所蔵している場合もマイクロ処
理をしてなければ、閲覧が困難である。
著者は、当時の新聞原本百余部を所蔵
している。本書では、その一部だけを
図版として掲載することとした。被害
を受けた朝鮮、中国での報道記事には
民族の自主的立場が反映している。特
に中国は、中国人虐殺をめぐる当該の
被害国として、調査、外交文書の第一
級史料原本を所蔵する。日本政府側は
一方的に隠蔽できないのである。

　では、初出の第一級公史料を提示す
る。関東大震災時に於ける朝鮮人、中
国人の虐殺事件、社会主義者の受難事
件についての国家の担当責任機関であ
り、最前線の執行機関でもある警視庁
の公史料である。**内務省警視庁官房文
書課編纂「㊙震火災に関する告諭諸
示通牒」（略称「警視庁㊙通達綴」）**で

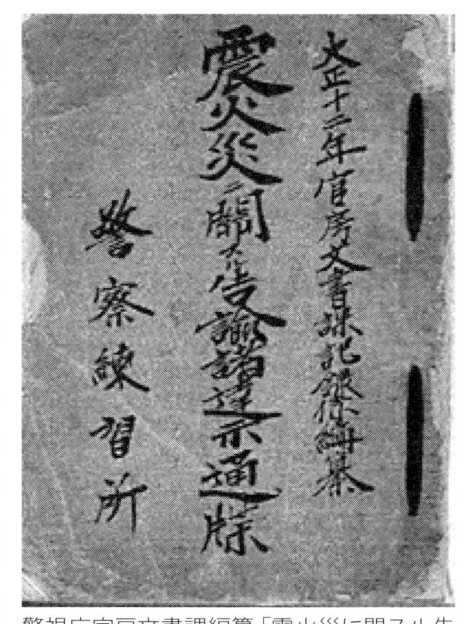

警視庁官房文書課編纂「震火災に関スル告
諭諸達示通牒」綴（新史料「警視庁㊙通達
綴」1923）著者蔵

ある。赤池（引継ぎの湯浅）警視総監、正力官房主事、木下刑事部長、馬場警務部長、笹井保安部長、小栗衛生部長、緒方消防部長より、各警察署長・分署長に対して、連日、下命した通達（約6百枚）を綴じたものである。警視庁に保存され幹部が所持したものであろう。

　これまで、国会議員が、朝鮮人虐殺に関して、一部の公文書を証拠に取り上げて「質問主意書」を提出してきた。この新史料「**警視庁㊙通達綴**」では、虐殺事件に関する公文書だけでも数十部はある。とくに、正力松太郎官房主事管轄の「**(朝) 鮮人㊙特高警察**」関係の公文書は重視すべきである。本書では、「**警視庁㊙通達綴**」から随時に一部分だけを引用することとなる。当然、政府管轄機関に所蔵されているはずの公史料であるが、政府は、非開示扱いとして、「**記録が見当たらないことから、お尋ねについてお答えすることは困難である**」などと答弁して逃避するであろう。しかし、実物史料を目の前に突き付けられれば、言い逃れはできない。高額にて入手した貴重な公史料ではあるが、条件さえ合えば、「**警視庁㊙通達綴**」を復刻して、広く開示を共用できる便宜を図りたいと思っている。

　参考に、「**警視庁㊙通達綴**」に綴じられている通達から、件名を一部抜粋する。■「戒厳令」公布／■自警団の取扱い／■流言蜚語、要視察（朝）鮮人監視／■要視察・要注意（朝）鮮人監視／■水平社の団結を監視／■大杉栄惨殺を隠蔽。■罹災外国人、支那人保護／■（朝）鮮人帰国は弊害あり、帰国させざる／■流言蜚語にて、（朝）鮮人へ暴挙、朝鮮統治に悪影響／■各警察署へ、保護・検束する（朝）鮮人を報告せよ／■（朝）鮮人の復讐、要視察（朝）鮮人の状況を報告せよ／■惨殺（朝）鮮人の死体を隠蔽せよ。**(朝) 鮮人死体急速措置の件**／■（朝）鮮人を目黒競馬場に収容する。■「支那」学生、及び商人送還／■収容朝鮮人名簿を作成せよ。／■「**(朝) 鮮人㊙特高警察**」／■（朝）鮮人学生ら、要視察（朝）鮮人を報告せよ。／■（朝）鮮人虐待、惨死体の写真や絵葉書を取り締まれ。／■傷害を受けた（朝）鮮人、殺傷を目撃した者を視察監視せよ。／■収容中の（朝）鮮人は、要注意人物を除き、朝鮮総督府へ引き渡すべし。／■天道教、「東亜日報」を内捜査せよ。／■遺体の検分・処置、火葬の扱い。etc

Ⅰ. 大震災時に於ける朝鮮人の虐殺

（1）　日本人被災者が朝鮮人被災者を殺戮したジェノサイド

1. 東京、横浜が瓦礫の焦土と化す未曽有の大震火災

1923 年 9 月 1 日午前 11 時 58 分 44 秒、震度 6（マグニチュード 7.9）という大地震が関東地方を襲った。震源地の相模湾に近い、神奈川県・東京市を中心に被害は関東一円に及んだ。建物が瓦解し、橋は崩落し、大地が裂けて線路も歪んだ。港湾には津波が押し寄せた。

被害をさらに大きくしたのは、地震と同時に発生した火災であった。昼食炊事の時間帯であったために、東京では市内 15 区すべてで火災が発生した。炊事などのガス管は爆発した。水道管が破裂し、配備された消火栓は使用不可であった。電気も停電、電話も通信網は駄目であった。各所で同時に起きた出火直後の火の手は合流し、凄まじい火砕流となって、家屋や、逃げ惑う避難民へ襲いかかった。市街地は、次々と猛火の海となり、焼き尽くされていった。各

瓦礫と化した丸の内界隈（著者蔵）

被服廠跡地に避難した人々の焼死体（著者蔵）

所で誘発されて火の手は火勢を弱めず、9月3日午後二時になって鎮火できた。引き続き起きる余震と猛火の中を逃げ惑う人々は、避難地として、上野、日比谷、芝、牛が淵などの公園や、宮城前広場、被服廠跡空地などや、また河川敷などへ逃れた。

　しかし、周りがすべて火炎で覆われてきた隅田川河畔や本所被服廠跡地は安全ではなくなった。特に、二万坪の広さがあった本所被服廠跡の空き地は、格好の避難地として、警察も誘導した。ところが、何と四万人近くの人々が家財荷物とともに、ひしめき合った状態になってしまった。火炎は四方八方から襲いかかり、火炎大旋風が発生して、人馬も車も巻き上げ叩き下ろした。一挙に38,000余人が焼死・窒息死する阿鼻叫喚の大惨事となった。

2. 軍隊の出動と武装した自警団
　災害に於ける救護対策を担うべき政府が、実は9月1日には確立してなく、臨時の内閣であった。大震災直前の8月23日に加藤友三郎首相が病死したため、正式に次の内閣が組閣されるまで、残った他の閣僚で内田康哉首相を中心に臨時内閣を務めていた。最も重要な救護対策を進めるために、臨時震災救護事務局官制を布き、総裁内田首相、副総裁水野錬太郎内務大臣が責任を担った。

特に、治安対策は、水野錬太郎内相と赤池濃警視総監が担当した。水野内相・赤池総監らは、治安・警備を担う警察機構が地震で機能困難となり、全国警察署へ応援の警察官の派遣を求め、立て直しを図っていた。

地震と同時に東京市全区に火災が発生し、強風にあおられ大火流となり、9月3日まで40時間燃え続けた。市内43.5%を焼き尽くした。霞ヶ浦海軍航空隊撮影（1923.9.2）内務省社会局「大正震災志写真帖」（1926.2.28）

既に東京衛戍部隊に援護を要請しているが、それだけでは不安である。東京、神奈川の治安維持のために、軍隊出動の「戒厳令」を布く勅令の奉許を願い出た。戒厳令下では、軍隊が、内閣・司法・国会の三権を掌握する超法規的な体制を

火炎に包まれた東京市有楽町付近（著者蔵）

布くものであり、戦時か、反乱・暴動が発生した非常時に於ける勅令である。その暴動が、「発生した？」「発生が予想される？」こととなるのである。

　9月2日の夜、未だ余震が続き、まだ火災は納まらず闇夜を赤く照らす。やっとたどり着いた避難地で、疲れた身を寄せ合う人々。また火災は免れた区域でも、不安な気持ちで町ごとに、「地震は？」「水は、食料は？」と情報を求めていた。その、避難地や焼失を免れた区域の人々の間に、恐怖の情報がもたらされ始めた。「社会主義者と朝鮮人たちが暴動を起こした」「横浜で暴動を起こした一団が東京へやってくる」「不逞朝鮮人が、放火し、井戸に毒を入れ、混乱を引き起こしている」など、根拠のない流言蜚語であった。まだ、ラジオ・テ

「戒厳令」布告（「大震災写真画報II」大阪朝日新聞社1923.9.25）

レビなども無く、電気・水道・ガスが破壊され、交通・電話・電信も不通となった。唯一の報道機関である新聞も、東京の新聞社そのものが崩壊し、新聞発行は無理であった。正確な情報を知ることも、確かめることもできなかった。治安を司る警察も当初は流言蜚語を取り締まらなかった。むしろ、警察官が「不逞朝鮮人に警戒せよ」と触れ回っていた。

　翌9月3日には、「戒厳令」が東京、神奈川に布かれ軍隊が出動してきた。次いで千葉、埼玉と戒厳令の管轄は広げられた。管轄配置についた軍隊は、応戦の布陣につき、要所に検問所を設けた。これにならって、住民は自警団を組織し、武装して警戒に当たった。

　よって、軍隊、警察、自警団によって、多くの朝鮮人たちが検束され、虐殺され始めた。被災者（日本人）が徒党を成して、同じ被災者（朝鮮人、植民地化

「関東大震災朝鮮人虐殺之図」国立歴史民俗博物館蔵。
警察（白服）、軍隊（濃黄）と、自警団が、朝鮮人を虐殺している状況。

され日本国民とされていた）を襲撃して殺戮する民族殲滅のジェノサイドが引き起こされたのである。9月3日から6日にかけてが、流言と虐殺は最多であった。

　やがて、戒厳令下に於ける、警察・軍が一体となった治安体制が確立し、さらに、朝鮮人暴動の流言蜚語は、デマであると明確となった。用済みとなった自警団へは自粛と武装解除の統制が始められようとした。しかし、「暴動」の恐れありと住民の目の前で、軍隊・警察が朝鮮人を拘束・殺戮してきた。それにならって検問を行い、朝鮮人と見るや、虐待・虐殺に及んだ自警団員が後を絶たなかったのである。朝鮮人への憎悪をたかめた自警団の中には、軍・警察

刀を突きつけられて連行される朝鮮人。(「関東大震災と朝鮮人虐殺」現代史出版会1975.9.25)

の指示に従わず、殺戮の暴徒と化した場合もあった。

　無惨なのは朝鮮人たちであった。働きに来た異郷の地で、突然の大震火災に遭って逃げ惑い、やっと助かった処に、今度は、「放火、投毒」「暴動」などと無実の罪を着せられて、有無を言わさず殺戮の集団リンチに処せられたのである。その被害者数、何千人とも想定される大虐殺であった。

3. 虐殺事件の責任から逃避する官憲

　さすがに政府・軍部も、暴動を起こした実態がないにも関わらず、朝鮮人を多大に殺戮した事態に、自らの失政と責任を問われることを危惧して、方針を転換した。自らも流布してきた流言蜚語を「デマだったので広げてはならない」「大多数の朝鮮人は良順で『不逞』ではない」と弁明の情宣を広げだした。朝鮮人殺戮を鎮め

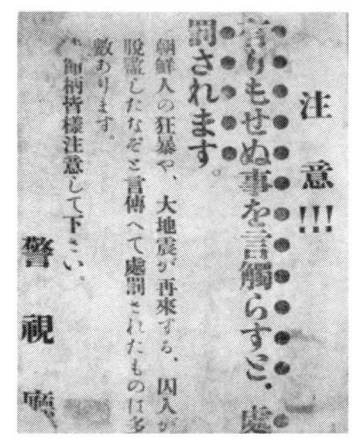

注 意!!!

言りもせぬ事を口觸らすと・處罰されます。

朝鮮人の狂暴や、大地震が再來する、脱獄したなぞと言傳へて處罰されたものは多敷あります。

何卒皆様注意して下さい。

警視廳、

警視庁が、「朝鮮人が暴動」などデマの広がりを抑える為に配布したビラ（内務省社会局「大正震災志写真帖」1926.2.28)

にかかり、「朝鮮人を守り保護する為に収容をすすめる」とした。さらに、官憲・軍部は、朝鮮人に関する新聞報道や取材・撮影記録することを検閲・統制した。官憲・軍部は、朝鮮人虐殺について隠蔽するために、関係者の証言や調査活動を妨害した。さらに証拠となる虐殺された被害者の遺体を、埋められた場所が知られている場合は、再び掘り出して焼却するなど、徹底して虐殺の証拠を隠蔽したのである。想像ではなく、事実である。後述する第三章（4）「証言が封じられ、遺体が焼却・隠蔽された」にて詳しく述べるが、**新史料「警視庁㊙通達綴」**に、そのような処置をすることを各警察署に命じた通達（公文書）が存在しているのである。

　日本政府は、関東大震災時に於ける朝鮮人虐殺の真相をきちんと調査・検挙せずに隠蔽し、政府・軍隊・官憲の国家責任をとらず、侵略とファシズム国家への道を突き進んだのである。戦後になって、私たち民衆の側からは、関東大震災に於ける朝鮮人虐殺の真相を究明し、私たちの民衆責任を認識して、さらに国家責任も問い糺す取り組みが方向づけられてきた。しかし、政府・官憲は、戦後の民主化を反映せず、戦前同様に朝鮮人虐殺の真相の究明を怠り、「放火・投毒・暴動」の冤罪を晴らさず、朝鮮民族受難の人権侵害を回復していない。虐殺事件の誤りを二度と引き起こさないための啓発・対策を行わず、国家責任を果たすための取り組みを何らしていない。私たちは、関東大震災時；戒厳令下の大虐殺に対する民衆責任・国家責任を糾明する取り組みを一層強化しなければならない。

　また、軍国日本の侵略戦争と植民地支配を是認・賛美する、帝国主義者・民族差別者たちが蠢動する。彼らは、関東大震災時に於ける戒厳令下の朝鮮人虐殺を弁明・隠蔽するために歴史を偽り、改竄さえおこなう悪辣ぶりである。正確な調査が困難な朝鮮人虐殺被害者数の記述を殊更にあげつらうことで、関東大震災時に於ける大虐殺の歴史的事実そのものさえ蔑ろにし、「否定」しようとさえする。例えば、最大の啓発・教育の場である学校教育へも介入し、教科書記述を改悪させ、教師を攻撃して教育活動を妨害する。

（2）　朝鮮人虐殺を否定する偏向に屈した神奈川県教委

　2011年八月、「サンケイ新聞」一面（2011.8.25）に、「横浜の県立高女性教諭を是正指導、日本史でハングル授業、朝鮮人虐殺現場見学企画も」との記事が掲載された。読むと、夏休みに希望する生徒を対象に「関東大震災時に起

きた朝鮮人虐殺と関わる現地の見学を校外学習（フィールドワーク）として企画」
したことを、神奈川県教委が不適切として是正指導したというのである。指導
の理由は、メール拡散をきっかけに県教委が学校現場を調査して、「歴史事象
に対して多様な考え方がある中で、一方的な解釈は望ましくない」と判断した
からとする。そこでインターネットで検索すれば、無責任・放漫な２チャンネ
ルに、「当該高校生徒」と称する者からの書き込みがあったことがきっかけと
分かった。「教育委員会にたれ込んだ方がいいぞ」「匿名で生徒の親と言う設定
にしとけば後腐れも無い」と唆しのメールがみられる。現代版の流言の広がり
である。流言メールによる攻撃の的には、当該教師と学校がされていた。

　さて、問題は、**「関東大震災時における朝鮮人虐殺」**について、結論として、
県教委が「歴史事象に対して多様な考え方がある中で、一方的な解釈は望まし
くない」と述べた事である。しかし、この場合県教委が取り上げた「多様な考
え方」とは、朝鮮人虐殺を否定する考え方である。朝鮮人犠牲者に対して「過
失」「誤認」「過剰防衛」などと誤魔化しの語句を並べようとも、朝鮮人を虐殺
した歴史的事実は否定できない。これを隠蔽、誤魔化す「多様な考え方」なる
ものに依拠する事は、歴史の真実を歪めようとする偏向した「解釈」そのもの
である。

　私は、現場教師の出身だけに、名も知らぬ女教師の置かれた立場が理解でき
た。研究グループの仲間とともに、神奈川県教委に対する抗議・意見書の作成・
提出に関わった。一応、神奈川県教委が、不当な介入に対して教育の中立と教
師の良心を守るために毅然とした対応をするように求めた。何度か書簡を送り、
やっと神奈川県教委が回答してきたのは、「多様な考え方とは、県民の方々の
様々な見方・考え方ということでございます」「横浜には、関東大震災関連の
見学場所が多い中、今回のフィールドワーク計画からは、虐殺現場以外を見学す
る事が読みとれないということでございます」であった。県教委は、教育の主体・
中立に基づき「多様な考え方」の正否を判断すべき立場を放棄し、教育介入し
てきた一部の得体の知れない「県民の方々？」なる者の「虐殺でなく自衛行為」、
つまり虐殺否定の偏向した「多様な意見」に同意・依拠したのである。その「県
民？」なる者を名乗った者の「多様な意見」は、歴史の真実である朝鮮人虐殺
を隠蔽・否定する間違ったものである。県教委は、関東大震災における朝鮮人
虐殺を、教師が教育現場において取り上げる当然の職務執行に対して、『指導』
なる圧力で妨害し教師を萎縮させ、歴史の真実を隠蔽・否定する誤った作為を
してしまったのである。

　全国で最も活用されている高校歴史教科書、勿論、「学習指導要領」に基づく検定合格教科書である、山川出版社「日本史」の記述を引用しよう。「1923（大正12）年の関東大震災により、さらに大きな打撃を受け、東京・横浜の下町はほとんど焼け野原となった。死者・行方不明者は10万人をこえ、被災者は340万人以上に達した。被災地域には**戒厳令が布かれたが、この大混乱のさなか、『朝鮮人暴動』の流言が広まり、これに不安を感じた住民の自警団などの手で、多数の朝鮮人が殺されるという事件も起こった**」。

　教師が、ここで伝えるべき歴史は、自然災害の被害に留まらず、二度と繰り返してはならない人災である民族差別による朝鮮人虐殺の事実である。フィルドワークという特設の課外活動で、「関東大震災における朝鮮人虐殺」を取り上げた、当該女教師は、歴史の真実を隠蔽させず、教科書にも記述された課題を深める為に熱心な取り組みをしたと言えよう。

　神奈川県横浜市にも、在日朝鮮人や地元住民が、虐殺された朝鮮人を慰霊し、後世に伝えている事実がある。室生寺（横浜市南区堀内）や蓮勝寺（横浜市港区菊名）に慰霊碑がある。また、本書「第Ⅷ章　朝鮮人を守った日本人たちがいた」で掲載した神奈川県田島町のように、流言に惑わされずに、被災朝鮮人を保護した希有な事例もある。ぜひ、女教師には生徒たちとともにフィルドワークをしてほしかった。これを「一方的」などと女教師を「指導」した県教委は、金科玉条のごとく守らなければならない「学習指導要領」、それに基づく検定済み教科書でも記述されている、歴史の真実・「朝鮮人虐殺」を否定する偏向的判断で指導を行ったのである。教師の取り組みを妨害しようとする悪意を持った者のメール（流言）を受けての一商業紙の取材の前に、県教委は取り乱して、教育の中立・主体性も、現場教師の取組みを守るべき責務も果たさなかった。一部の偏向した「多様な考え方」なるものを口実に、「朝鮮人虐殺」という揺るぎなき歴史の真実に対して、「一面的解釈」と歪んだ決めつけをした。県教委自らの主体的判断が出来ずに、すべてを教師個人の責任に転嫁した「指導」なるもので、事態を繕ったのである。結局、県教委担当者は、教育者としての自負も責務も捨てて、一部の流言・不当な介入に屈して、教育中立の立場を失い、未来を担うべき生徒たちが、歴史の真実を学ぶ教育権を蔑ろにし奪ったのである。関東大震災の真実を守り伝えるべき地元の県教委が侵した重大な過ちである。

（3）　歴史を改竄し、被害者を冒涜した工藤氏の著作

　日本の朝鮮に対する植民地支配を是認するために、歴史の改竄を行った恥ずべき人物がいる。工藤美代子氏である。「関東大震災……朝鮮人虐殺の真実」産経新聞出版（2009.12.8）なる著作で、震災時における流言とされてきた朝鮮人の暴動は「事実」であり、これに対する朝鮮人虐殺を「自己防衛」だったと正当化する。

　即ち、工藤氏は、次のように述べる。「実際には朝鮮人による暴虐行為が数知れずあったため、逼迫した自衛の覚悟をもって自警団は立ちあがった。そこに、多少の誤認や過剰防衛が無かったとはとは言い切れない。だが、それすらも、この阿鼻叫喚生き地獄の中では自存自衛のためとしかいいようがないのではないか。市内に流入してくる朝鮮人は、町内の、家族の、妻や子の敵に思えたとしても止むを得ない状況があったと理解される（p180）」。「自警団によって過剰防衛、もしくは誤って殺害された公式数字は二百三十三人とされた。もとはといえば、実際に横浜から押し寄せてきた朝鮮人の一団をはじめ、多くのテロリストの人数を特定する事は困難であるが、先に試算した方式を当てはめれば約八百人前後ではないかと思われる。すなわち、二千七百七十人から、震災で亡くなった千九百六十人を差し引いた員数である。両民族の衝突は、まことに不幸なことであるが、民族独立のためには手段を選ばないとする朝鮮人テロリストの襲撃から家族や町内を守るのは正義と言っていい。襲撃防衛は正当である（p233）」。「残る八百人前後が殺害の対象となったものと推定される。その殺害された者はいわずもがな『義列団』一派と、それに付和雷同したテロリストである。テロリストを『虐殺された』とはいわないのが戒厳令下での国際常識だ。（p305）」。

　工藤氏は、自己の弁舌に都合よく、東京と近県の朝鮮人、特に虐殺された朝鮮人を少なく推定する「数字トリック」をしている。東京約九千人と近県約三千人の計約一万二千名を、帰郷・仕事・休暇で出ていたと推定して、約九千八百人に減らして「基礎数字となるのだ（p227）」と初めのボタンをわざとかけ違える。住民登録された最低限人数を基とし、推定に過ぎぬ「出て行った」人数を差し引き、仕事のために大都市圏には昼間人口が増大する常識を考慮しない、不安定な「基礎数字」である。工藤氏は、日本による朝鮮への侵略・植民地化を是認する自己の考えを正当化したい為に、侵略と植民地支配に反対

して立ち上がった朝鮮人の三・一独立運動などを、「過激」「暴動」と断じる偏向した基盤の上に論説を企てた。

　政府が朝鮮人虐殺の事実を隠しようがなかったため、出来る限り少なく司法省が公式発表した二百三十三人の犠牲者の史料だけを取り上げた。工藤氏が引用した、この犠牲者数は、司法省が、一部の自警団が引き起こした事件だけを捜査・起訴したものに限定されている。私が、虐殺犠牲者数を正しく理解していただくために記述した、本書の「Ⅲ. 虐殺犠牲者数は如何に把握されたのか」を一読してほしい。歴史研究の成果として、明確になったいくつもの史料を提示して論説した。これが、歴史研究の当然のやり方である。工藤氏は、「やむを得ない」「過剰防衛」として、加えて推定した八百人前後の犠牲者に対して、すべて「テロリスト」と決めつけて、「虐殺した」とは言わない、「正義と言ってよい」「襲撃防衛は正当である」と、加害者を正義として、死者となった朝鮮人被害者を冒涜する。

　工藤氏の著作は、「渾身のノンフィクション」「朝鮮人虐殺の真実」「あれは本当に虐殺だったのか」「あらゆる資料を再検証」などとの宣伝文句とは裏腹に、その構成・内容が次のように多くの問題点を孕んでいる。つまるところ、歴史の真実を意図的に改竄した謀略の書であると、私は看破した。次に批判を簡潔にまとめた。

　（ア）朝鮮人が「暴動を起こした」「テロリスト」とする証左として、工藤氏が著作で史料として提示したのは、流言蜚語をそのままに報道し、社会不安をもたらす無責任な内容として発行禁止となった新聞記事ばかりである。暴動が事実であったとの裏付けの証左は何ら示していない。しかも、戒厳令下の報道規制が解かれて、各新聞が主体的取材に基づいて誤りを正して事後に報道した記事は一切取り上げていない。唯一、摂政宮（昭和天皇）「暗殺計画の大逆罪テロリスト」として審理された朴烈に対する尋問調書をあげる。しかし、それは、「いつ、だれが何を分担・役割をして、どんな武器・手段で実行するのか」などが不明な、計画などと言える内容が何もない「架空の計画」であった。終戦後、彼の朴烈氏が直ちに解放された事は、当時の政治犯たちに対する尋問・裁判が冤罪で、いい加減なものであった事を物語る。この朴烈、金子文子についても、私の記述した論説を読まれたい。

　（イ）朝鮮人殺害の当事者としてあげたのは、「過剰防衛」を強調する作為で「自警団員」だけである。政府官憲が、流言を惹起したり放置して、朝鮮人殺害を助長した事、戒厳令下における軍隊による朝鮮人の拘束と虐殺の事実をまった

く隠蔽している。自警団員の中には処罰された者もあったが、警察官・兵士による虐殺事件に対しては一切不問とされて処罰なしであった事を隠蔽している。

　（ウ）「現代史資料　関東大震災と朝鮮人」を特別に参考にしたと述べているが、加害者側の日本人の流言蜚語の新聞資料や都合よく解釈できる写真の引用ぐらいである。同書の大部を占める朝鮮人虐殺を証言した被害者側の朝鮮人自身や日本人の証言を全く取り上げていない。このような資料検証なるものは欺瞞である。

　（エ）関東大震災による被災者の人数、勿論、朝鮮人の被災・虐殺の人数が、あまりに多大な被害で、遺体の片付けが混乱した事で、関係機関も、正確には把握できなかった。その事を利用した数字トリックで、朝鮮人被害者の人数を過小に推定する。一方、架空の朝鮮人「テロリスト」なるものの事件や人数は大げさに記述して、朝鮮人虐殺を「正当」「自衛」と弁明する欺瞞を論説している。

　（オ）未曾有の大混乱で通信不可の下、民衆が依拠し信じた情報は、官憲（政府・軍部・警察）からの発信であった。その発信を知り得る民衆の手段は、官憲の発表・通牒や、流言蜚語を検証せずに其のまま報道した新聞記事である。例えば、工藤美代子が引用した次の新聞記事を読んだ者は、どう判断するだろうか。「鮮人、いたる所めった切りを働く。二百名抜刀して集合。警官隊と衝突す。今回の凶変を見たる不平鮮人の一味は、避難せる到る所の空家などに当たるを幸い放火しておることが分かり、各署では二日朝来、警戒を厳にせる折りから、午後に至り、市外淀橋のガスタンクに放火せんとする一団あるをみつけ、辛うじて追い散らして、その一二を逮捕したが、この外、放火の現場を見つけ取り押さえ、又は追い散らした者数知れず。政府当局でも、**急に二日午後六時を以て戒厳令を下し**、同時に二百名の鮮人抜刀して目黒競馬場に集合せんとして警官隊と衝突し、双方数十名の負傷者を出したとの飛報、警視庁に達し、……一方軍隊側の応援を求めた。なお一方、警視庁本部備え付けの鉄道省用自動車を破砕すべく、爆弾を持って近寄った一団二十名を逮捕したが、逃走した者数知れず。」（「東京日々新聞」大正12年9月3日）。「二百名もの抜刀した一団」「爆弾を持った二十名の一団」など、確かに大事件となる「暴徒」だが、此の記事の裏付けはなく、流言蜚語の類そのままである。しかし、戒厳令が出されて、ひしひしと身近に切迫感を感じていたところへ、新聞で「警官隊と衝突」と報道されれば、一般民衆は信じてしまうだろう。勿論、この新聞記事は即刻発行禁止となった代物だが、工藤美代子は「発行禁止」については、口を閉じてあたかも「事実」が報道されたかのように誤魔化しをした。今日でも、新聞記事

への一般民衆の信頼の度合いは大きなものがあり、読者は受け入れてしまうだろう。

(4)　史料を正しく分析し、虐殺の真相に迫らねばならない

　上記の如く、工藤氏は、歴史研究家としてはあるまじき、誤った史料の活用をしている。史料として新聞を引用できるのは次のような場合である。1923年十月、戒厳令下の報道規制が解かれて、各新聞社は、通常の報道ができるようになった。地震で破壊されていた通信傍受も取材活動も正常に実施できるようになった、その契機となった新聞を紹介しよう。「大阪毎日新聞」大正12（1923）年10月20日号外である。「**左に報道する事実は、人心動揺の折柄、新聞紙紙上の報道を差し止められていたのであるが今回禁止解除となったものである**」との前置きで報道された。ここでは神奈川県下の一例だけを引用しよう。詳しくは、第Ⅴ章「言論統制下で新聞はどう報じたか」にて、九月、十月に渡る戒厳令下に於ける、百余部もの新聞から実物史料としていくつかを引用し、解説を加えた。百年前の新聞である。広げるだけで痛むため、マイクロ保存ができる史料館・図書館でしか閲覧できない史料である。特に、朝鮮人に関

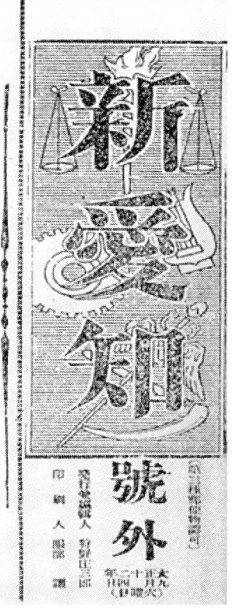

わる記事を掲載している新聞は、報道規制によって販売禁止されて処分を強いられたため、残存している場合が稀で、古書界でも入手が困難である。著者が展示学習会を実施する際には、必ず実物史料として新聞を展示している。機会があれば、ぜひ、目を通してほしい。

　さて、先述した女教師が熱心にフィルドワークを企画しながらできなかった神奈川県下での出来事である。朝鮮人を「鮮人」と蔑視の表記をしているが、当時の差別状況を把握してお読みいただきたい。

　「神奈川県下、殺気漲った当時の横浜、鮮人の大集団が襲撃し来ると伝えられ、官民を挙げて極度の興奮状態となる。憎むべき山口正憲等の悪宣伝……保土ヶ谷・久保山辺でやられたのは、多く戸塚辺で**鉄道工事に雇われていた鮮人**で二日正午頃、例の山口正憲一派の者が『朝鮮人約三百名がダイナマイト・ピストルその他の凶器を持って**襲撃してくる**』云々の流言を放ったので、久保山付近に避難した者は自警団を組織し、全部、竹槍・日本刀を持って鮮人たちを攻撃。一方、久保町愛友青年団を初め在郷軍人会員は、第一中学校の銃剣を持ちだして戦闘準備を整え、保土ヶ谷自警団と連絡を取って、三十余名の鮮人を包囲攻撃し、ピストルを乱射し鳶口で殴打するなど、いずれも瀕死の重傷を負わせ、其の中約十名を保土ヶ谷鉄道線路・久保山山林内で殺害し、死体は土中に埋没したり、池中に沈めたりした。こうした混乱に、山口正憲一派は、赤襷赤鉢巻で現れ、『赤印を付けていないと朝鮮人にやられる』と触れまわったので、当時全市を挙げて青年団と言わず、在郷軍人と言わず、甚だしきに至っては警察官さえ左腕に赤布を巻いたほどで……二日より一週間の間は、昼夜ピストルの音絶えず、凄惨の限りをつくした。本牧方面に逃げた朝鮮人は一人残さず殺害された。各署管内を合わせ殺された鮮人死体の判明している者四十余名あるが、海に沈め川中に投げ込んだりしたのを合わせると百四五十人の多数に上るであろうと言われる。第一中学校に保護収容された鮮人は百三十人でいずれも軽傷。神奈川署では三百四十余名を保護した。また、内地人で朝鮮人とみられ、殺された者三十四名ある」。「大阪毎日新聞」（1923.10.20 号外）。

　この「大阪毎日新聞」に記載された記事は、内務省、司法省の公式発表を受けてのものなので、まったく同内容が、「東京日々新聞」「読売新聞」「朝日新聞」などでも報道された。私が、この神奈川の記事を引用したのは、次の二点に注目してほしいからである。まず、第一点目は、政治団体（立憲労働党）を名乗った山口正憲一派が、「朝鮮人の襲撃」のデマを煽って、鎮圧のヒーロー役に躍り出ていた様子である。軍隊が出動する戒厳令が発布されたのは、「朝

鮮人が暴動を起こした」との流言のためとされるが、その流言を流布したのは、治安強化のために、官憲側がやったとの説と、山口一派の如き民間の武装集団も流布に一役果たしたとの説も出されていたためである。第二点目に、10/20の各社の記事に挙げられた朝鮮人被害者の数は、**司法省が公式発表した一部の自警団員だけを加害者として検挙した事件だけに限定されたものである**。ここで、戒厳令下で出動した軍隊の兵士たちによる朝鮮人への暴行・殺戮、また、兵士とともに警官や自警団員が一緒になって朝鮮人を暴行・殺戮した場合も含めて、一人として罪科を問われることは無かったことを述べておかねばならない。「戒厳令」下、出動した軍隊が行った殺戮は、「**衛戍勤務令**」の「**第十二条兵器を用ゆるにあらざれば鎮圧するの手段なき時**」が適用され、当然の任務遂行と見なされ、「治外法権」状況だったからである。

Ⅱ. 追悼を妨害する民族差別者の蠢動

（1）　都知事は、朝鮮人犠牲者への追悼文を拒否した

　関東大震災朝鮮人犠牲者追悼式典は、日朝協会など関係団体で構成する実行委員会が主催して、1974年から例年9月1日、追悼碑前（東京都墨田区都立横網町公園内）にて開催されてきた。実行委員会からの要請に応えて、石原慎太郎都知事など歴代知事は、追悼文を寄せてきた慣例があった。

　ところが、小池百合子知事は、都知事就任時（2016年）に一度は、「我が国の歴史の中でも稀に見る、誠に痛ましい出来事」との追悼文を送ったが、翌2017年以降からは、都知事再選を果たした後の今日も、追悼文を中止し続けている。担当する都建設局は、「都慰霊協会の主催で関東大震災の犠牲者全体を追悼する行事があり、知事が追悼の辞を寄せている。個々の追悼行事への対応はやめる」と説明した。

関東大震災朝鮮人犠牲者追悼碑
（東京都墨田区都立横網町公園内）

　そして、記者会見に於いて、小池都知事自身の口からは、（都慰霊協会主催三月の慰霊法要に追悼文を寄せたことをあげ）「犠牲になられた全ての方々に哀悼の意を表した」と説明。虐殺の犠牲者に対する特別な追悼を止めるという従来の説明を繰り返した。さらに、（虐殺の有無について認識を問われると）「色々な歴史書の中で述べられているところだ。様々な見方があると捉えている」と回答。「歴史家がひも解くものだ」とも述べた。

　この小池都知事の説明に対して、五野井郁夫・高千穂大教授（政治学）は、次のような意見を述べた。「関東大震災での朝鮮人虐殺がかつて起きた都市の首長としては『虐殺は許されないこと。今後は絶対起きないようにしなければならない』と答えるべきだろう。言及を避けたのでは、米国での白人至上主義者らの衝突事件で『両者に非がある』と言って強い批判を浴びたトランプ大統

領の発言と同様、差別を許すメッセージともとられかねない」。

小池都知事が、突然に追悼文を中止するきっかけは、2017年3月の都議会で追悼文送付の中止を求められたことに同調したことにあるようだ。新聞報道では、『三月の都議会では、自民党都議が、虐殺の犠牲者数について、「六千余名」とする説を根拠が希薄などとして問題視し、追悼文送付の見直しを要求。小池氏は、「今後については私自身がよく目を通した上で適切に判断する」と答弁していた。都建設局は、この答弁などを受けて

「追悼碑」前で奉斎された鎮魂の舞（金順子さん）

追悼文の送付中止を検討し、小池氏も中止を了承したという』。（「朝日新聞」2017.8/25、9/2参考）

さて、上記の自民党都議とは、古賀俊昭氏であり、彼の質問・意見は、被害者「六千余名」の人数疑義に留まらず、従来から朝鮮民族学校を否定・排除してきた排外主義の小池都知事が共感・同調できる、次のような内容であった。

古賀都議は主張した。「追悼碑には、誤った流言蜚語のため**六千余名にのぼる朝鮮人**が貴い生命を奪われましたと記されています」「流言蜚語に関しても、当時の我が国の治安状況を知るべきであり、震災の四年前に、**朝鮮半島で勃発した三・一独立運動に関与した朝鮮人活動家が多数日本にきて、**

軍・警察主導下に自警団が組織され、検問などで、朝鮮人が摘発され、惨殺された。軍人の姿に注目されたい。（鎌倉）

ソビエトや日本人無政府主義者の支援を受けて頻繁に事件を起こしていたことは、現存する当時の新聞記事からも確認できるのであります。

（中略）こうした世相と治安状況の中で、日本人自警団が過敏になり、無関係の朝鮮人まで巻き添えになって殺害された旨の文言こそ、公平・中立な立場を保つべき東京都の姿勢ではないでしょうか（云々）」。

この古賀都議の意見は、「被害者の朝鮮人側が暴動事件を起こしていたから、日本人自警団に殺害されたのだ」などと被害者に責任を転嫁する本末転倒の所為であり、誤った歴史認識に基づく、非論理的な世相・治安状況の分析であった。予想もしない突然の大震災に乗じての暴動事件を企てるなどありえない。在日した朝鮮人たちも、日本人同様に、被災者として逃げ惑い悲嘆に打ち拉（ひし）げられていたのである。

戒厳令下、救援活動を脇に置いて、着剣実弾武装の軍隊が、東京、神奈川、埼玉、千葉に迎撃の警備態勢についたのである。官憲側から、自警団を組織するように呼びかけたのである。それは如何なる理由と経過によってか。「戒厳令」によっ

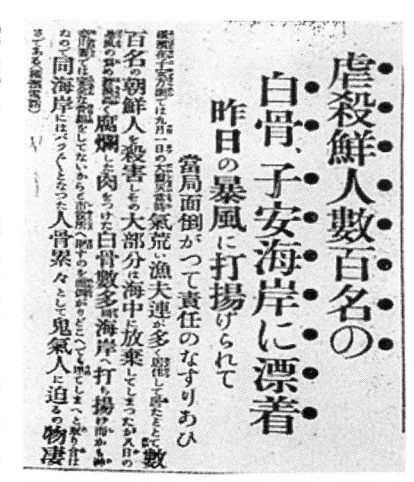

横浜での凄まじい朝鮮人虐殺。（「やまと新聞」1924.2.10）大震災翌年だから、報道規制が解除されている。

横浜にて、岸に打ち揚げられた腐乱白骨死体と、その焼却場面。報道、現地調査、写真が揃う時、事実が明確となる。掲載不許可写真である。（いずれも著者蔵）

て万全の治安体制を布くために、官憲側が、当初は朝鮮人暴動のデマを流布する役割さえ果たしたからである。九月三日に戒厳令にて軍隊が出動。九月五日を過ぎて、軍隊・警察の治安秩序が整ったところで、ほぼ用済みとなった自警団の行き過ぎを取り締まり、殺傷の武器を没収し始めた。また、朝鮮人に対して、「検束・殺戮」から「拘留・保護」へと方針を転換していくのである。

古賀都議が、新聞記事を証拠として持ち出したのも、当時の、大震火災にあった新聞社の状況を認識していないためか、悪用の所為である。九月前半の新聞各社は、調査・通信・印刷機能が震火災時に打ち壊され、まともに発行できなかった。地方の支局での印刷発行や、地方新聞が首都圏に持ち込まれた。戒厳令下、報道規制が行われ、新聞各社の自主的な取材・報道は殆どできず、戒厳司令部や官憲側からの情報によっての推察や、デマと憶測による朝鮮人や無政府主義者・社会主義者の暴動などの新聞記事が溢れていたのである。

いずれも「デマで、人心不安と社会秩序を乱す」として、発行禁止・没収となっている。しかし、発行・流布されてからの対処では遅いのである。なお、今日、そのような新聞の残存は稀有である。

だから、九月前半の新聞は、実際の事件の報道としては不正確であり、デマが流布された証拠とはなるが、事実認定として取り上げてはならない。そして、1923年十月後半に、内務省警保局と法務省の連携が整ってから報道規制が緩められ、軍部・官憲側の公式発表がなされ、各新聞社へも取材活動の許可がなされ、新聞記事の内容も正確になっていくのである。古賀都議は、当時の新聞記事を証拠として提示するならば、どの新聞社の、何月何日のどの記事なのかを明示しなければ証拠価値がないのである。首都東京の都知事が、自己の管轄たる東京で引き起こされたジェノサイド（民族差別による大量虐殺）に対して、追悼文を送付する事さえ拒否したことは、お互いの命と暮らしを支え合う街を守る行政責任を認識していないのか。また、東京都に在住する朝鮮人の存在さえ無視する無責任さの所為かと怒りとともに追及の念を感じる。

当然、新聞各社の報道も、都知事の姿勢を危ぶんだ。「**毎日新聞**」社説。「小池都知事の追悼文見送り、歴史の修正と見られぬか。……もし、虐殺を震災被害の一つに埋没させようとしているのなら、事件の意味をすり替える歴史修正主義と見られても仕方がない。……小池氏は、国会議員時代には朝鮮学校を高校無償化の対象外とするよう求める発言もしている。一連の言動は、特定の政治信条を背景にしているのだろうか」（2017.8.31）。

「**朝日新聞**」社説。「96年前の虐殺。追悼拒む都知事の誤り」「流言蜚語によっ

て民族的な差別意識を増幅させた市民が、何の罪もない人々を殺傷したというのが事件の本質なのだ。」「日本の負の歴史について、研究の蓄積を無視した主張を言い募り、あるいは一部に疑問を投げかけて、諸説があるかのような空気をつくりだし、公的な場から消し去ろうとする『歴史修正主義』の動きが近年相次ぐ。追悼文の取りやめを定着させることは、そうした風潮に加担する行為に他ならない。……東京では来年、あらゆる差別を禁じる検証の下、五輪・パラリンピックが開かれる。高い確率で直下型地震も見込まれる。その都市のトップが、ヘイトスクライムの過去に真摯に向き合おうとしない。日本のみならず世界の心ある人々が知れば、幻滅し、その資質を疑うだろう」（2019.8.29）。

　このように小池都知事が朝鮮人への差別とジェノサイドに対してきちんと向かいあおうとしない態度は、都職員へも影響して都行政に間違いを生じる恐れがある。実際に、そのような事態が東京都の人権行政の現場で起きた。「毎日新聞」の記事を抜粋・引用すれば、次の通りである。

　「東京都が設置した施設、東京都人権プラザで開催中の企画展で、関東大震災で起きた朝鮮人虐殺に触れた映像作品の上映会をしようとしたところ、都が不許可にしていたことが分かった。映像を手掛けた**美術家の飯山由貴さんが**、28 日、東京都内で記者会見を開いて明らかにした」「飯山さんには精神障碍のある家族がいることから、家族とともに制作した映像作品や写真などを展示している。上映中止となった映像は、『In-Mates』。2021 年度の制作で 26 分程度。戦前の精神科病院に入院していた朝鮮人患者の境遇や苦しみを描き、関東大震災時の朝鮮人の虐殺にも触れている」「人権プラザは、東京都人権センターが運営し、同センターは都人権部から承認を得て企画展を行っている。飯山さんは、人権部からセンターに送られた内部メールを入手。それによると、関東大震災の朝鮮人犠牲者への追悼式典に、小池百合子都知事が毎年追悼文を送っていないことをあげ、『都知事がこうした立場を執っているにもかかわらず、朝鮮人虐殺を事実と発言する動画を使用することに懸念がある』と指摘していた」「都人権部の担当者は、このメールの存在を事実と認めたうえで、『取りやめの理由は、障碍者と人権という企画の趣旨から外れているため。企画展はセンターが主催しており、スペースを貸し出して表現者が自由に表現する場ではない』と説明した」（「毎日新聞」2022.10.29）。

　明らかに、小池都知事が、関東大震災時に於ける朝鮮人虐殺の事実認識する努力をせず、在日朝鮮人の人権を切り捨てる姿勢を執っていることに対して、都職員が忖度して「上映不許可」という不条理で差別的な対応をしたのである。

担当職員による「企画の趣旨から外れているため」などとは、恣意的な的外れな弁明である。上映予定の映像は、「戦前の精神科病院に入院していた朝鮮人患者の境遇や苦しみを描き、関東大震災時の朝鮮人の虐殺にも触れている」とされているではないか。精神科患者が朝鮮人、虐殺されたのが朝鮮人であった。都担当者の「企画の趣旨から外れている」と判断して「上映不許可」の処置、それを許した小池都知事の対応は、行政権力を伴った民族差別である。なお、飯山由紀さんたちは、東京都人権部に対して、上映を中止させたことへの抗議・謝罪と上映の機会を求める要望書を、賛同署名約三万名を添えて手渡した（2023.3.1）。

（2）　追悼式典を妨害するヘイト団体の登場

　小池都知事が追悼文を中止した態度に、励まされ呼応したかのように、2017年から例年、「日本女性の会　そよ風」を名乗る排外主義ヘイト団体が、「関東大震災朝鮮人犠牲者追悼式典」のすぐ側で、「関東大震災石原町犠牲者**真実の慰霊祭**」と称する横断幕を掲げて、「朝鮮人犠牲者追悼式典」を妨害する行為・集会を始めた。ヘイト団体「そよ風」は、看板を掲げ、拡声器を使って、朝鮮人虐殺を否定し、追悼式典を妨害した。「東京都は朝鮮人6000人大虐殺の証拠を示せるのか。」「日本人を貶める朝鮮人追悼碑を許すな」「六千人の嘘に友好無し、謝罪不要」「追悼碑を撤去に追い込みましょう」などの主張を行った。

「追悼式典」を妨害するヘイト団体「そよ風」側の会場（2017.9.1）。

　さすがに、会場の都立横網町公園を管理し都職員を立ち会わせていた東京都は、「そよ風」の集会（2019.9.1）での次のような主張がヘイトスピーチ（本邦外出身者に対する不当な差別的言動に該当する表現活動）にあたると認定した（2020.8.3）。

　すなわち、「そよ風集会」での、「犯人は不逞朝鮮人、朝鮮人コリアンだったのです」「不逞在日朝鮮人たちによって身内を殺され、家を焼かれ、財物を奪われ、女子供を強姦された多くの日本人たち」「その中にあって日本政府は、不逞朝鮮人でない朝鮮人の保護を」との発言であった。これらの発言は、「**不逞朝鮮人**という言葉を用いながら、本邦外出身者を著しく侮蔑し、地域社会か

ら排除することを扇動する目的を持っていたとものと考えられる」と指摘した。

　そして「別の集会（追悼式典）に対して、挑発的意図をもって発せられたもの」「その表現内容も朝鮮人を貶め、傷つける差別的表現」との見解を公表した。従って、「啓発を行った」、それだけにとどまったのであった。このように東京都は、妨害団体「そよ風」が、「朝鮮人犠牲者追悼式典」を妨害するヘイト団体であることが明々白々にも関わらず、啓発を済ませただけで、「そよ風」に引き続き会場使用許可を認め続ける措置である。

　しかもあろうことか、東京都は、「トラブル防止」のためと、妨害するヘイト団体「そよ風」に対してだけでなく、妨害の被害を受けている「朝鮮人犠牲者追悼式典」実行委員会に対しても、「誓約書」なるものの提出を求めた（2019.12）。政治的な言動や行為、差別や妨害の言動、大音量などを禁止する注意・許可条件に加えて、最後に「（以上、**守れない場合は）次年度以降、公園地の占用が許可されない場合があることに異存ありません**」との案文の誓約書に署名しての提出を求めてきたのであった（2020.8/3 期限）。

　そもそも、妨害するヘイト団体「そよ風」側の「真実の追悼」なる集会は、「朝鮮人への追悼の必然は無い」としてトラブルを発生させて、「朝鮮人犠牲者追悼式典」をできなくすれば「目的を果たした」とする挑発的な立場で活動してきたのである。朝鮮人犠牲者の追悼をしてきた「朝鮮人犠牲者追悼式典」実行委員会としては、妨害をしてきたヘイト団体「そよ風」と同列に扱われる事は不条理として、東京都に対して「誓約書」の撤回を求めた。交渉を進める中で、東京都は「注意事項を渡し、遵守の意思を確認した」として「誓約書」提出の要請を撤回して、「追悼式典」の申請を受理した（2020.7.29）。

　その一方で、東京都は、ヘイト団体「そよ風」に、注意事項と「東京都人権尊重条例」に違反すると認定したヘイトスピーチの内容を示してから、「今後は違反しないとの意思を確認した」として、「慰霊祭」名目の「そよ風」の妨害集会の申請をも受け付けた。それで、「朝鮮人犠牲者追悼式典」に対する「そよ風妨害集会」は、東京都是認で今日も続けられている。

　2020 年 9 月 1 日、彼の関東大震災において、大火災大旋風により一挙に三万余人が亡くなるという最大の犠牲者を生じた陸軍被服廠跡。今日では震災墓苑の横綱公園に、数百人の警察官が警戒にあたった。例年の「朝鮮人犠牲者追悼式典」に対して、近年、蠢動を始めた「そよ風」と称する妨害集団は、この年の場合、「朝鮮人を貶め、傷つける差別的表現」とされた「**不逞朝鮮人**」の発言だけは控えた。しかし、相変わらず、「**六千人虐殺も嘘。徴用工強制連**

朝鮮人犠牲者を冒涜する妨害も、コロナ禍も乗り越えて追悼式典を続ける。2020.9.1

行も嘘」「六千人虐殺の濡れ衣を晴らそう」などとの看板・幟を何枚も並び立てていた。

　対して、「追悼式典」実行委員会としては、折からのコロナ禍もあり、例年七百余人規模で実施してきたが、2020年度「朝鮮人犠牲者追悼式典」については、追悼碑前の集会では各団体の代表などに限定した。それでも、会場周辺では、数百人の人々が追悼式典の実施を見守った。一般には全国に向けてインターネット中継を行い、録画番組も作成されて公開された。

　そして、次の呼びかけを全国に発信した。「三年後の2023年には、関東大震災100年、朝鮮人犠牲者追悼碑建立から50年を迎えます。虐殺犠牲者への追悼を捧げ、民族差別による暴力を『繰り返しはせぬ』と誓う場である朝鮮人犠牲者追悼式典と追悼碑を、今後とも幅広い人々と共に守っていきたいと考えます。引き続き、多くの皆さんのご支援、ご協力を訴えます」。関東大震災百周年追悼を期とした、この呼びかけに応える認識を深める一助として、著者は、既に広報の場となる展示学習会の為の展示パネルを作成したが、更に百周忌の本年に当たり、本書をまとめることにした。本書は、先達によって提起されてきた史料・論説に新たな史料を加えて統括し、課題を設定しながら史実を明確にする構成とした。著者自身が追求する課題や、未だに明確にされてこなかった課題に答えるためである。

Ⅲ. 虐殺犠牲者数は如何に把握されたのか

（1）政府・官憲は、虐殺事件・調査の責任から逃避した

　既に気づかれたと思うが、ヘイト団体「そよ風」による朝鮮人犠牲者追悼式典を妨害する集会や、小池都知事に「追悼式典」への追悼文中止を迫った都議会質問では、朝鮮人虐殺犠牲者人数六千余人を「証拠を示せない」「誇大な嘘」として扱っている。妨害団体「そよ風」代表などは、集会で「**どこを探しても朝鮮人六千人、中国人七百人の虐殺を証明する記録は一切ありません**」と絶叫する（2020.9.1）。

　なぜ、彼ら歴史改竄者は、虐殺犠牲者数六千余人を狙い撃ちして、「嘘」「濡れ衣」などとするのであろうか。それは、政府・官憲・軍隊が、虐殺事件が引き起こされた行政責任を問われることを恐れ、虐殺事件を過少化し、隠蔽に走り、調査記録などは作成しなかったためである。

　官庁史料では、関東大震火災での被災犠牲者数は統計記録され公表されているが、朝鮮人を分別しての被災者の記録は無い。そして、保護・監察のためとして大勢の朝鮮人・中国人を収容した人数の統計はあるが、虐殺された被害者数は調査されず公記録は存在しない。

　政府・官憲は、また歴史改竄者にしても、公然と行われ、大勢が目撃し、関与した朝鮮人虐殺事件の存在そのものについては認めざるを得ない。しかし、政府・官憲・軍隊は、戒厳令下の治安責任を問責されることになる虐殺事件の真相をひた隠しにした。虐殺の実態を報告・記録・調査するどころか被害実態を過少にし、隠蔽工作さえ行った。虐殺被害者の遺体は、焼却されたり、川へ投げ込まれ海へと流された。また、大多数の被災被害者の遺体に紛れ込まされれば、その判別が困難であり、虐殺被害者も被災被害者として処置されたのである。

　日本政府・官憲が、意図的に虐殺被害者の実態を隠蔽して、調査を妨害するという困難の中でも、被害者の立場である朝鮮人、中国人たちは、同胞の受難を調査し、同胞の無残な屍に胸を痛めつつ記録した。「虐殺被害者数何千人」

の告発には、加害者である日本人こそが、己の民族が、己の国家として為した罪科には己たちの責任を自責せねばならないのである。戦前には、虐殺被害者の実態を示す記録も、告発の声をあげることも政府・官憲により抑圧されてきた。しかし敗戦後、植民地支配を脱した朝鮮人たちは、俄然、虐殺被害の実態を調査し、被害者を追悼し始めた。傷害を受けた被害者や目撃証言者も、日本人を含めて多くが生存しており、聞き取りが可能であった。

　確かに東京、横浜、関東一円と広範囲の統括した官庁の統計調査は行われてなかった。今や、各地域、自治体別に於ける朝鮮人虐殺事件については、日本人も加わって調査活動が進められてきた。証言・文献史料（自治体の公文書も）が明らかにされ、次々と虐殺の実態が記録され、墓碑・追悼碑が建立されていった。それらの明確になった地域別の統計だけでも、合算すれば虐殺被害者数は、すでに千余人となるのである。こうして、民衆責任が自覚されるとき、国家・行政責任を問う取り組みへと進むのであるが、その取り組みを妨害しているのが国粋主義の歴史改竄者たちである。

（2）　戒厳令下に於ける軍隊の殺戮は免責された

　また、軍隊出動による治安体制を布く「戒厳令」は、「朝鮮人暴動鎮圧」を事由としたため、当初は、「不逞朝鮮人が暴動」との流言蜚語を「事実」の如く扱った。そのため、軍隊、警察、自警団が一体となって、朝鮮人に対する凄惨な大殺戮（ジェノサイド）が展開されたのである。しかし、戒厳令下の治安体制が整うと、政府・官憲は、行き過ぎた殺戮事態の収拾を謀り、「朝鮮人の大部分は順良である」「朝鮮人暴動などは根拠なき噂である」と、方針を変更した。官憲側の変身に納得しがたい自警団をなだめ説諭し、これ以上の虐殺の暴発拡大を押しとどめようとした。自警団の殺傷武器を押収し、規模も縮小させ、軍隊・警察の管理下で統制した。

　なお、戒厳令下に於ける軍隊による殺戮は、「虐殺」ではなく兵士としての任務遂行とされ、また司法当局の管轄外とされた。司法当局の管轄となれば、公判記録が存在するのである。すなわち、「戒厳令」下、軍が出動しての殺戮は、**「衛戍勤務令」**の**「第十二条　兵器を用ゆるにあらざれば鎮圧するの手段なき時」**が適用された。「兵器を使用しなければ鎮圧できないほど、相手の朝鮮人たちは攻撃してきたのか」。目撃談では、「武器などを持つどころか、後ろ手に縛って拘束した朝鮮人を殺戮した」とされる。

　後述するが、亀戸署事件、大島町事件、荒川河川敷事件、王希天事件など、東京だけでも、軍隊が関わった虐殺事件は数多い。戒厳令下、朝鮮人を殺戮した兵士たち、一緒になって殺戮した警官や自警団員たち、彼らは一人として処罰されることは無かった。すなわち、戒厳令下に於いて、兵士たちが朝鮮人たちを殺戮・虐殺しても、罪科として記録されなかったのである。司法当局の管轄外とされて公判記録は無いが、当然、部隊や戒厳令軍本部の㊙内部記録に記載された筈である。しかし、公表はされていない。敗戦によって、日本軍は解体するにあたって、膨大な㊙内部公文書を破棄・焼却したとされる。そして、残存した軍隊関係の公文書も「特定秘密保護法」の悪しき対象とされ、現在も閲覧はし難い。しかし、目撃証言があり、稀有に、加害兵士自体からの自白・告発もなされ、歴史に正しく記録することを成し得た場合もある。

（3）　統制と妨害で、朝鮮人虐殺の調査は困難を極めた

　とまれ、それでも戦後とはなったが、関東大震災時に於ける朝鮮人・中国人・社会主義者の虐殺について、先達の研究の第一人者である姜徳相、琴秉洞、山田昭次、松尾章一などの諸氏や、取り組まれる関係者の努力により、貴重な史料・証言が発掘されて、調査・提示されてきた。特に、東京周辺の地方自治体から、朝鮮人虐殺関係の公文書の開示を成し得たことは重要である。著者も、**警視庁官房文書課編纂「震火災に関スル告諭諸達示通牒」綴（新史料「警視庁㊙通達綴」）、内務省警保局警務課「震災後の警備一班」**などの稀有な公安・警察の㊙内部公文書（1923年）を入手した。このような新たな第一級史料を加えて、これまでの史料・研究著述を整理統括して、補正を為して本書をまとめることができたのである。

　さて第Ⅲ章では、先達の研究者によって発掘された、朝鮮人虐殺被害者数についての**「いくつかの史料」**の特徴を分析して統括したい。そして、虐殺被害者数について、統括した結論を求めたい。特徴を分析するにあたって、著者が留意したことは、次の四点である。①それぞれの史料が、目的も違い、制約もあった。公文書か、私文書か、史料に基づく論説か、目撃・聞き取り調査かの違いもある。②戒厳令下に於ける軍隊・警察が関わった殺傷行為は「虐殺」として告発されず、虐殺被害者数にカウントされていない。またそれを記録した㊙内部公文書は、存在していても今日に至るも全面開示されていない。③調査・検挙・慰霊・賠償を為すべき責任者である政府・官憲側が、責任追及されるこ

とから逃れるために、調査活動を妨害し、目撃証言をやめさせ、犠牲者の遺体を隠蔽・焼却処分した事実が証言・記録されている。④敗戦後も、確実に存在して保管されている筈の、関東大震災時に於ける朝鮮人を初めとする殺傷事件に関連した軍隊・官庁関係の公文書は、㊙内部公文書については「特定秘密保護法」により、その多くが開示を拒否されている。先述したように、地方自治体によっては、関係の公文書が開示されている。

　そして、彼らの調査活動は、警視庁特高警察の捜査対象とされ、何時一網打尽に逮捕されるかという危うい状況に置かれていた。したがって、「独立新聞」掲載「**本社被虐殺僑日同胞特派調査第一信**」（1923.12.5）の一度限りで、調査活動は打ち切らざるを得なくなったのである。

　その警視庁による捜査状況を、**警視庁官房文書課編纂㊙「震火災に関スル告諭諸達示通牒」綴**から、次に引用する。朝鮮人を「鮮人」と差別的な蔑称で記しているが、当時の官憲の認識としてそのまま記載する。

　■　「鮮高㊙丙第十三号　　　　　鮮人取締方に関する件」
　各警察署長・分署長殿　大正十二（1923）年九月二十九日　　　**正力官房主事**。
　「天道教青年会員**閔夾鉉、朴思稷、李根茂、金明鉉**、朝鮮基督教青年会東京支部幹事、**崔承萬**、同牧師**呉基舎**、東亜日報社編集局長**李相協**等発起となり、（朝）**鮮人災害慰問団**を組織し、その事務所を小石川区大塚坂下町 190 番地天道教青年会東京支会に設置し。而して、同所に**東亜日報社**出張所を置き、表面、罹災（朝）鮮人の慰問に名籍するも、鮮人虐殺の状況を調査し、その経過を遂時、東亜日報社に通知して、これを紙上に掲載し、朝鮮・内地及び在外（朝）鮮人に発表し、この機会に於いて反日本思想の扇動を企画せんとする陰謀を蔵するものなるに付き、その署管内に立ち廻りたる際は、右裏面の事情お含みの上にて、万事処置有之たき。事務所及び前掲の発起人、現住地関係各所に於いては、**その経過を内査し、その状況を時々報告相なりたし**」。

1.「独立新聞」に掲載、朝鮮罹災同胞慰問班の調査 A

　では、「独立新聞」に載せられた「**朝鮮罹災同胞慰問班**」による朝鮮人虐殺被害者の統計資料（1923.11.28）の邦訳・転写を引用する。朝鮮に関する研究資料編集委員会「**関東大震災における朝鮮人虐殺の真相と実態**」朝鮮大学校（1963.8.10）に掲載されているものを参考にした。

「独立新聞」1923年12月5日

被殺地	被殺人数（人）	被殺地	被殺人数（人）	被殺地	被殺人数（人）
亀戸停車場前	2	千葉県佐原	7	久良岐郡金沢村	123
亀戸	100	千葉県馬橋	3	川崎	4
大島六丁目	26	埼玉県稲村幸房	17	戸部	30
大島七丁目	6	品川停車場前	2	水戸上鴨田	30
大島八丁目	105	栃木県東那須野	1	茅ケ崎町駅前	2
小松川付近	2	宇都宮	3	鶴見	7
小松川区域内	1	群馬県藤岡警察署	17	久保町	40
三戸地	27	埼玉県寄居	13	津間（浅間）町	40
三戸地付近	32	浅草（吾妻橋?）	80	習志野営林（軍人営）廠	13
亀戸警察署演武場	36	長野県境	2	➡<以上累計4,407人>。	
深川	4	埼玉県大宮	1	第一次調査終了（1923.11.25）。	
白鳥（向島?）	43	埼玉県神保原	25	➡さらに、次の追加報告が	
寺島請地	14	荒川付近	100	来た。<合計2,256人>	
埼玉県芝公園	2	荒川区域内	17	東京府	752
埼玉県熊谷	60	赤羽岩淵	1	埼玉県	293
埼玉県本庄	63	神奈川県	1,795	栃木県	4
千葉県船橋	37	➡<合計3,240人>。以上は、		千葉県	133
法典村及塚田村	60	死体を探せなかった同胞		群馬県	17
埼玉県妻治（妻沼?）	14	➡以下は、死体を発見し、報		茨城県	5
東京府下	1	告者（韓世復）が実地に見た		神奈川県	1,052
世田谷	3	同胞の死体。<合計1,167人>		<被殺者総計6,661人>	
府中	2	神奈川浅野造船所	48	<不適合の事例>	
千葉市	37	神奈川警察署	3	合計3,240 ➡ 2,889	
成田	27	土方橋から八幡橋に	103	合計1,167 ➡ 1,274	
波川	2	山手本町立野派出所	2	累計4,407 ➡ 4,163	
我孫子	3	本牧	32	総計6,661人 ➡ 6,419人	
千住	1	若尾（屋）別荘	10	金沢村 123 ➡ 12	
平川（平井?）	7	根岸町	35	大島八丁目 105 ➡ 150	
清水飛行場付近	27	山手町埋地	1	亀戸警察 36 ➡ 87	
八千代	3	御殿町付近	40	千葉県馬橋 3 ➡ 43	
寺島署内	14	程谷	31	埼玉県本庄 63 ➡ 86	
月島	11	井戸谷	30	小松区内 27 ➡ 46	
千葉県南行徳	3	子安町神奈川駅	150		
千葉県流山	1	神奈川鉄橋	500		

参考; 朝鮮に関する研究資料編集委員会「関東大震災における朝鮮人虐殺の真相と実態」朝鮮大学校

また、誤写・欠落のためか小計・総計は適合しない。各府県からの追加は、犠牲者総数（2,256 人）だけで場所が不明で、第一次まとめと人数が重複している可能性がある。特に、神奈川県は、第一次まとめ（1,795 人）と追加報告（1,052 人）とを合わせて総数（2,847 人）であり、被殺地にも神奈川県の地域が記載されて、四千余名にもなり、重複が推定される。

2. 吉野作造氏に託された朝鮮罹災同胞慰問班の調査 B

また、朝鮮罹災同胞慰問班からは、吉野作造（1878 ～ 1933。東京帝国大教授、法学博士、「民本主義」の代表的論者）へ調査資料（1928.10.31 まで調査）が託されていた。吉野氏が、「改造」「中央公論」に、時事論文を連載し、関東大震災と朝鮮人虐殺についても、調査・著述を進めていることを知り、慰問班の一員から調査資料が託されたのであろう。この調査資料を取り入れて、吉野氏は、「改造」へ「圧迫と虐殺」と題して寄稿した。しかし、その原稿は、官憲の検閲により、掲載不可とされ、その原稿は、死後、それも戦後になって公開されることとなった。

吉野作造氏は、次のように記していた。「圧迫と虐殺。一、労働運動者及社会主義者圧迫事件。二、朝鮮人虐殺事件。改造社で出した大正大震災誌へ寄稿すべく、赤松克麿君に嘱して取り調べたものであるが、内務省より公表差し止められたに付き、後日の参考までに原稿を製本して取って置くもの也」「次に朝鮮人の被害の程度を述べる。これは朝鮮罹災同胞慰問班の一員から聞いたものであるが、この調査は大正十二年十月末日までのものであって、それ以後の分は含まれていないことを注意しなければならぬ」（1924.9.3）。

当時、吉野作造氏の著述と、この虐殺被害者の統計資料が公表を差止められたことは無念であるが、調査記録原本を、府県別に整理して、製本して残してくれたことで、正確な原本史料が提供された。この史料が、朝鮮人虐殺被害者二千六百人超え説の元となったわけである。なお、史料の記述に、「1. 神奈川県橋本町浅野造船所前広場（現金五百円強奪）」「4. 井戸ケ谷町（現金二百余円強奪）」との「現金強奪」の記載がある。これは、自警団なるものが、殺人強盗団の類であったことを物語っている。

被殺地　　被殺人数（人）	被殺地　　被殺人数（人）	被殺地　　被殺人数（人）
■横浜方面　（1,129余人）	■埼玉県方面（551余人）	■東京付近　（724人）
1.神奈川県橋本町浅野造船所前広場（現金五百円強奪）48	1.川口　　　　　　33	1.月島　　　　　　33
2.神奈川警察署　　3	2.赤羽荒川　　　300余	2.亀戸警察署内　　87
3.程ケ谷町　　　31	3.大宮　　　　　　2	3.小松町　　　　46
4.井戸ケ谷町（現金二百余円強奪）　　30余	4.熊谷　　　　　61	4.寺島請地　　　22
5.根岸町　　　　35	5.本庄　　　　　86	5.寺島警察署　　13
6.土方橋より八幡橋に至る103	6.早稲田村　　　17	6.向島　　　　　35
7.中村町　　　　2	7.神保原　　　　24	7.寺島手井駅　　7
8.山手町埋地　　1	8.寄居　　　　　14	8.洲崎飛行場付近　26
9.御殿町　　　40余	9.長沢　　　　　14	9.日本橋　　　　5
10.山手町本町警察署立野交番所内　　2	■群馬県　（18人）	10.深川西町　　　11
11.若屋別荘付近　10余	1.藤岡　　　　　18	11.押上　　　　　50
12.新子安町　　　10	■千葉県　（141人）	12.本所区一丁目　4
13.子安町より神奈川駅に至る　　　159	1.習志野軍営倉内　12	13.大島七丁目　　4
14.神奈川鉄橋　500余	2.船橋　　　　　38	14.大島三丁目活動写真館内　　26
15.東海道線茅ケ崎町　2	3.法典村　　　　64	15.大島八丁目　150
16.久良岐郡金沢村　12	4.千葉市　　　　2	16.小松川新町　　7
17.鶴見町　　　　7	5.流山　　　　　1	17.浅草公園内　　3
18.川崎　　　　　4	6.南行徳　　　　2	18.亀戸駅前　　　2
19.久保町　　　30余	7.馬橋　　　　　7	19.府中　　　　　3
戸部　　　　　　30	8.田中村　　　　1	20.世田谷、三軒茶屋　2
21.浅間町及浅間山　40余	9.佐原　　　　　7	21.新宿駅内　　　2
22.戸山、鴨山　　30	10.滑川　　　　　2	22.四谷見附　　　2
<以上死体埋葬地及数>	11.成田　　　　　2	23.吾妻橋　　　　80
1、久保山火葬場　千余名（横浜付近被害者）/2、青木町三ツ沢共同墓地二百名（神奈川付近）。/3、金沢村（不詳）。/4、茅ケ崎町旧東海道線路火葬	12.我孫子　　　　3	24.上野公園内　　12
	■長野県　（2人）	25.千住　　　　　11
	1.軽井沢付近　　2	26.王子　　　　　81
	■茨城県　（44人）	**総計2,613人**
	1.筑波本町　　　43	
	2.土浦　　　　　1	（東京大学吉野文庫「圧迫と虐殺」より）
	■栃木県　（4人）	
	1.宇都宮　　　　3	
	2.東那須郡　　　1	

参考; 姜徳相・琴秉洞「関東大震災と朝鮮人」みすず書房

3. 司法当局による自警団に対する捜査・立件の記録

■司法省が公表した朝鮮人犠牲者数（A）（東京市長後藤新平文書）

1923.11.15

庁　名	死　亡（人）	創　傷（人）		計　　（人）
		重傷	軽傷	
東京	39	11	16	66
横浜	2			2
千葉	74	2	11	87
浦和	94	1		95
前橋	18			18
宇都宮	6	1		7
計（人）	233	15	27	275

参考; 姜徳相・琴秉洞「関東大震災と朝鮮人」みすず書房

■司法省が公表した朝鮮人犠牲者数（B）（検事吉河光貞報告書）1941.6

被害者	朝鮮人		内地人		中国人	
	死亡	負傷	死亡	負傷	死亡	負傷
東京府	37	8	13	11	2	4
神奈川県	3		9	1	2	1
千葉県	71	17	25	11		
埼玉県	97	1	1	1		
茨城県		1	1			
群馬県	18	5	8			
栃木県	6	17	2	16		1
福島県		1				
合計	222	43	57	49	4	6
	265		106		10	

引用史料;法務府特別審査局長吉河光貞「関東大震災の治安回顧」法務府1949.9.1

　上記に掲載した（A）表は、司法省が公表した史料に基づき、捜査・立件した自警団による朝鮮人犠牲者の人数だけをまとめたものである。（B）表は、戦前、関係資料を基に現職検事が、司法研究所研究員としてまとめた報告書からの引用である。先に司法省が公表した事件について、起訴・公判段階を踏まえてさらに補正して、判明した中国人10名を朝鮮人と誤殺したことも含んで、より正確である。

　1923年10月20日、内務省警保局及び司法省は、戒厳令下に於ける報道規制を解除するにあたって、朝鮮人に関する事件について、捜査・立件した現況を発表した。その発表のやり方は、まず、「朝鮮人は概して順良だが、不逞な朝鮮人も存在していた。」として、ほとんどが「氏名不明の朝鮮人」などが引き起こした犯罪事例をあげた。その犯罪に対する防犯の自警団が必要であったとするためである。これで、朝鮮人虐殺事件が生じた政府・官憲の責任を弁明したつもりであっただろうが、日本人の犯罪事例の方がはるかに多く、弁明は成り立たなかった。

　次に肝心の発表として、「デマに惑わされて順良な朝鮮人を殺戮してしまった」とする自警団の行為については、犯罪事件として捜査摘発して、立件を進めているとして公表した。同時に、戒厳令下、朝鮮人虐殺などの記事を記載することを禁止していた報道規制を解除した。これを受けて、各新聞社は、公表された事件について、自社の取材内容も加えて、一斉に号外として発行した。次いでこの日から特集も組みながら、朝鮮人犠牲に関する事件を報道していくこととなった。

　念頭に置かねばならないことは、既に述べたように、戒厳令下の武装兵士が為した朝鮮人殺戮については免責されて、司法省の管轄外となっていることである。戒厳令下に於ける軍隊による殺戮は、「騒擾鎮圧」の軍務遂行として、罪科を問われなかった。また、軍隊と一緒に殺戮した場合には、警察、自警団の者も罪科を問われなかった。ここで、警察・検察当局が、捜査・検挙して公判に付したのは、後述するが、顕著に行き過ぎた行為をした自警団員たちであった。例えば、警察が、署内に拘束している、或いは移送中の「順良」とされる朝鮮人たちを襲撃して惨殺するなど、官憲の権威（面目）が潰された場合などであった。その自警団の内で、煽り立てる集団心理の歪みで、率先した者数名だけが首謀者として告発された。

　此処に検挙されて司法省が扱った事件は、移送中とか、警察署に収容中とかに、警察官の制止を聞かずに殺戮した場合で、加害者側の首謀者も把握できていたと思われる。それでも、個々の誰が加害を加えたかまでは不明だろうし、上訴（控訴）もなく一回審理のスムーズさに私は疑念を持った。その疑念を晴らしてくれたのが、当時、千葉県船橋警察署巡査部長だった渡辺良雄氏の証言である。渡辺さんは、「一日裁判」なる次の証言をしている。

　「九月二十日頃から、自警団その他の殺人犯人の検挙が開始された。私たちは、『重大問題が起こるな』と心配しながら、浦安町や行徳町方面に早朝出張して、

犯人多数を連行してきた。その時、船橋町の稲荷屋という料理屋に、千葉から裁判官と検事や書記が来て二階に陣取っていた。彼らは、連行してきた犯人を次々と呼び出し、検事から最初に、『君は執行猶予にする』と予言して取り調べを始めた。すると、犯人は素直に犯行を認める。

　そこで、隣に控えている判事の手に渡すと、判事は、『お前は二人殺したか。それでは懲役二年、執行猶予三年に処する。判ったか』。『控訴するか』と判事が犯人に尋ね、『控訴しません』と答えが返ると、『それでは帰って宜しい』というような処置が行われたので、私たちは、これを『一日裁判』と呼んだ。これによって、何の問題も無く処理ができて、国際的に日本の権威を保持することができた。これも重大時に於ける行刑の妙ともいえると思った」。（千葉県に於ける追悼・調査実行委員会「いわれなく殺された人びと」青木書店1983.9.1）。

　ただし、問題がある。同じ千葉県下の福田村事件は、「自警団が朝鮮人と誤って日本人を殺害した」場合だが、被告から控訴もなされたが、その判決は、朝鮮人被害者と比べて重く、猶予されず実刑であった。民族差別がなされたのである。

　また、戦後になって、自由に語れるようになってから、当時の目撃者、自警団員などの証言が続々と出てきた。彼らの証言からもすぐ分かるが、横浜の虐殺被害者がたった2名などと誰しもおかしいと指摘するだろう。東京より以上の虐殺被害者があったとされる神奈川県にしてこのいい加減さであった。それにしても、被害者の立場の朝鮮人側からの民間調査による被害者数値と比較すれば、一割にも足らずであり、極端に被害を隠蔽して少なく取り繕ったとしか思えない。司法省側としては、「被害者・加害者が歴然として起訴できる場合に限定した」などと法規をかざして弁明するだろう。しかし、その起訴された同事件だけに限定して、当時の 10/20 の各新聞社の号外報道だけをみても、虐殺された朝鮮人被害者人数は、千余人を数えるではないか。なお、民衆暴動としての自警団による朝鮮人・中国人の虐殺の実態は、別に章を設けて詳述する。その実態から、虐殺被害者の人数の矛盾を更に追求できるであろう。

4. 全く隠蔽された軍隊による朝鮮人虐殺の記録

　関東大震災時に於ける朝鮮人虐殺に関係する政府・官憲・軍の㊙内部公文書は、官庁が所蔵している筈であるが、目録さえも非開示にて、どのような史料

が存在するかさえ窺い知ることもできない。現在の処、戒厳令下に於いて軍隊が虐殺した朝鮮人人数を集計した公記録として目にすることができるのは、「震災警備の為、兵器を使用せる事件調査表」（松尾章一監修「関東大震災政府陸海軍関係史料II巻陸軍関係史料」日本経済評論社 1997.2.20）だけである。これを参考にして、戒厳令部隊、場所、被害人数のみをまとめたのが下記の表である。

■ 「震災警備の為、兵器を使用せる事件調査表」（要旨）

部隊名	月日	場所	人数	部隊名	月日	場所	人数
歩一機関銃	9/1	月島四丁目	1	騎兵十三	9/5	亀戸警察署内	1
歩兵三	9/2	麻布霞町墓地	(1)	電信歩一	9/5	豊多摩刑務所内	(1)
近衛歩一	9/3	両国橋西詰	1	近衛歩四	9/6	飛鳥山内端	(1)
近衛歩二	9/3	下谷区三輪町	1	騎兵十五	9/2	千葉県南行徳村	1
騎兵十四	9/3	大島八丁目	(200)	騎兵十五	9/3	浦安町役場前	3
野重一ノ二	9/3	永代橋	32	工兵学校	9/4	松戸地先葛飾橋	1
野重一ノ三	9/3	大島丸八橋	6	騎兵十五	9/4	南行徳今井橋	2
騎兵十三	9/3	亀戸駅内	1	騎兵十五	9/4	南行徳今井橋	5
騎兵十三	9/4	亀戸警察署内	(4)	騎兵十四	9/5	千葉郡大久保村	(8)
近衛歩四	9/4	上根岸町34	(1)			計	**55**
騎兵十三	9/5	亀戸警察署内	(10)			**281**	(226)

人数で（ ）は、日本人の誤殺。大島八丁目（200）は中国人の誤殺。

この「事件調査表」は、「関東戒厳司令部詳報」第三巻第四章に添付されていた史料である（東京都公文書館所蔵）。現在は非開示とされたが、この「事件調査表」は、ほんの一端しか示していない。東京と千葉県の一部だけで、最も虐殺被害者が多かった横浜方面の神奈川県も欠落している。政府・官憲・軍の㊙内部公文書が非開示のため、民間の証言史料により、補正をしなければならない。それでも、「兵器を使用せる事件」として相手を殺戮しなければならない事態などが存在しただろうか。「戒厳令下、軍が出動しての殺戮は、「衛戍勤務令」の「第十二条 兵器を用ゆるにあらざれば鎮圧するの手段なき時」が適用された。震火災にして、朝鮮人たちも、被災・避難の民であり、徒手空拳であり、兵士の銃剣を前に何の抗いができようか。国家責任と直接結びつく戒厳令軍隊数万人の兵士たちは、朝鮮人を敵と位置付けて出動した。実弾、銃剣で戦闘武装した兵士たちは、被災・避難の群衆を検問し、朝鮮人と見なすや、有無を言わさず、虐殺を検束（捕縛扱い）に及んだのである。軍隊・警察の主導のもとに組織された自警団も、その虐殺と検束に加わったのである。

5. 朝鮮総督府の震災弔慰金、戦後韓国の調査記録

a. 弔慰金を渡された 830 名の遺族名簿は？

　朝鮮総督官房外事課「関東地方震災時に於ける朝鮮人問題」（1923.12、国立国会図書館憲政資料室所蔵斎藤実関係文書。現在は非開示）に、次のような記載がある。「第四、鮮人罹災者救済状況、八、罹災鮮人遺族に対する慰藉。総督府では、震災の為に死亡したり、行方不明となった鮮人の遺族に対しては、一人に付き二百円宛の弔慰金を送り、地方官をして懇ろに遺族を慰問せしめた。その人員は、830 名で弔慰金総額 166,000 円である」。続けて、「第五、自警団に殺害された朝鮮人の数は、混乱の際であり、死体は一般の死体とともに火葬に伏せられたから死因も弁別せず。従って、的確なる数を得ること困難であるが、朝鮮地方官憲で精彩に調査した結果によれば、圧死者焼死者**被殺者**及び

警視庁管轄の目黒収容所の朝鮮人たち（1923.9.17）
「写真で見る日韓政治外交秘録」日韓広報センター（日本版1967.1.15）。朴大統領施政時に本書作成の為、臨時に設立、以後存在しない組織。（姜徳相さん所蔵の写真を全て使用）

行方不明者となった朝鮮人は、総体で832名である。朝鮮人の居住場所と焼死者の多かった事実に徴し自警団に殺害された者は、その二三割を超過することはあるまいと推定せられるのである」（姜徳相、琴秉洞「関東大震災と朝鮮人」みすず書房）。

この記述によれば、朝鮮総督府が朝鮮人を特定して調査した結果、虐殺された犠牲者を含めた大震災時の死者として総体で832名を把握した。そして、830名の遺族が、総督府より弔慰金を贈られた。この遺族は、母国朝鮮に在居して、総督府から弔慰金を受け取ることができたのであろう。当然、830名の氏名を記した名簿が存在したはずであり、死因が判別できた者もあったであろう。未だ、この名簿は発見されていない。とにかく、在日朝鮮人で、家族もろとも一家全滅もあり、遺族の確認さえ困難で、大多数の死者の名前が判らないのである。名前が判る資料は貴重である。日本人の場合も、住民登録だけが被災被害者調査の頼りである。

ところで、朝鮮総督府が、震災時の朝鮮人死者の内、多いところで二三割までが虐殺被害者と推定したのはなぜなのか。震災時の死者832名を把握した際に、二三割が実際に虐殺被害者と想定できる状況があったからかもしれない。

ただ、情勢と史料に基づき、私が考察する処は次の通りである。朝鮮総督府は、日本政府の植民地支配の機構であり、当然、総督府からの出張官吏は、朝鮮人救護活動に取り組んだが、朝鮮人虐殺については事態を過少化して穏便な収拾を図る方針であった。総督府出張官吏が、虐殺被害者の実態の調査を進めたのは、内務省・司法省が「朝鮮人被殺（犠牲）者」事件の加害者を検挙・公判を執行するとの発表を受けてからであった（1923.10.20）。司法省が取り上げた事件は、加害した自警団が「民衆暴動」の如き過激な行動をとった場合に特定されて検挙した場合だけであった。明らかに恣意的な検挙であった。同時に、報道統制が解除されて、新聞が号外報道した同じ事件の記事でも、虐殺被害者の人数はもっと多かった。朝鮮人被害者の名前も分かって記載されている場合もある。司法省側は、「検挙したのは、加害者と被害者が明確で検挙・公判を実施できるとみなした場合に限られていた」と弁明するかもしれない。

それでも、被害者側から見ればあまりにもお座成りであった。検挙されたわけだから、自警団の日本人は特定されているが、被害者の朝鮮人の場合は、死者233名の内、名前が特定できているのは23名でしかない。残りの210名は、氏名不詳で人数だけであった。当然、起訴された自警団の加害者（被告367名）は、「誰か他の者がやった」「既に死んでいたのを槍で突いただけだ」などと犯

行を否定し、多くの場合が執行猶予となった。

　さて、総督府出張官吏にすれば、日常的に接した収容所に集められた朝鮮人5,800 余人は、虐待・虐殺の証言者であった。また、母国朝鮮へ帰還する予定の朝鮮人 28,443 名は、帰国後に震災時に受けた受難の真相を語るであろう。横浜での朝鮮人虐殺被害者が 2 名などとの司法省の統計人数など、さすがに、とてもそのまま受け取れなかった。かくて、総督府出張官吏は、独自に調査した結果として、**朝鮮人虐殺被害者数**は、東京約 300、神奈川約 180、埼玉166、栃木約 30、群馬約 40、千葉 89、茨城 5、長野 3、合計**約 813 人**を記録したのである。（朝鮮総督府警務局「関東地方震災の朝鮮に及ぼしたる影響」1923.12)。

b. 戦後、韓国李承晩政権による調査資料

　2013 年 11 月 19 日、韓国の安全行政部国家記録院（朴景国院長）は、ソウル庁舎で記者会見して、日本の在日韓国大使館が庁舎移転の際に見つかったとされる「関東大震災犠牲者名簿一冊」「三一独立運動犠牲者名簿一冊」「被徴用者名簿 65 冊」を公開した。大部の「被徴用者名簿 65 冊」は、敗戦後に占領連合国軍司令部が、日本政府に企業ごとにまとめて提出させた名簿のコピーであり、日韓両政府間の合意で、韓国政府に渡されたコピー史料と思われる。ただ、「関東大震災犠牲者名簿一冊」「三・一独立運動犠牲者名簿一冊」は、初出未開示の史料であった。韓国国家記録院ホームページで公開されたが、別々に調査した記録ではない。李承晩大統領の施政下で 1950 年代に、三・一独立運動と関東大震災と、両方の事件の犠牲者を同時に、各道知事の責任で調査収録したようである。数百枚に及ぶが、殆どが 1919 年三・一独立運動犠牲者（630 人）であり、1923 年関東大震災犠牲者は 290 人しか記載されていない。このように少ないのは、「独立有功者」「愛国者」と称えられ

朝鮮人犠牲者の名簿を公開する職員
（韓国国家記録院H.P 2013.11.19)

る三・一独立運動犠牲者の調査の方が優先されたためとか、韓国内に関東大震災犠牲者に縁故関係がある者が少なかったためと言われる。ともあれ、少数と言えども、関東大震災時に於ける朝鮮人犠牲者の名前・本籍・年齢・場所が記されていたことは貴重である。

（4）　虐殺の証言が封じられ、遺体が焼却・隠蔽された

　目撃証言では、虐殺された朝鮮人被害者の遺体は、川へ投げ込まれ海へと流されたとか、埋められたとか、焼却されたとか言われる。その目撃証言も、戦後になってから、やっと語られ始めた。戦前では、軍隊や警察による朝鮮人虐殺を証言することは国家責任を問う不穏分子とされて弾圧されたため、恐れて関わりたくなかったからである。また、自警団員による虐殺でも、それを告発することは、身内や地域の人たちの罪科となるため、自らもふれたくない場合もあった。

　大震火災当時の「**朝鮮罹災同胞慰問班**」による朝鮮人虐殺被害者の調査の場合はどうだっただろうか。先述したように、警視庁正力松太郎官房主事より各警察署に「慰問班」による調査を妨害し、取り締まる通達が出された。警視庁特高警察朝鮮担当によって、監視され、目撃者に会って話を聞くことも困難であった。特に、日本人の場合は固く口を閉ざした。それでも、朝鮮人が朝鮮人の被害者家族や目撃者を訪ねての調査ならば、密かに胸襟を開いての証言を得ることができたかもしれない。それでも、「証言だけで、遺体さえ確認できなかった」場合が多数あったのである。「慰問班」が調査活動を繰り広げたのは九月半ばを過ぎて遅かったからである。朝鮮人への虐殺事件は、九月初めに集中していた。

　一人一人の遺体から、震災の事故死なのか虐殺死なのかを判別して確認するなど、その場に立ち会わねば、後からは誰しも成しようがなかったのである。虐殺現場を目撃したのならば、横たわる遺体が虐殺の結果だと明白だが、遺体が現場から移されたり、焼却されてしまえば、被災死か虐殺死かとの見分けは、焼却前に遺体を検分する役割をした警察官しか判らない。

　さて、遺体を検分する役割をした警察官が、上部から、虐殺の証拠隠蔽の為に「虐殺遺体は移動して焼却処分（灰塵に）せよ」と命じられていれば、どうなるか。結論を述べよう。内務省警保局長より、各警察署に対して、「虐殺遺体と判明した場合は、直ちに焼却処分（灰塵）にして、隠蔽せよ」との通達が

出されたのである。これまでも、個々の警察官が虐殺遺体を処置したことを目撃した証言はあった。しかし、警察として一貫した方針として指令され貫徹された証拠の公文書は発見されていない弱さがあった。著者は、その第一級史料**警視庁官房文書課編纂「震火災に関スル告諭諸達示通牒」綴**を稀有にも入手したため本書にて以下に引用できる。

1. 大震火災の死者は、どのように処置されたのか

　東京市に於いて、大震火災でのおびただしい死者の処置対策を担ったのは、警視庁衛生部と東京市衛生課であった。九月二日、警視庁小栗一雄衛生部長は、急ぎ次の通達を出した。「号外　大正十二年九月二日　衛生部長。郡部警察官署長殿。今次、変災に際し、臨機死体火葬方、左記の通りお取り扱い相なりたし。一、従来許可の火葬場における火葬炉を昼夜使用せしむること。二、右にて不足の場合は、同火葬場敷地内にて消失せしむること。三、なお不足の場合にして、急迫火葬の必要ある時は、公安支障なしと認る場所に限り、臨機処置する外なきこと」。翌九月三日には、警視庁と東京市との協議の結果、東京市をして要旨次のような具体的な死体処置をせしむるとの通牒が、警視庁衛生部庁から各警察官署長に発せられた。「各区に死体収容所を設ける。収容した死体には、発見場所、特徴を記し、（遺体引き取り確認の為）二日間存置する」「新たな火葬場を芝浦沖の台場、深川区平久町海辺に設ける」「死体収容所と、収容の際、運送（自動車）に、警察官が立ち会う」。
　十数か所の死体収容所は、死者が多く出た浅草、本所、深川区に集中し、そこも臨時の火葬場となった。すなわち、浅草区田中町小学校跡、浅草区七軒町小学校跡地、浅草区厩橋、浅草区蔵前、浅草区吉原遊郭跡、浅草区待乳山、深川区大工町、深川区洲崎埋立地、深川区浄心寺跡、本所区被服廠跡、本所区堅川橋、京橋区築地本願寺跡、芝区青松寺跡、芝区芝浦埋立地である。特に、本所区被服廠跡は、最大の火葬場であり、墓所ともなった。約四万人に及ぶ火葬は、薪・石油では追い付かず、火勢が強いガソリンも使用された。

2. 虐殺された朝鮮人死体は率先して焼却隠蔽された

　大震火災の身元不明の死者を焼却処置する際に、必ず警察官が立ち会って死体を検分する役割を果たしたことはお分かり頂けたと思う。此処で確認しなけ

ればならないのは、警察官は、検分した「死体を虐殺された朝鮮人であると判断した場合は、率先して死体を焼却隠蔽せよ」と命じられていたことである。

この朝鮮人の虐殺死体を隠蔽した事実を示す公文書史料として、研究者間で指摘されてきたのは唯一、**朝鮮総督府警務局「関東地方震災の朝鮮に及ぼしたる状況」**（1923.12、国立国会図書館憲政資料室所蔵**斎藤実関係文書**。現在は非開示）だけである。すなわち、「極秘、震災当時に於ける不逞鮮人の行動及び被殺鮮人の数之に対する処置。……（三）処置　被殺鮮人の死体始末は関係官憲に於いて区々になせるより。その後、左記一定の方針の下に処置せられつつあるが、未だ遺骨引き渡しを申し出たる遺族無し。而してこれ等、被殺者の遺族に対する慰籍方法その他につきては目下、当局に於いて考慮中也」「一、埋葬したる者は**速やかに火葬とすること**。二、**遺骨は内鮮人判明セザル様処置すること**。三、被殺者姓名判明せる者に対し、遺族が引き取り方申し出たるときは、その遺骨を引き渡すこと。四、遺族に非ざる引取人の申し出たる場合は、遺骨を引き渡さざること。五、起訴せられたる事件にして**朝鮮人に被害ある者は速やかにその遺骨を不明の程度に始末すること**」。この記録で、「未だ遺骨引き渡しを申し出たる遺族無し」は悲しい。そして、「一、火葬とすること」「五、遺骨を不明の程度に始末する事」については、**虐殺状況の監察をできなくして、虐殺事件そのものも無かったことにする証拠隠滅の行為**であった。

上記の公文書を史料として、参議院に於いて、虐殺事件を隠蔽した政府の責任を二回に渡って指摘する質問をした。すなわち、「関東大震災時の朝鮮人などの虐殺事件に於ける犠牲者の遺体処理に関する質問主意書」を二回に渡って提出した。一回目は、第208国会、質問第53号、有田芳生議員である（2022.5.26）。その有田議員への政府答弁「お答えすることは困難である」とは「調査不足である」として、杉尾秀哉議員が、同趣旨の二回目の「質問主意書」（2022.12.6）で再調査を求めた。

不条理にも、二回とも、全く同様の答弁で、「お答えすることは困難である」と、追及をはぐらかしてきた。政府答弁が「お答えすることは困難である」とした事由として、次の二点をあげる。①お尋ねの**朝鮮総督府警務局「関東地方震災の朝鮮に及ぼしたる状況」**（1923.12、国立国会図書館憲政資料室所蔵**斎藤実関係文書**）については、政府として確認していない。➡「政府として確認できない」「政府内に見当たらない」のは、「特定秘密保護法」により該当の文書が現時点で非開示とされているから確認できないのである。また、質問議員側は、原本史料の複写を示すべきであった。②「遺骨を日本人であるか朝鮮人

東京市本所区被服廠跡は、警視庁管轄下の最大の火葬場となった。
（内田茂文「大正大震大火之記念」毎日通信社1923.12.3）

であるか判明しないよう処置する」「（被害者の遺骨を）速やかに不明の程度に
始末する」ことについては、「政府内にそれらの事実関係を把握することのでき
きる記録が見当たらない」。➡明らかに遺骨の処置を管轄した警察機関の記録
を調べれば事実関係は確認できる筈であり、調査の怠慢である。しかし、**虐殺
状況の監察をできなくして、虐殺事件そのものも無かったことにする証拠隠滅
の行為**を行ったのは、官憲の責任を問われることから逃避するためである。政
府官憲側が、（自己側の責任を問われる）記録をまじめに探すことを期待する
ことに無理がある。むしろ、亀戸警察署・寺島警察署が行った荒川放水路河川
敷に埋め隠していた多数の遺体処置の不法不当性を現政府に認定させるべきで
ある。

　なお、朝鮮総督府警務局は、日本の政府機関であるが、日本内地、関東地方
の警務（死体処置）についてのやり方を通達・下命する権限は有していない。
当然、内務省警保局、警視庁の方針・通達に従ったはずである。

　このように、日本内地で生じた事件については、朝鮮人が関わる事件も、当
然、公機関の内務省、司法省が担当する。戒厳令下に於いても、「死体処置」
については、東京市ならば、先述したように、大震火災でのおびただしい死者
の処置対策を担ったのは、警視庁衛生部と東京市衛生課であった。警察署警察
官が立ち会い執行するものだが、「虐殺死体を隠蔽せよ」などとは「極秘で、
個別に口頭で指示されたのではないか」と思われてきた。

　つまり、虐殺隠蔽を指示した公文書は発見されてなかったからである。

後ろ手に縛られて虐殺された朝鮮人犠牲者

しかし、著者の手元に、その趣旨の極秘公文書がある。即ち、警視庁警務部長より各警察署長に対して、次のような極秘指示が通達されていたのである。

「警務災第十八号。大正十二年九月十一日。**極秘、**馬場警務部長。関係各署長殿」「**鮮人死体急速措置の件、指示」「後ろ手に縛され、あるいは創傷を負える鮮人の死体**など、今尚散在しておる趣の処、これ等は特に急速措置を要するものに付き、発見次第最先に焼却その他の措置を講ぜられるべし」警視庁官房文書課編纂「㊙震火災に関スル告諭諸達示通牒」綴（1923.9）。

ここで、「今なお散在しておる趣」と述べていることからわかるように、虐殺された朝鮮人遺体については、これまでも率先して片付けるように処置してきたが、まだあちこちに残っているようであるから、発見次第、率先して焼却隠蔽するようにとの、「念押しの」通達である。朝鮮総督府警務部は、この警視庁警務部の指示に基づいて、朝鮮人死体の処置のやり方を記録したのである。

このような指示をされた、現場の警察官たちは、具体的にどのように死体を処置していたのか。事例をあげよう。まず、亀戸警察署の警察官たちが虐殺された遺体を処置する様子を目撃した証言である。

「（九月）四日の朝。三、四人の巡査が、荷車に石油と薪を積んで引いてゆくのと出会った。その内、友人の丸山君を通じて、顔なじみの清一巡査がいたので、二人は言葉を交わした」「『石油と薪を積んで何処へ行くのです』『殺した人間を焼きに行くのだよ』『殺した人間…』『**昨夜は人殺しで徹夜までさせられちゃった。三百二十人も殺した。外国人が亀戸管内に視察に来るので、今日急いで焼いてしまうのだよ**』『皆、鮮人ですか』『いや、中には七八人社会主義者も入っているよ』『主義者も……』『つくづく巡査の商売が嫌になった』『そんなに大勢の人間をどこで殺したんです』『小松川へ行く方だ』」「……清一巡査に教えられた場所に行った時、自分は大勢の町内の人々が、とりどりの顔をして立っているのを見た。**そこは大島町八丁目の大島鋳物工場横の蓮田を埋め立てた場所であった。そこに二三百の人の朝鮮人、支那人らしい死骸が投げ出さ**

れていた。自分は一目見て、その凄惨な有様に度肝を抜かれてしまった。自分の目はどす黒い血の色や、灰色の死人の顔を見て一時にくらむような気がした。涙が出て仕方がなかった」（「**正岡高一氏の供述**」聞き取りの弁護士、松谷與二郎、山崎今朝弥。「種蒔き雑記」1924.1.20）。

　朝鮮人の死体を焼くために薪と石油（灯油）を運んでいた警察官は、亀戸警察署勤務であった。各警察署は、朝鮮人・中国人を臨時収容していたが、亀戸警察署は、一時は千余人もの朝鮮人・中国人を収容し、習志野騎兵十一連隊と共に管理していた。社会主義者として労働組合関係の者も十人ばかりも収容されていた。

警務発第十八號
大正十二年九月十一日
馬場警務部長

関係各署長殿

鮮人屍体急速措置ノ件指示

後口手ニ縛サレ或ハ創傷ヲ負ヘル鮮人ノ屍体等今尚散在シ居ル趣是等ハ特ニ急速措置ヲ要スルモノニ付發見次第最先ニ燒却其ノ他ノ措置ヲ講セラルヘシ

署　一五

「鮮人死体急速措置の件指示」1923.9.11警視庁官房文書課編纂「㊙震火災に関スル告諭諸達示通牒」綴（1923.9）

　警察署敷地内や、近くの荒川河川敷で、毎夜の如く虐殺が行われていたという目撃証言がある。また、白昼に数百人もの大虐殺が行われた大島町八丁目は、亀戸署の管轄だが、収容者ではなく連行されている途中で殺戮された事件である。いずれも、詳細な実相は、「第Ⅵ章．隠された、官憲・軍隊による朝鮮人虐殺の実相」「第Ⅹ章．社会主義者・労働運動家の拘束と虐殺」の各章で、亀戸警察署との関連で記述した。

　続けて、当時、千葉県船橋警察署巡査部長だった渡辺良雄氏の証言である。渡辺さんの証言は、千葉県に於ける追悼・調査実行委員会「いわれなく殺された人びと」青木書店（1983.9.1）、及びNHK「ETV関東大震災と朝鮮人」（2016.9.1放映）から要旨をまとめた。

「北総鉄道工事で働いていた朝鮮人労働者五十人ほどが、飯場のあった鎌ケ谷粟野の自警団に拘束された。彼らは、針金で縛られて数珠つなぎにされていた。数人の騎兵隊に引率されて船橋市へ連れてこられた。船橋警察署では、彼ら朝鮮人労働者を受取り習志野連隊の収容所へ移送するつもりだった。しかし、集まってきた自警団五百人ばかりが周りを取り囲み、騎兵隊が去るや、警察官の制止も聞かず、朝鮮人労働者たちに襲いかかった」。「犠牲者 53 人の遺体は、火葬場付近に埋めた。その後、『相愛会が調査に来る』という噂もあった。虐殺した証拠を残しておくと、後から問題になるからということで、やはり『掘り出して火葬にしちゃえ』という事になった。警察も、消防団も一緒になって、埋めてあった遺体を掘り出した。殺してから十日以上たっており、腐ってものすごい臭気だった。やっと死体の焼却を終えたが、盛り上がった灰の山をどう隠すかという事になり、結局、付近の田んぼに、まるで肥料をまく様に広くばら撒いたわけです」。

3. 死体写真は禁止、焼却・隠蔽の実相

　震火災の被害について、瓦礫の灰燼と化した家屋、橋、鉄道、道路などの被災写真は公記録に残されたが、十万余人の死体の写真は公開が禁止された。

被服廠跡の三万八千余人の死体。火災旋風により、焼死、窒息死したとされる。現地火葬が行われることとなると、他所から数千人の死体が運び込まれた。

警視庁衛生部管轄の下、被服廠跡での火葬の開始。薪と石油を使用したが、数十人ずつの火葬で太刀打ちできなかった。大型の重油火葬炉が築かれることとなった。

吉原遊郭の弁天池の惨状。娼妓と言う苦界に身を沈めた女性たちは、震火災に襲われても、ギリギリまで吉原街の囲いから自由に逃げ出せず、弁天池に飛び込んだ。火炎は、池の水を熱湯に変え、煮えたぎり、彼女たちは苦しみ悶えて死んだ。

吉原の弁天池から引き上げられ、並べられた死体。現地火葬の為、人数ごとにまとめられた。ほとんどが娼妓の屍体であろう。

被服廠跡では、膨大な死体の火葬を急ぎ、焼却ごとに死体を積み上げた。

被服廠跡、薪で死体を覆い、石油をかけて焼却した。手前は焼却の後である。

朝鮮人虐殺場面を撮った写真はこの一枚だけである。

虐殺された朝鮮人の屍体。魚河岸にて。

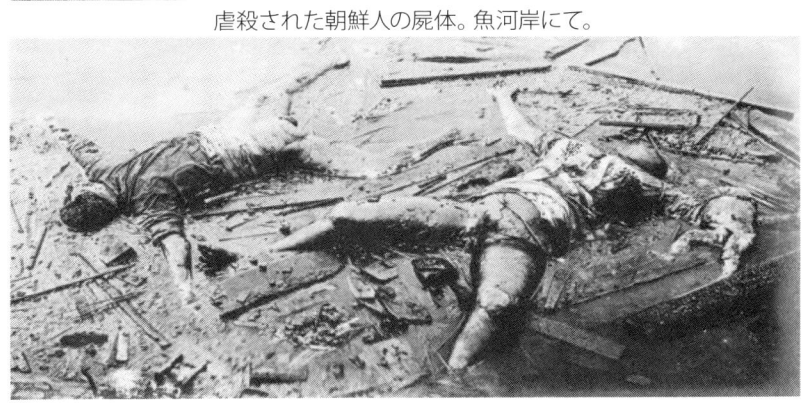

虐殺された朝鮮人の屍体。両国橋にて。

呉服橋付近で見つかった死体。

虐殺された朝鮮人の屍体。手足が縛られているのが判る。御蔵橋にて。

虐殺された朝鮮人たちの死体。寺田警察署管内

虐殺された朝鮮人の屍体。浜町河岸にて。

数人だけの火葬を始める様子。

68

虐殺後に河中へ放り込まれた朝鮮人の屍体。
吾妻橋にて。

虐殺後に河中へ放り込まれた朝鮮
人の屍体。日本橋にて。

横浜山下海岸に打ち上げられた死体。

現場での多数の死体焼却。いくつも死体の山を薪と石油で焼却した。

焼却中の屍体。屍体は灰燼と化し、死因は、虐殺か震災死か判別できない。報道写真家の撮影なのか、警察による不許可の印が、左上に付けられている。

向島警察署が撮影した、現場で死体を焼却した結果。石油を運んだ缶が見える。

河川にあふれた死体は、川船の運輸を妨げた。屍体の引き上げを急いだ。

川から引き揚げた死体を検分する警察官。虐殺された朝鮮人の屍体を見つけると、最速で焼却した。虐殺事件を招いた責任を隠蔽するためであった。

吾妻橋付近で集められた死体。左端に抜き出された死体は、後ろ手に縛られた朝鮮人の屍体と思われる。直ちに焼却隠蔽されたであろう。

4. 死体集積人数が記載された公地図の存在

　震火災時に於ける朝鮮人の虐殺された状況をきちんと記録した公記録は存在しない。一部に限定されるが、殺戮・暴行事件として公判がなされた司法記録のみである。ただし、行政責務として、罹災状況として、「死傷者及び行方不明者」「死体収容人数」については、各府県・市町村として調査統計・付図が記録された。この罹災によるという総括りの統計の「死傷者」「死体」の中に、虐殺された場合の朝鮮人も含まれていることになる。韓国『併合』の結果、日本人とされてである。外国人の場合は、別記されているため、中国人の場合は、朝鮮人と誤殺された場合も、判明されれば罹災による死傷者として記録されることとなる。

　震火災の被害者としての公記録は、内務省社会局「大正震災誌付図」がある（1926.2.28）。本書では、東京市の場合を例示することとして、次の二冊を加える。東京市役所調査課「東京市震災状況概況」（1924.2.13）、そして東京帝国大学罹災者情報局「帝都大震火災系統地図」東京日日新聞社（1923.12.27）である。

　東京市に於ける死傷者は、死亡者59,065人、行方不明者1,055人、負傷者15,674人、総計75,794人である（各区長報告1923.10.12調）。死亡者について、各区別の人数（数字のみ）を記すと、麹町17、神田716、日本橋535、京橋465、芝362、麻布74、赤坂75、四谷4、牛込43、小石川112、本郷86、

下谷 344、浅草 3,085、本所 50,072、深川 3,076、総計 59,065 人である。実際に死体を収容したのは 59,204 人である（1923.11.30 現在）。ところが、身元が判別できて、遺族が死体を埋火葬することができたのは（区長から埋火葬認許証を下付した）、九月から十一月までに、28,476 人でしかない。大半の屍体が、身元判別不可能の無縁者として処理されたのである。勿論、屍体が発見され、焼却されたのは、九割以上が九月のことである。

三万八千人の死者を出した被服廠跡は、大火葬場となり、身元不明の白骨灰が、山と野積みされた。1923.9

　著者が新史料として 略称「**警視庁㊙通達綴**」で示した屍体に関係する通達を想起してほしい。まず、東京市をして次のような具体的な死体処置をさせる公開の通牒が、警視庁衛生部庁から各警察署長に発せられた。「各区に死体収容所を設ける。収容した死体には、発見場所、特徴を記し、（遺体引き取り確認の為）二日間存置する」「新たな火葬場を芝浦沖の台場、深川区平久町海辺に設ける」「死体収容所と、収容の際、運送（自動車）に、警察官が立ち会う」。

　ここで設けられた死体収容所とは、今日の冷暗所での冷蔵保存ではない。現場近くの屍体集積所とされたのは野外地である。数多の屍体であり、九月初めの炎天下では、生身の屍体では腐敗が進む、また焼死体でも崩れてしまう。存置の「二日間」は限度であろう。ただし、虐殺された朝鮮人死体の場合は、立ち会った警察官は、その「二日間」の存置もしなかった。公開していない警視庁の極秘通達により、急速措置で、ただちに焼却して隠蔽したのである。

「警務災第十八号。大正十二年九月十一日。**極秘**、馬場警務部長。関係各署長殿」「**鮮人死体急速措置の件、指示**」「**後ろ手に縛され、あるいは創傷を負える鮮人の死体**など、今尚散在しておる趣の処、これ等は特に急速措置を要するものに付き、発見次第最先に焼却その他の措置を講ぜられるべし」。

死体を収容するために、徴発したトラックで現場へ向かう警察官。(「関東震災画報1」大阪毎日新聞社1923.9.15)

　この極秘通達により、警察官は、朝鮮人の虐殺死体と判別した場合は、発見した現地や、屍体集積所を最先で焼却する臨時火葬場とした。また、死体多数の場合は、警察官を動員して、立ち入りを禁止して現地焼却しただけでなく、さらに大火葬場の被服廠跡などへ運び込み焼却するなど、徹底して殺人事件を隠蔽した。

　さて、次に掲載したのは、東京帝国大学罹災者情報局「帝都大震火災系統地図」東京日日新聞社（1923.12.27）の部分地図である。「発火地点」「飛び火」「火災区域」とともに、「死体集積地、死体の概数」が記載されている。まず「発火地点」を見れば「朝鮮人による放火」など全くのでたらめと分かる。数多の焼死者がでた被服廠跡、吉原遊郭、永代橋、両国橋、新大橋、吾妻橋、製糸工場など、自らも犠牲者となる条件下で放火を企てるなど誰しも実行する筈がない。現地での死体焼却が行われたような、多くの死体が集積された場所は、すぐ近くに警察署があって、警察による管理が容易である。また、火災延焼を免れた千住、向島、亀戸、大島などの地区には、朝鮮人労働者が集住したり、荒川放水路工事の労働者飯場があった。彼等は、震火災によって焼死するなどありえないのである。朝鮮人たちが、この地域で焼死体となったのは、虐殺されて、その傷害致死の証拠を隠蔽するために焼却されたのである。屍体を埋火葬する許可を与えたり、身元不明者を処理するのは、警察官の職務であった。だから、亀戸警察署、寺島警察署は、荒川堤防の河川敷に、虐殺した朝鮮人や社会主義者の屍体を埋めたり焼却した。それが公に問題となると、立入禁止にし

て埋めていた死体を掘出して何処かの火葬場へ持ち去ったのである。

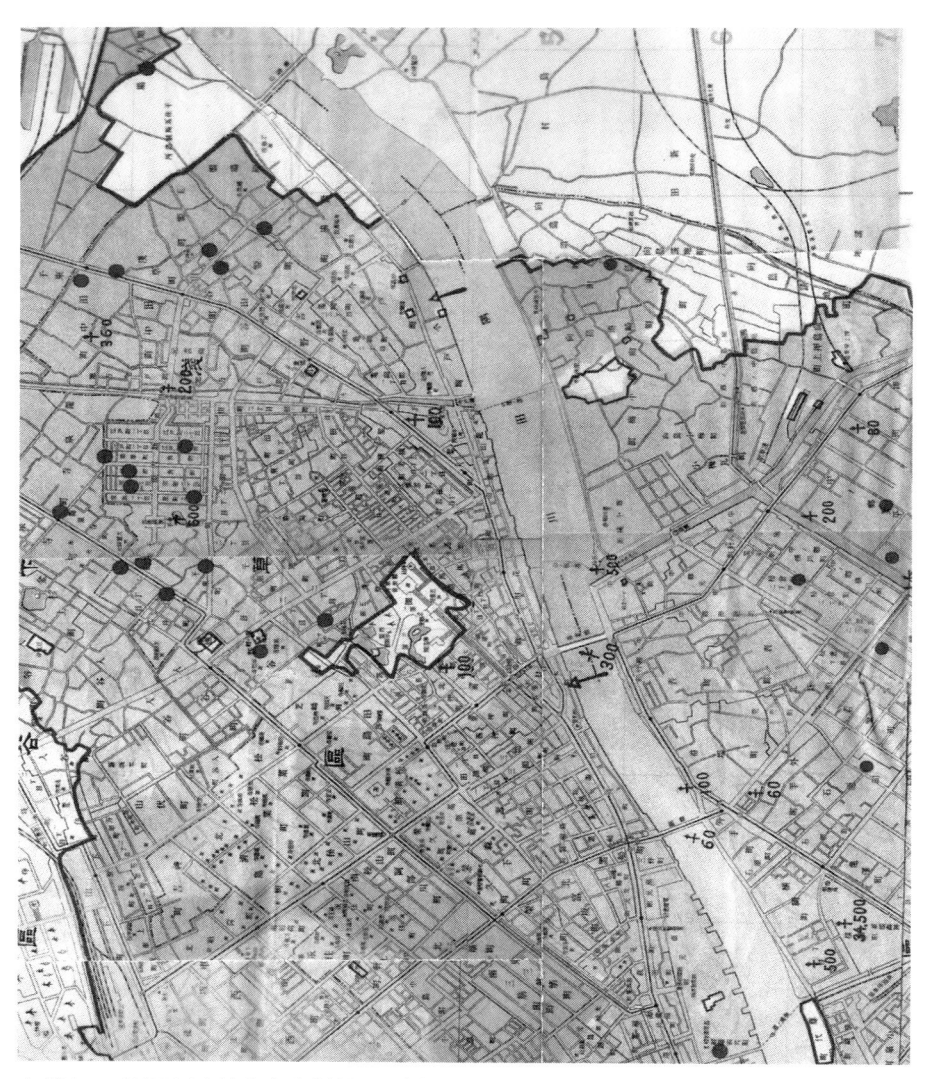

上が東で、隅田川上流から白髭橋、吾妻橋、厩橋が架かる。火災の及んでなかった白髭橋で、多くの朝鮮人焼死体があったこと、右下の被服廠跡34,500人の横、500人の屍体の所は、すぐ横には朝鮮人虐殺があった御蔵橋がある。真中左上の吉原遊郭の死体集積地が小さな池であることは悲惨な最後が想定できる。
東京帝国大学罹災者情報局「帝都大震火災系統地図」東京日日新聞社 (1923.12.27)

Ⅳ. 流言蜚語と「戒厳令」下の大虐殺

(1)　警察体制の瓦解と治安の危機

1. 内務省官憲からの「戒厳令」要請

　関東大震災が、東京、神奈川を襲い、人々は、燃え広がる火炎を逃れながら瓦礫灰燼と化した街中を逃げ惑った（1923.9.1）。その避難者何十万人である。

未曽有の非常時、災禍に救護・防災対策を為すべき政府は、加藤友三郎首相の死（8.28）により、新たに山本権兵衛海軍大将を首班とする内閣組閣検討中であった。引き継ぎの前任内閣（内田康哉臨時首相代理）が、救護・

皇居前に避難した人々 (1923.9.1)。
内務省社会局「大正震災志写真帖」(1926.2.28)

応援に駆け付けた警察官たち (国際情報社「関東大震災号」1923.10.1)

警視庁も炎上崩壊した。東京市63か所の警察署の内、25か所が被災した。当初は、警察署との連絡さえも困難であった。政府は、戒厳令による軍隊の出動を策した。（著者蔵）

警備対策に臨まねばならなかった。その警備対策の中心になった官僚は、内務大臣水野錬太郎、内務省警保局長後藤文夫、警視総監赤池濃の治安対策の閣僚であった。臨時内閣の面々は、いずれも、一日昼過ぎに、災禍の大混乱の中を摂政宮の安泰を奉伺した際、宮中にて出会い、夜に内務大臣官邸に集まり、各省庁が調査と準備を整えて、緊急閣議を開くこととした。

　赤池警視総監は、警視庁に臨時警戒本部を設置し、管下の警察署の被災状況を把握し、連絡・警備体制を固めようとした。しかし、その警視庁舎も警視総監官舎も焼け出された。警察官その者の被災も多く、急速に補充する必要に迫られ、後藤警保局長に依頼し、東京市、神奈川県への各府県警察署からの警察官の応援派遣を命じてもらった。

　東京市へ駆けつけた九月の応援警察官だけでも、次の通りである。千葉より100名、栃木より44名、長野より249名、茨城より140名、京都より123名、石川より44名、福島より194名、新潟より110名、山形より109名、青森50名、秋田より50名、兵庫より181名、三重より33名、樺太より4名、岐阜より39名、奈良より28名、福井より28名、富山より28名であり、応援は十月一杯まで続いた。同時に、警視庁の新規職員、警察官の増員と、傘下の警察分署も設営していった。（内務省警保局警務課「震災後の警備一班」1923.12 参考）。

　さらに、一日午後二時頃には、赤池警視総監、後藤警保局長両名は協議し、うち揃って「戒厳令」施行を水野内務大臣に建言した。さらに、午後四時頃には、すでに警備に出動準備を整えていた第一師団、近衛師団と連絡をとり、警備出兵を要請した。一日夜半、内務大臣官邸にて、臨時閣議を開き、先ず、食糧などの「非常徴発令」と、救護対策の「**臨時震災救護事務局官制**」が起案さ

れた。水野内務大臣からの「**戒厳令**」も了承され、いずれも勅令に必要な枢密顧問官の諮詢を得る手続きに入った。しかし、枢密院の会議招集は困難であり、副議長や一部顧問官に連絡をとり、内閣責任による勅令発布することも「止む無し」と了解をもらった。午後三時には、「**震災救護事務局**」会議が組織され、連日、戒厳令本部と政府が連携のもとに、警備と救護の対策を審議・運営することとなった。

震災救護事務局（内務大臣官邸内）徴発した車両が並ぶ。奥のテントは、臨時の事務所。（内務省社会局「大正震災志写真帖」1926.2.28）

関東戒厳司令部
（内務省社会局「大正震災志写真帖」1926.2.28）

　一方警備に出動した陸軍も、警備体制と救護体制を執りながら、「戒厳令」施行に応じる態勢を整えていた。一日午後十時には、陸軍大臣の指令を受けて、近衛師団、第一師団は、部隊を非常招集して東京衛戍部隊としてまとまり、「武装待命」を発令し、「戒厳令」発布を待機した。二日正午、「戒厳令」「徴発令」「震災救護事務局官制」の勅令が裁可される。

　「戒厳令」布告の経過を内務省警保局は、次のようにまとめる。「震災当日、警視総監の要求により、東京衛戍司令官は在京部隊の出動を命じ、市内各所に部隊を派遣して、警察官とともに避難民の救護、消防などに従事した」「事態愈々重大にして、震災地の治安維持上、戒厳令の一部施行を必要とする」「二日緊急勅令第398号、戒厳令中一部施行に関する件を制定公布せられ」「翌三

日、東京府及び神奈川県一円に改めらる。従前の東京衛成司令官に代わるに、神奈川県、横須賀市、及び三浦郡にありては、横須賀鎮守府司令長官。その他の地域は関東戒厳司令官をして司令官の職務を行はしむる」「四日、さらに適用地域を埼玉、千葉両県に拡張」（内務省警保局警務課「震災後の警備一班」1923.12）。

　以上、臨時引き継ぎ内閣と軍部が実働させてしまった戒厳令下の軍政の下で、二日午後七時半、成立した新規の山本権兵衛内閣は政務を執ることとなった。治安を担当する内務大臣は、水野錬太郎から後藤新平へ、また、警視総監は、五日、赤池濃より湯浅倉平へと引き継いだ。新たな内務大臣後藤新平は、台湾総督府民政長官を務め、「土匪帰順法」により帰順せずに反抗した「土匪（抗日的住民への蔑称）」を何千人も殺戮した植民地主義者であった。また、当面する「震災救護事務局」警備部を担う内務省警保局長には、後藤文夫がそのまま留任した。

2.「暴動」の嘘と「戒厳令」の施行

　本来「戒厳令」は、戦時、事変、内乱の際に、軍部から施行を求めるもので、軍部が軍隊を出動させて管轄する地域住民の生活を、特定の法律・規則により支配するものである。関東大震災の場合は、被災地の警察力が打撃を受け、生活環境が瓦解したが、暴動・騒擾も無く、軍隊管轄下で軍政を施行するほどの状況ではなかった。警察力強化による治安と、地域軍師団の協力で治安は維持できる情勢であった。あくまで、視察・警備の治安を担当した内務省官僚たちの情勢に対する認識・判断が、軍隊の出動を必要とする「戒厳令」施行を求める提言を為したといえよう。先ず、水野錬太郎内務大臣は、米騒動（1918）に内務大臣として対応した。また、朝鮮全土に広がった朝鮮三・一独立運動（1919）が武力鎮圧された直後、水野錬太郎は朝鮮総督府の政務総監となり、赤池濃警視総監は、朝鮮総督府の警務局長として一緒になった旧知の治安トリオであった。特に水野錬太郎は、就任早々の九月二日に、日本施政への抗議の爆裂弾を受けて負傷した。日本官僚への三・一独立運動では、無数無名の民衆が独立運動に集合決起したことを見聞している。彼らが、関東大震災で避難する群衆の姿に、三・一独立運動の朝鮮人の決起を重ね、「朝鮮人暴動」を想起したかもしれない。

　彼らと協議した後藤文夫内務省警保局長は、「戒厳令」施行を熱心に提起し、

最前線の「震災救護事務局」警備部（内務大臣官邸内）で執行の中心となった。

　この後藤警保局長が、「戒厳令」施行と「朝鮮人の暴動」とを結びつけた公務指令を全国に拡散した。すなわち、一日夜半の閣議で、「戒厳令」施行の裁可を求めることが了承されたことを受け（後藤警保局長は関係者として閣議に陪席していた）、翌二日夜から三日朝にかけて、後藤警保局長は、海軍省船橋無線電信所（当時、毀損せずに唯一の送受信可能な電信所）から海軍各鎮守を介して、全国の各地方長官（知事）宛に電報を送信して、「朝鮮人の暴動と戒厳令の施行」を伝え、「朝鮮人の視察と取締り」を要請した。呉鎮守府を通して、電文の拡散をおこなった。その電文の内容は次の通りである。

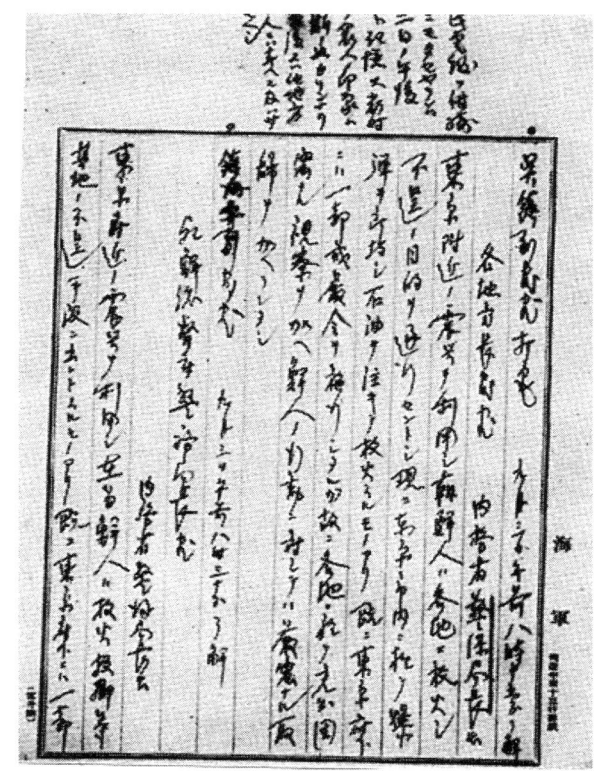

内務省警保局長（後藤文夫）から各地方長官（知事）へ送信した電文原稿メモ（1923.9.2〜3送信）。「写真で見る日韓政治外交秘録」日韓広報センター（日本版1967.1.15）

呉鎮副官宛打電、9月3日午前8時15分了解。
　各地方長官宛　　　　　　　　　　　　　内務省警保局長　　出
　東京附近の震災を利用して、朝鮮人は各地に放火し、不逞の目的を遂行せんとし、現に東京市内に於いて爆弾を所持し、石油を注ぎて放火せる者あり。既に東京府下には、一部「戒厳令」を施行したるが故に、各地に於いても充分周密なる視察を加え、鮮人の行動に対しては厳密なる取締りを加えられたし。

　ここに、全国警察機構のトップである内務省警保局長より、「朝鮮人が爆弾を所持し、石油を注ぎて放火するなどして暴動を起こした」「東京府下は戒厳令を施行したが、各地でも朝鮮人の行動を取り締まれたい」との指示が、全国へ下命されたのである。電文を読む限り、「朝鮮人の暴動」は、流言蜚語どころか、既成事実とされた嘘であった。受命した各地方長官（府県知事）は、各警察署に「朝鮮人取締り」を指示した。自警団も組織されることとなった。そして、「戒厳令」施行と伴い、海軍通信所からの電報は、各海軍鎮守府を通して当然、全国の陸軍師団・連隊へも打電された。戒厳司令部からの軍命に応じる出動待機に陸海軍は入るのである。

　しかも、後藤警保局長は、念入りに、朝鮮総督府宛と山口県知事宛に、同趣旨の電文に加えて、「朝鮮人の内地渡来」取締りを要請する電報を打電したのである。

> 　鎮海要副官宛　　　9月3日午前8時30分了解
> 　朝鮮総督府警務局長宛　　　　　　　　　　　　　内務省警保局長　出
> 　東京付近の震災を利用し、在留鮮人は放火、投擲等、其他の不逞手段に出んとする者あり。既に東京府下には、一部戒厳令を施行せるを以って、此の際、鮮内鮮人の動静に付いては厳重なる取締りを加えられ、且つ内地渡来を阻止する様、御配慮を相煩わしたし。

> 　呉鎮副官宛　　　　9月3日午後0時10分了解
> 　山口県知事宛　　　　　　　　　　　　　　　　　内務省警保局長　出
> 　（上略）朝鮮人は、不逞の行動を敢えてせんとす。現に東京市内に於いては、放火をなし、爆弾を投擲せんとして頻りに活動しつつあるを以って、既に東京府下に、一部戒厳令を施行するに至りたるが故に、貴府に於いては、内地渡来朝鮮人については此の際厳重なる視察を加え、いやしくも、容疑者たる以上は内地上陸を阻止し、殊に、上海より渡来する仮装鮮人に付いては、充分なる警戒を加えられ、適宜の措置を執られたし。

3. 国会で、デマを流布した官憲の責任が問われた

　後藤文夫内務省警保局長が、「朝鮮人が、大震災を利用して、不逞の目的遂行のために、爆弾を放擲し、石油をかけて放火した」などと言う、最たる流言蜚語そのものを公務電報として、全国の官庁、軍、警察に発信した。それこ

そ、朝鮮人虐殺事件を引き起こした原因として、政府の責任が、国会審議で問われた。**憲政会永井柳太郎議員**による衆議院に於ける質疑演説である（1923.12.15）。以下、「衆議院議事録」より、演説要旨を抜粋する。

「此の度の大震災に際しまして、政府が朝鮮人を保護し、指導すべき処

国会審議の新聞見出し（1923.12.16）右「東京朝日新聞」、中「国民新聞」、左「読売新聞」

置を過ちましたために、遺憾なる事件が起こった」「自警団検挙のことが起こって、朝鮮人事件の全責任は自警団に存するが如き観あることは……これを悲しまざるを得ないのであります」「日本人は、故無くして朝鮮人を憎み、故無くして朝鮮人を殺すが如き、残忍酷薄なる劣等民族に非ず、……故無くして流言蜚語に迷うが如き臆病民族に非ず」「日本民族が、彼の不祥事を出来したということは、其処に大なる原因が存在していると思うのであります。その大なる原因とは何があったかと申せば、即ち、その当時の政府内部に於ける少数なる役人が事の真相を十分に極ることをせず、自分が従来、朝鮮に於いて執り行った誤った政策の反動が、早晩現れ来るにあらざるやという事を恐れておった為に、その恐怖の念に駆られて誇大せる報道を、政府自らの手によって発表したという事が根本の原因ではないかと思うのである」「諸君、私は、大震災直後に於きまして、その時の内務省が各地の地方官に宛てて発しました電報を此処に写して持っております。その電信の中、本問題に密接なる関係あるものだけ三通を読み上げたいと思います。（謹聴、上記の三通の電文を読み上げる）」「この三通の電報は、いずれも九月三日早朝の発信となっておりますが、この電報の電文は、九月一日、或いは九月二日に、東京から使いによって船橋無線電信所へ送致せられたものであります。よって、この電報を発信した責任者は、現山本内閣にあらずして、前の内田臨時内閣であります。そして、この電報を発進した直接の最高責任者は、当時の内務大臣水野錬太郎君である」「此の如く、内務省の最高部から出た所の命令が地方に伝えられ、各地の地方長官がまたこれを管下の官庁に伝えまして、その結果、自警団の組織を見るに至ったのであ

82

りまして、自警団に属する人々の活動は、偏に平素より信頼する官憲の報道を信じ、官憲の命令を奉じた結果である」

「山本総理大臣は、都下の各新聞での談話でも、本議会の劈頭の演説でも、震災直後の不祥事は、流言蜚語に出たものであるが如く言っておられる。私は、山本総理大臣に質したい。……その流言蜚語を取り締まるべきところの、政府自らが出したところのこの流言蜚語に対して政府は責任を感じないのか。内閣は違っておっても、恰も前内閣の締結した条約上の義務は新内閣が同じくこれを尊守しなければならぬ」「内閣は違っていても、前内閣の出したところの流言蜚語の為に、多数の朝鮮人が不幸なる犠牲となったならば、同じ政府当局者の共同責任として、これに哀悼の意を表し、その犠牲者の遺族に対して、これを慰安すべく最善の方法を講ずることは、すなわち政府の道義的責任ではないかと思うのであります」「此の事に付きまして私は山本総理大臣の明白なる御答弁を煩わしたいのであります」。

（内閣側の答弁の要旨）

山本総理大臣「流言蜚語について、必ずしもお読みあげ通りであるという事は断言しませんが、政府は、流言蜚語を鎮静しますと同時に、之に対して畏怖を戒め、同時に各自に向こうて十分な警戒を加えたのでござります。万事が思うが儘に行き足らざるを甚だ遺憾といたします」「政府は起こりたる事件について調査中だから、いずれ本議場で意見を言う機会もあろう。今日はその機会ではない」。

後藤新平内務大臣「流言蜚語、この電信発送についても、種々説がありました。……流言蜚語が非常の害を加えたる事に付いては申すまでもない。……」その取締りに電信、電話の利用が完ぺきを得ることができなかったために、訂正などの届かざることもあり、また取締りの運動についても目的の如くいかなかったために、遺憾なる点がすくなからざりし……朝鮮人、中国人の保護に於いては、届く限りの保護を致しましたが、……今日、想到し能わざるほどの惨状でありました。……これは将来に於いて、これ等の足らざるもの、欠点のあるある処を明らかにして、もって諸般の法制上の欠点を補うようにいたしたいという考えを以て、ただいま調査中であります」。（官報号外 1923.12.16 衆議院議事録第五号を参考）

　以上、国会に於いて、関東大震災時に於ける朝鮮人虐殺事件について、国会

に於いて、真相の調査と政府の責任が審議されたように思えるかもしれない。しかし、この後、国会審議にて、真相の調査報告も、それを受けての政府責任も問われることはなかった。また、当初から、問い質すべき、重要な相手が欠落していることにお気づきだろうか。天皇大権で下された「戒厳令」拝受の為に報じた事由の如何と、戒厳軍の行動と責任がいささかも触れようとされていないことである。それは天皇の統帥権に関わり、国会審議の対象の範疇にできなかったことである。

　しかし、永井議員や他の議員からも指摘されたにもかかわらず、日本政府は、虐殺された朝鮮人・中国人の犠牲者への追悼も、賠償についても、今日まで何ら誠意ある対応をしてこなかった。

（2）　戒厳軍隊の出動と殺気立つ自警団

1. 戒厳軍の配置と活動

　九月一日震災発生当日、赤池警視総監は、被災して弱体化した警察力では首都の警備が困難と判断した。近衛師団（森岡守成中将）、第一師団（石光眞臣中将）に対して、警備・救援に兵員の派遣を要請した。二日には、「戒厳令」上奏予定を受けた山梨半造陸軍大臣より指令を受け、近衛師団、第一師団は、非常招集して東京衛戌部隊にまとまり、「武装待命」を発令して「戒厳令」発布に待機した。同時に、陸軍省より、宇都宮第十四師団、高田第十三師団、仙台第二師団、金沢第九師団などへも、出動待機の指令がなされた。僅か、一両日で万余の大軍が首都圏に集結できたのは、この陸軍の事前行動による。

　二日正午、「戒厳令」「徴発令」「震災救護事務局官制」の勅令が裁可される。

　「二日緊急勅令第 398 号、戒厳令中一部施行に関する件を制定公布せられ」「翌三日、東京府及び神奈川県一円に改めらる。神奈川県の横須賀市、及び三浦郡にありて

戒厳司令部にて、福田司令官（左）、阿部参謀長。

は、横須賀鎮守府司令長官。その他の地域は、従前の東京衛成司令官（森岡守成中将）に代わるに、関東戒厳司令官（福田雅太郎大将）をして司令官の職務を行はしむる」「四日、さらに適用地域を埼玉、千葉両県に拡張せられたり」（内務省警保局警務課「震災後の警備一班」1923.12）。

　九月三日より、関東戒厳司令部（福田雅太郎大将）の下に、戒厳軍は、上図の如く配置されていき、十日に配置が完了した。司令部直轄部隊、埼玉県に中仙道方面警備部隊（林少将）、東京北部警備部隊（森岡中将）、東京南部警備部隊（石光中将）、神奈川方面警備部隊（奥平少将）、藤沢方面警備部隊（柴山少将）、小田原方面警備部隊（木下少将）、千葉県警備部隊（三好少将）以上。別に、海軍として、横須賀戒厳司令管区が置かれた。

　戒厳軍隊の総兵員は、歩兵21個連隊、騎兵6個連隊、砲兵7個連隊、工兵18大隊、鉄道2個連隊、通信2個連隊など約35,000の兵員が集結した（1923.9.8現在）。各部隊は、配属先に到着するや、役所・官憲とともに、早速、

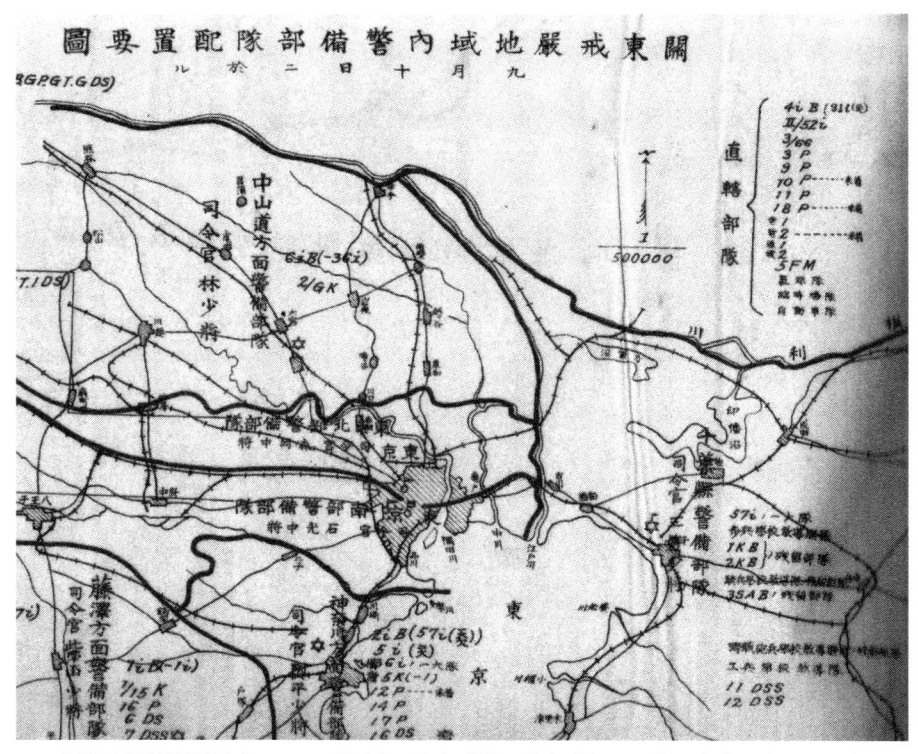

戒厳軍部隊配置図（1923.9.10現在）　関東戒厳司令部「大正震災写真集」（1924.3.5）

救護活動と補給の確保に就いた。医療と衛生の設備。バラック・テントの設営。食料、水の補給と配給。連絡の為に、電気・電話・電信・郵便の回復。運送の為に、道路、橋梁、鉄道、桟橋の修築。兵器を横に於いて、救護と復興への労苦は感謝すべき功績であった。

厩橋を修理中の工兵隊（大阪毎日新聞社「関東震災画報」1923.10.1）

鉄道の修理工事（国際情報社「関東大震災号第二巻」1923.10.1）

給水車の出動（大阪毎日新聞社「関東震災画報第二巻」1923.10.1）

水の配給に列をなす人々（大阪毎日新聞社「関東震災画報第二巻」1923.10.1）

芝浦港に付いた食糧（東京朝日新聞社「アサヒグラフ特別号関東大震災全記」（1923.10））

横浜桟橋を視察する摂政宮（歴史写真社「関東大震大火記念号第二号」1923.11.1）

2.「朝鮮人暴動」のデマと人心不安

　大震災の余震も火災も続く九月二日、政府官憲は、数多の死傷者、何十万人もの避難者への対応に追われていた。その最中、「朝鮮人が暴動」「放火し、井戸に毒を投入し混乱させる」などの流言蜚語が広まり、人心不安が煽られ、朝鮮人に対して危害が加えられる事件も生じた。そのようなデマによる社会不安は、臨時内閣・官憲が、「戒厳令」施行を求めた理由の一つでもあったが、このままでは治安が保たれない。なにしろ、流言蜚語の類である「朝鮮人暴動」のデマを取り締まるべき警察、戒厳軍が、デマの拡散に関わっている有様であったからである。好事例を示そう。

9/1大震災発生するや、直ちに海軍横須賀鎮守府の兵士は出動して、横浜山下町の避難民を誘導保護した。
（大阪毎日新聞社「関東震災画報II」1923.10.1）

避難した人々に対して、警察は、衣食住の救護の為と称して、戸籍調査を行った。東京芝公園避難所にて。（東京朝日新聞社「大震災全記」1923.11.23）

　「九月二日午後七時ごろ、亀戸警察署に、避難民風の男と在郷軍人の提灯を提げた男が出頭し、『自分たちは避難者であるが、自分たちの避難場所から約十間くらい離れた雨宮が原には、鮮人が四五十名集まって朝鮮語でよく分からぬ何か悪事を相談している模様である。危険であるから早速保護してもらいたい』という申し出をした」「同警察署の警部補が、右二名の男と同道して亀戸停車場に駐屯中の軍隊にこの申し出を伝えるや、軍隊は時を移さず、某中尉が二十六名の兵卒を引率して雨

宮が原に向かう事となった。恰も
この時、該当の軍隊に対して戒厳
本部から左の如き命令があったと
伝えられている。

　即ちその命令は、『ただいま不
逞鮮人約二百名多摩川溝ノ口村方
面より襲来し、煙草屋を襲撃しつ
つあり。目下、討伐隊派遣中、軍
隊は一層緊張せよ』との趣旨で
あったとのことである。かかる命
令があったという事実が伝えられ
るや、前記の如き『鮮人は悪いや
つである』との風説に点火して、

検問所で、取り押えられた人（東京朝日新聞社「大
震災全記」1923.11.23）

たちまち不逞鮮人襲来の流言となり、江東方面一帯は、同日午後七、八時頃、
この種の流言を以て被われるに至った」（吉河光貞「関東大震災の治安回顧」
法務府特別審査局 1949.9）

　此のような事態に追い込まれたため、新内閣・官憲は、「戒厳令」下で警備
体制が強化された為、流言蜚語を取締り、朝鮮人に対する殺傷事件の鎮静化を
急いだ。九月五日、震災救護事務局警備部の会合で、各代表は次のごとき「極
秘　鮮人問題に関する協定」を申し合わせたとされる（中島陽一郎「関東大震
災その実相と歴史的意義」雄山閣（1973.7.20）より引用）。「鮮人問題に関し、
外部に対する官憲のとるべき態度につき」、九月五日、関係各方面主任者、事
務局警備部集合。とりあえず、左の打ち合わせを為したり。

　「第一、内外に対し各方面官憲は、鮮人問題に対しては、左記事項を事実の
真相として宣伝に努め、**将来之を事実の真相とすること**。従って、（イ）一般
関係官憲にも、事実の真相をしてこの趣旨を通達し、外部へ対しても此の態度
を執らしめ、（ロ）**新聞紙等に対して、調査の結果、事実の真相として斯の如
し**と伝うること。「左記」「朝鮮人の暴行または暴行せんとしたる事例は多少あ
りたるも、今日は全然危険なし。而して一般鮮人は、皆極めて平穏順良なり、
……皆、混乱の際に生じたるものにして鮮人に対し故意に大なる迫害を加えた
る事実なし。世上伝うるところは、すべて根拠なき流言浮説にすぎず」「第二、
朝鮮人の暴行または暴行せんとしたる事実を極力捜査し、肯定に努ること。な
お、左記事項に努むること。（イ）風説を徹底的に取調べ、**これを事実として**

片山春帆「夜の自警団員」（1923大正震災画集）

できうる限り、肯定することに努むること……」（海軍省震災関係文書、現在は非開示である）

この「極秘　鮮人問題に関する協定」は、政府官憲、戒厳司令部の代表打ち合わせで、朝鮮人虐殺事件を惹起したことに対する官憲・軍部側の責任を逃れるために、「朝鮮人は『不逞＝悪者』としていたが、実は『平穏順良』である」ということを今後は「事実・真相」とする見解を申し合わせたものと言えよう。朝鮮人虐殺を引き起こした顛末を、すべては震災の混乱に生じた流言「朝鮮人暴動」が要因であるとして、しかも流言が生じたのは、朝鮮人側にもそのような行動を成す者が多少出てきたのが要因だとする。その要因を証する為に、朝鮮人の悪事も検挙しておくことにしようとした。広報としては、実際は、一般（大多数）の朝鮮人は平穏順良なので、迫害してはならないと宣伝する。以上のような打ち合わせを成したというのである。このような官憲側内部の内密の協定文書は、現在は非開示で、「見当たらない」ことにされているが、先達の研究者である姜徳相さん、琴秉洞さんたちも、この「極秘　鮮人問題に関する協定」のことを著述されているから、存在は確かである。

3.「不逞」朝鮮人から「順良」への取り繕い

このような政府・官憲、戒厳軍隊は、「朝鮮人暴動」のデマを煽り、虐殺事件を引き起こした当初の誤った「不逞朝鮮人」施策の責任をとらないままだ。大方の「朝鮮人は順良」として、虐殺から収容・保護へと施策を変更へと転じようとする。自警団が、朝鮮人を「不逞」と見なし、憎悪をたぎらせて、殺戮の私刑を加えるなど過激暴徒化しているのを説得し、武装を解除して、官憲の管下へ押えこもうとするのである。九月三日、新内閣が成立し、治安・警備を担う内務大臣、警視総監が代わったことも影響した。しかし、朝鮮人を、当初は「不逞」として襲撃を煽りながら、数日後には「順良」として保護へと転じる方針は、まず治安・警察の戒厳軍の兵士たちへ、警察官たちへ、連絡・指示を急遽徹底させねばならない。至難なのは、「不逞」朝鮮人へ対抗するた

めに組織された自警団
である。自警の対手を
失って混乱するだろう
し、それをどう説得し
て、自警団を解散へと
導くかである。自警団
は、東京市部だけでも
1,145団体、周辺の県
も合わせれば3,689団
体で、すべて朝鮮人を
「不逞」として攻撃す
る目的で武装している

竹槍で武装した自警団
日本近代史研究会「日本の歴史19」国文社 (1963.9.1)

のである。実際に、自
警団への説得は至難で、後述するような警
察署と自警団との衝突と言う事態さえ生じ
たのである。

　さて、九月三日午後に発足した新内閣、
戒厳司令部は、直ちに、情況を把握して指
揮・運営体制を整えねばならず、とりあえ
ず、それまでの体制を引き継いだ。九月一
日より四日までの治安体制は、東京は、警
視庁と東京衛戍部隊（近衛師団、第一師団）、
神奈川県は、県警と横須賀海軍鎮守府が
担っていた。戒厳令下の配置も、そのまま
引き継がれているので、九月一日以降の東
京・神奈川県で生じた朝鮮人虐殺事件につ
いて責任がある。

　真っ先に九月三日、**関東戒厳司令官の「告
諭」**が出された。

　「告諭。今般、勅令第四百一号戒厳令を
以て、本職に関東地方の治安を維持するの
権を委ねられたり、本職隷下の軍隊及び諸
機関は全力を尽くして警備救護救恤に従事

関東戒厳司令部（関東戒厳司令部「大
正震災写真集」1924.3.5）

近藤紫雲「戒厳令下の萬世橋」（「大正震災画集」1923）著者蔵。
戒厳軍が設置した市内検問所四十か所の一例である。

しつつあるも、此の際、地方諸団体及び一般人士もまた、**極力自衛協同の実を発揮して災害の防止に努められんことを望む。** 現在の状況に鑑み、特に左の諸件に注意するを要する。一、**不逞団体蜂起の事実を誇大流言し、却って紛乱を増加するの不利を**招かざること。**帝都の警備は、軍隊及び各自衛団により既に安泰に近づきつつあり。** 二、**糧水欠乏の**為、不穏破廉恥の行動に出て、もしくは此の分配にあたり秩序を索乱するなどのこと無かるべきこと。右告諭する。大正十二年九月三日。　関東戒厳司令官　福田雅太郎」。（吉河光貞「関東大震災の治安回顧」法務府特別審査局 1949.9）

　着任したばかりの福田戒厳司令官は、それまでの治安警備体制をそのまま容認して引き継いだ。すなわち、軍隊、警察、自警団が一緒になって、「不逞」朝鮮人を鎮圧してきたので、「安泰に近づきつつあり」と認識していたのである。一層の自警団、警察官との協力を求めたと言えよう。

　それまでの治安警備体制とは、東京の場合、九月一日より、警視庁と東京衛戍部隊（陸軍省に設置。近衛師団長が司令官）にて、治安警備を行った。警視庁に臨時警戒本部を設置し、赤池警視総監を司令長として、水野内務大臣、後藤内務省警保局長、森岡衛戍司令官、正力警視庁官房主事（「不穏不逞の徒担当」）と連絡を密にして（軍用電話を設営）、警備出動の連絡を取り合った。

　戒厳司令部と警視庁が、連絡を取り合って、真っ先に実行した警備体制は、要所に検問所を設置して、「不逞の徒」を摘発することであった。九月五日、赤池濃警視総監は、各警察署に対して次の「検問所開設の件」について指示通達を行った。

　「警務号外。大正十二年九月五日、**赤池警視総監。検問所開設の件。** 災害に

伴う人心の不安に乗じ、不逞の徒
市内に潜入し不穏の企画を成し、
若しくは強窃盗その他の犯罪を敢
行する者なしとせざるを以って、
此の際、左記方法により要所に検
問所を設け厳重なる検問を行うこ
とに決定いたし候条。諸般の準備
を整え、付近駐屯の軍隊と協力し、
本日午後五時よりこれを実施すべ
し。左の箇所に検問所を置く（中
略）……」「……所轄署長は、前
号検問所に対し、巡査五名、監督
者一名を配置し、軍隊と協力して
検問に従事せしむべし」「戒厳司
令官より、師団長に発したる検問

通達を伝える警察官（大阪朝日新聞社「大震災写
真画報Ⅰ」1923.9.15）新聞も電話も駄目となり、警
察からの連絡は「信用されるべき情報源」であっ
た。

所に関する命令。一、警視庁に於いて、左の箇所に検問所を開設す。（イ）鉄
道要所、（ロ）陸路要所、（ハ）市内要所。二、各師団は、その警備区内にある
各検問所に下士官以下約十名の兵員を配置し、警察官の検問に際し、充分なる
援助を能うべし。（下略）」。警視庁官房文書課編纂「㊙震火災に関スル告諭諸
達示通牒」綴（1923.9）より引用。

　かくて、戒厳司令部と警視庁とが連携して、「不逞朝鮮人」摘発が強化された。
　遅れて九月五日、内閣総理大臣からの「告諭」全文である。「告諭。今次の
震災に乗じ、一部**不逞鮮人の妄動ありとして、鮮人に対しすこぶる不快の感を
抱く者あり**と聞く。鮮人の虚偽、もし不穏に亘に於いては、すみやかに取締り
の軍隊または警察官に通告して、その処置に待つべきものなるに、**民衆自らみ
だりに鮮人に迫害を加うるが如きことは、もとより日鮮同化の根本主義に背戻
する**のみならず、また諸外国に報ぜられて決して好ましきことに非ず。事は今
次の唐突にして困難なる事態に際会したるに起因すと認められるも、刻下の非
常時に当たり、よく平素の冷静を失わず、慎重前後の措置を誤らず、以ってわ
が国民の節制と平和の精神を発揮せんことは、本大臣の此の際特に望むところ
にして、民衆各自の切に求むる次第也。大正十二年九月五日　内閣総理大臣山
本権兵衛」。（吉河光貞「関東大震災の治安回顧」法務府特別審査局 1949.9）
　新内閣が、政府として、「朝鮮人暴動」がデマであるとの真相を把握し、朝

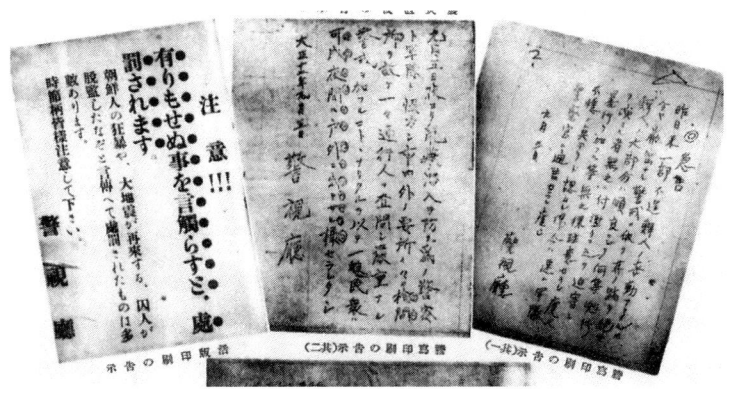

警視庁が配布した告示ビラ（内務省社会局「大正震災志写真帖」1926.2.28）。

鮮人虐殺事件を頻発させた失態を後始末する行動をとり始めた「告諭」である。上意下達の官憲、軍部では、方針変更も忽ち下部まで徹底するだろうが、急遽に「『不逞』朝鮮人をやっつけろ」と寄せ集められた自警団にすれば、自分たちの存在や行動を否定する、突然の変更指示にすぐさま順応するのは困難だろう。九月六日、警視総監を、赤池濃から引き継いだ湯浅倉平は、直ちに、自警団の中心を担っている青年団に対して呼びかけるという異例の「告諭」を発した。すなわち、

「警視総監告諭。青年団諸君、未曽有の大災害に際し、各位が連日連夜よく警備の任務に服し、奮闘努力せられたるは感謝に堪えざるところ也。幸い軍隊の出動と警察力の充実とに伴い、ようやく秩序回復の緒に就くを得たり。且つ、**鮮人の襲来**、あるいは大地震再来など種々の風評ありしも、調査の結果、**多くは全く根拠なき流言蜚語なること**判明したるを以って、各位は須らく意を安んじて冷静に秩序の維持に助力せられんことを切望して已まず。大正十二年九月六日　警視総監湯浅倉平」（警視庁官房文書課編纂「㊙震火災に関スル告諭諸達示通牒」綴 1923.9）。

まず、自警団のメンバーの顔を立てて、警備への協力への感謝の言葉を述べる。そして、「朝鮮人の襲来」などの風評は、調査の結果、デマであると判明したため安堵していただき、朝鮮人への対応を、どうか冷静にして事を荒立てないようにしてください。権力をひけらかす警察としては、何とか自警団をなだめようとする姿勢である。

警視庁は、「朝鮮人は不逞」から「大多数の朝鮮人は順良である」と急遽変更した方針で、治安警備をすすめるために、宣伝用の告示ビラを作成した。流言蜚語を糺すためにという事で、警察官は自警団員の協力を得ながら、一緒に

配布したり、一般民衆の眼に付きやすい場所や派出所に掲示したりした。

　警視庁が配布した告示ビラの内容は次の通りである。まず、右端ビラである。「昨日来一部不逞鮮人の妄動ありたるも、今や厳重なる警戒によりその後を絶ち、鮮人の大部分は順良にして何ら兇行を演ずる者これなきに付き、濫りにこれを迫害し、暴行を加えるなどこれなきよう、注意せられたし。また不穏の点ありと認める場合は、速やかに軍隊、警察官に通告せられたし。九月三日　警視庁」。この告示では、警察・軍隊の管轄を離れて自警団が朝鮮人を私刑虐殺しないように戒めている。しかし、「不逞」な行動をした朝鮮人が実際に存在したことになっているので、自警団などは治まらず、警戒を続けることになったであろう。

　次に真中の告示ビラは、九月五日から検問所を設けたので、夜間外出を控えるよう通告したものである。「九月五日夜より、鼠賊の潜入を防ぐために警察と軍隊と協力し、市内外の要所ゝに検問所を設け、一々通行人を査問し厳重なる警戒を加えることなしたるを以て、一般民衆はなるべく夜間に戸外に出ざるようせられたし。大正十二年九月五日　　警視庁」。

　左端の告示ビラは、告示を行き渡らせるために、活版印刷にて数万枚印刷して、九月六日、東京市内、及び隣接郡部全域へ各警察署を通して配布したものである。

　「注意!!!! 有もせぬ事を言触らすと、処罰されます。朝鮮人の狂暴や、大地震が再来する、囚人が脱監したなどと言い伝えて処罰された者は多数あります。時節柄、皆さま注意してください。　　警視庁」。

（3）　強制収容された朝鮮人たち

1. 凄まじい殺戮から検束・収容へ

　何千人もの朝鮮人が殺戮された具体的様子は、第Ⅵ章、第Ⅶ章の「朝鮮人虐殺の実相」で記述する。「朝鮮人が暴動」とのデマに基づき、「戒厳令」による軍隊の出動や自警団による私刑で、数多の朝鮮人が殺戮された。政府・官憲・戒厳軍が、「朝鮮人暴動」がデマであるとの事実を認識統一して、朝鮮人虐殺事件を頻発させた失態を後始末する情宣と行動をとり始めたのは、九月五日、六日であるが、それは遅きに失した。真っ先に動いた東京の警視庁でも、具体的に、**「朝鮮人保護に関する通達」**を各警察署に指令したのは、九月九日（木

千住警察署に収容された朝鮮人たち。警察収容所とて安全な場所ではなかった。
「写真で見る日韓政治外交秘録」日韓広報センター（日本版1967.1.15）

下刑事部長より）、十日（正力官房主事より）であった。「通達」要旨は次の通りであった。

「各警察署長分署長殿　大正十二年九月九日　木下刑事部長、『**鮮人保護に関する件、依命通達**』」「今回の災害に際し、在京鮮人不逞の徒輩にして兇暴の挙を敢えて為したる者あるやの流言蜚語、しきりに喧伝せられるや惨憺たる被害を為す。極度に興奮せる民衆に於いて何らの兇行無き温順なる多数の鮮人、特に忠良なる親日鮮人に甚だしき迫害を加え、……極めて遺憾とするところ也。この時に当たり、警察官憲に於いて、これら無辜の被迫害者、隣り合うべき新付の民を保護し救済するは人道上、また国際上喫緊当然の義にして、さらに日鮮融合の上に於いても多大の努力を払うべきは自明の理なり。

　然るに、署によりては、これらの被保護者に対して、保護の責を盡さず、または自己の所轄内に居住せしむるを嫌がるが如く感じられる向きあり。此の如きは甚だその処置を誤れるものと言わざるべからず。特に、一部の消息、早々すでに朝鮮に伝えられ、同地の統治に悪影響を起こす處ありと聞く」「各位は、よく事の顛末の強く影響する処を稽へ彼らの保護に関し万全の注意と努力とを以て、豪末の過誤無きを期せらるべし。処理上、疑ある場合は、本庁の指揮を受けられるよういたしたし。此の段、依命及び通達候也」。（警視庁官房文書課編纂「㊙震火災に関スル告諭諸達示通牒」綴 1923.9 より抜粋）

　いやはや、警察署への通達で、「朝鮮人保護」について責任を果たしていない警察署があることを注意しなければならないほど、朝鮮人に対する官憲自体の民族差別が根強かったのである。

東京に於いては、関東大震災の被害と混乱状況を踏まえて、警視庁総監は、九月一日当初から第一師団と近衛師団の出動を求めて、警備については万全を期していた。そして、戒厳令下における行政・官憲・戒厳軍の合同協議機関「臨時震災救護事務局」（1923.9.3.am9:00）が発足してからは、軍用電話も敷設し、軍・官憲一体となっ

東京千住警察署に収容された朝鮮人たち。
「写真で見る日韓政治外交秘録」日韓広報センター（日本版1967.1.15）

ての、復興・救護体制と治安・警備体制が執行された。「不逞朝鮮人の暴動」などの流言に伴い、検問所を設け、巡察を行い、探索さえ行われた。自警団も加わって、朝鮮人虐殺事件まで引き起こした。拘束される場合も、捕虜か犯罪者検挙のごとく散々に痛みつけられた挙句の末であった。官憲・戒厳軍が、「朝鮮人の暴動＝不逞」は根拠なきデマであり、大部分の朝鮮人は良順にして保護すべきであり、朝鮮人であるからと言って誰でも彼でも迫害してはならないと、遅きに失した方針変換を行った。それは、朝鮮人に対して、官憲・戒厳軍が検束（「保護」？）を行う。それから、収容先に於いて、「順良」か、それとも「不逞」「要視察」かを判別して対処するという事であった。加害を加える官憲・戒厳軍の側だけが一方的に方針変換をしても、朝鮮人側は判らない。これまでのように「捕まったらすぐに殺される」と思い込んでいる朝鮮人は救われない。検束されることを嫌がった朝鮮人、収容先から逃げ出そうとした朝鮮人は、それだけですぐに「不逞」と見なされて、殺戮される事態が引きこされたのである。

　曺仁承氏の体験を例示しよう。九月二日、寺島警察署に収容されていた際の出来事である。「ひどい騒ぎ声が（寺島警察署の）庭の中に聞こえてきたので、同胞たちは、また殺しに来るのだという恐怖感で一斉に逃げ出したのである。私も、このままおとなしく殺されてなるものかという気持ちで、無我夢中、外に飛び出そうと警察の塀に飛び乗った。すると、外には自警団の奴らが私を見つけて、喊声を上げて飛掛ってきた。私は、そのまま、警察の庭の方に落ちて助かった。……三十分ほどして、私は、……庭の中の方へ行ってみた。すると、

習志野陸軍厩舎捕虜収容所で朝鮮人たちを訓戒する梨本戒厳司令長官
（大阪朝日新聞「大震災写真画報」1923.10.7）

その時、私の眼の中に入った光景は、巡査が刀を抜いて、同胞たちの体を足で踏みつけたまま突き刺し、無惨にも虐殺しているのであった。ただ、警察の命令に従わず逃げ出したという事だけで、この時、八人もの人が殺され、多くの人が傷ついた。私は、あまりのむごさと恐ろしさの為に腰が抜けんばかりであったが、ようやくその場を離れた。」（李珍珪編「関東大震災に於ける朝鮮人虐殺の真相と実態」朝鮮大学校 1963.8.10 より引用）。

　さて、此処で、警察機構を束ねる内務省警保局長が、九月三日付けで、全国の地方長官（知事）宛に打電した電報の悪影響の顛末を記しておかねばならない。あの戦慄すべきデマ電報である。再度、一部分を引用しておこう。「東京附近の震災を利用して、鮮人は各地に放火し、不逞の目的を遂行せんとし、現に**東京市内に於いて爆弾を所持し、石油を注ぎて放火せる者あり**。既に東京市内に於いては、一部「戒厳令」を施行したるが故に、各地に於いても充分周密なる視察を加え、**鮮人の行動に対しては厳密なる取締りを加えられたし**」。この最後に要請した「朝鮮人を視察して、厳密なる取締りを加えられたし」が各地で実行され、官憲によって朝鮮人たちが拘留されたのである。次の史料を見てほしい。大震災時に於いて、関東地方だけでなく、全国各地に於いて、大震災の惨憺たる悲劇のニュースとともに、「この大惨事の最中に、火付け暴虐を企てるとは」と、朝鮮人は「不逞＝悪者」とみるデマが拡散され、民族差別が強められた。日本では、放火犯は被害甚大ゆえに極悪犯罪として引き廻しの末、極刑（火炙り）の死罪であったほどである。関東大震災と関わって、九月から十月にかけて、関東地方を中心に各地に於いて、多くの朝鮮人が、「不逞、暴動」デマを理由に、まるで「犯罪？の予防拘禁」の如く、拘留されたのである。次に、内務省調査（1923.11）に基づく拘留人数を示しておく。

<震災に伴う朝鮮人保護収容人員>

（吉河光貞「関東大震災の治安回顧」法務府特別審査局 1949.9 を参考）

府県	保護期間	人数	府県	保護期間	人数
東京	9/1～10/20	11,907	長野	9/1～10/31	778
京都	9/5～9/10	326	宮城	9/3～10/18	28
大阪	9/10～9/14	30	福島	9/3～10/1	61
神奈川	9/1～11/5	2,266	岩手	9/2～9/8	7
兵庫	9/5～9/29	418	青森	9/1～10/30	4
新潟	9/4～9/30	185	秋田	9/6～9/8	2
埼玉	9/2～10/3	641	山形	9/2～10/28	112
群馬	9/3～10/5	611	福井	9/3～9/17	36
千葉	9/1～9/24	210	石川	9/4～9/8	5
茨城	9/3～10/30	106	冨山	9/4～9/26	24
栃木	9/3～10/20	547	岡山	9/7～10/21	1,334
三重	9/9～9/30	33	広島	9/3～10/25	1,480
愛知	9/2～10/15	506	山口	9/4～10/25	1,645
静岡	9/8～10/5	369	鹿児島	不明	1
山梨	9/3～9/16	42			
滋賀	9/13～10/2	1	合計人数		23,715人

2.「順良」な朝鮮人と相愛会の「同化」

　関東大震災直後に於いて、「『不逞』朝鮮人が放火・暴動」との流言蜚語の下、軍隊・警察・自警団による朝鮮人への殺戮・迫害が行われた。この「放火・暴動」は、事実無根のデマであるとして、朝鮮人への殺戮・迫害を押し止めるために、政府・軍、官憲は、市民への「告諭」を発表した　関東戒厳司令官（福田雅太郎、九月三日）、内閣総理大臣（山本権兵衛、九月五日）、警視総監（湯浅倉平、九月六日）の「告諭」である。それらの「告諭」は、内閣総理大臣の言辞の如く、「一部**不逞鮮人の妄動あり**に於いては、取締りの軍隊または警察官に通告して、その処置に待つべきものなるに、民衆自らみだりに鮮人に迫害を加えてはならない」とした。そして、警視庁が、市民と直接向かいあう各警察署に、実施行動を命じる**「朝鮮人保護に関する通達」**を指令したのは、やっと、九月九日（木下刑事部長より）であった。

　ここで、政府・官憲・戒厳軍の、朝鮮人に対する支配政策・対応を正確に読み取らねばならない。彼ら為政者は、朝鮮人の「大部分は順良」、すなわち「忠良なる親日」であるから、朝鮮人だからというだけで迫害してはならないと論

上野の松坂屋焼跡を片付ける朝鮮人労働者たち
（内務省社会局「大正震災志写真帖」1926.2.28）

す。しかし、彼ら為政者は、一方で、朝鮮人の一部に「不逞」、即ち「韓国光復」の考えを抱く者は、要視察者として監視し、いつでも検挙すると威圧したのである。

したがって、同じ警視庁からの「通達」でも、朝鮮人特高警察を管轄下に置く、正力官房主事の「通達」は、木下刑事部長の通達に、「其の他の件」として、次のような内容を付加している。なお、「朝鮮人特高警察」略称「鮮高」「特高内鮮」は、三・一独立運動を機に、在日韓国人の動向を重視して、特高警察に新たな朝鮮人を担当する係が設置されたものである。すなわち、

「鮮高秘内　第一号　　大正十二年九月十日　　官房主事。
各警察署長分署長殿　　　鮮人保護その他の件

朝鮮人に関する保護方については昨九日刑事部長通牒の次第に有之の通り、流言未だその跡を絶たざるにつき、充分の保護を加え、帰国希望者に対してはよく諭旨してこれを阻止する。とともに、人民の安定状況如何によりては、これを利用し、鮮人に関する思想緩和の方途を講ぜられたく。なお、此の際、鮮人の復讐及び要視察鮮人の扇動、鮮人の通信などについては、充分の視察を遂げ、その状況、報告相なりたし。依命、此の段及び通牒候也。追って、鮮人を利用せんとする場合は、その前に、一応当部に打ち合わせせられたく申し添え候」。

（警視庁官房文書課編纂「㊙震火災に関スル告諭諸達示通牒」綴 1923.9 より抜粋）

早速、警視庁に出入りしていた親日朝鮮人団体「相愛会」が、大震火災の片付けの為に収容所の朝鮮人を募って労働奉仕させたいと名乗り出てきた。赤池警視総監の所感に次の記述がある。「なお三日の夜、相愛会の鮮人三名を警視庁に召致し彼らの保護を告ぐると同時に、彼らは此の際社会奉仕的努力を為す

べきだと諭した。翌四日の朝、李起東、朴春琴が余を訪ねて、『今朝、川口町より来れるが昨日の警視庁のビラにて大分人心も緩和した模様である。またお話の点は、最も妙案と存ずる故、早速道路の整理に従事したい』と申し出た」

　（琴秉洞編・解説「朝鮮人虐殺関連官庁史料」緑蔭書房 1991.3.15）。

　こうして、相愛会が請負の「日鮮企業」は、警視庁朝鮮人特高警察の管轄下で連絡を執りながら、収容された朝鮮人から「奉仕労働?」とのことで数百人を使用することとなった。「社会奉仕」などと書いた幟を掲げたりして、破砕され焼けた建物や道路の復旧片付けを行った。

　一方、まるで当たり前のように、戒厳

「相愛会」の幟を立てて、道路の復旧作業をする朝鮮人労働者たち。（「報知新聞」1923.9.16）

東京市隅田川厩橋付近での作業。死臭をタオルで防ぎながら、川から死体を引き上げて、外傷など死因を検分する。著者蔵。1923.9

軍が行った震火災の復興工事にも、習志野陸軍に設けられた収容所から朝鮮人たちは労働者として駆り出された。また、警察が必ず立ち会い、関わった震災時の死体の片付け、焼却にも、収容の朝鮮人たちは強制使役させられた。当然、その場には、殺戮された朝鮮人同胞の遺体もあり、悲惨至極な使役となったのである。

　金学文さんの体験を聞こう。「私たち朝鮮人労働者四人は、死体処理に駆り出されました。めいめい腕章を付けさせられ前後を日本人に取り囲まれて、江東の砂町方面に行きました。錦糸掘には相愛会の建物があって、その付近には『乞食宿』と言って貧しい労働者の宿が多く、土方をしていた全羅道出身の同胞が多く住んでいました。これらの人々は殆ど殺されたようでした。

　私たちが処理した死体には、火にあって死んだ人や、鳶口や刃物で殺された人とがありましたが、両者ははっきり区別されます。虐殺された人は、身なりや体つきで同胞であることが直感的に判るばかりでなく、傷を見れば誰にでもすぐ見分けがつきました。小さな子供まで殺されていました。あの頃のことを思うと今でも気が遠くなりそうです」。（李珍珪編「関東大震災に於ける朝鮮人虐殺の真相と実態」朝鮮大学校 1963.8.10 より引用）。

　さて、収容された朝鮮人の人数を、先に**「震災に伴う朝鮮人保護収容人員」**にまとめたが、検束（保護）された場所ごとであって、収容され居留した収容所ごとの人数ではない。九月当初、各警察署に分散して収容されていた者も、軍隊による警備も整い多数を収容できる収容所が決まれば、そちらへ移送された。朝鮮総督府管轄で「帰国希望者も扱う」の青山収容所ができれば、今度は、そちらへと多くの朝鮮人が移送された。九月後半から十月初めには、多くの身元引受が確かな者は収容所から出所したし、あるいは帰国の途に就いた。だから、収容された場所での朝鮮人の人数は流動的なのである。もちろん、収容されたり、移送された際に、名簿が作成された筈であるが、その資料を著者は確認できていない。また、検束・収容されるに至る途中、傷害を受けた者も多く、重傷者は無くなった者もいた筈である。それだけに、正確な名簿が史料として明示されることが必要である。

　現在、収容と移送が行われた経過の大まかな人数だけは何とか判明している。警視庁管轄の東京の各警察署の収容人数も、日ごとに各署からの報告が上がり、増加していく。九月五日に総数 5,222 人、六日には合計総数 6,118 人となった。次第に、習志野陸軍廠舎捕虜収容所へと移送（3,050 人）されて、九月十日には、各警察署合計総数 3,177 人となった。朝鮮総督府管轄の青山収容所への移送や、各警察署から出所させて、九月十八日には、東京の各警察署に収容されている

朝鮮人は合計総数 1,983 人となる。そこへ、警視庁管轄の目黒競馬場収容所約 600 〜 642 人を設営した。また、戒厳軍として、軍隊が収容した朝鮮人の人数は、九月中旬、主な収容所の概数をあげれば次の通りであった。陸軍の習志野陸軍廠舎約 3,000 〜 3,200 人、那須金丸が原練兵場収容所約 471 〜 500 人、海軍の不入斗練兵場収容所約 264 人、横浜港巋山丸約 723 〜 800 人。

　（内務省社会局「大正震災誌（上・下）」1926.2.28、及び神奈川県「神奈川県震災誌・附録」1927、及び吉河光貞「関東大震災の治安回顧」法務府特別審査局 1949.9 を参考）。

3. 要視察者に加えて要注意者をブラックリストに！

　次に掲載した「通達」は、「**警視庁㊙通達綴**」からの一通である。独立運動を進める朝鮮人たちを取り締まるだけでなく、新たに、大震災時に於ける朝鮮人虐殺の被害者・目撃者をリストアップして、監視・弾圧せよと命令している。その理由は、「対日の悪感情を抱くから、将来、取締りの対象となる」からだとする。それも、警察署の管轄下に在住している者に限らず、現在、「保護・検束」として収容している者も調査せよと指令している。朝鮮人虐殺の真相を闇に葬るために、被害者・目撃者を黙らせるための完全な隠蔽工作を証左する公文書である。

「**鮮高秘丙第八号**　　大正十二年九月十八日　　**正力官房主事**
　　　各警察署長分署長殿　　　**要注意鮮人調査方の件**
　今回の事件に関し、鮮人にして内地人より傷害を受け、若しくは他人の殺傷せらるるを見聞したる者は、自然、対日思想上悪感を有し将来の取締り上、もっとも注意を要すべき者なりと思料せらるるに付いては、この際、管下在住（保護検束者も同じ）鮮人にして上の如き慮れある者に対しては、要視察鮮人たると否とを問わず、左表の事項を調査し、速やかに報告するとともに、以後、これらの言動・移動に付いては充分の視察・監視を加え、状況、ときどき報告相なりたし。　　　左表

原籍	住所	負傷程度・病根の有無	見聞せりと言う事実の概要	職業	氏名	年齢	言動及び思想傾向

　追って、本調査は極秘の取扱いとなすと共に、調査に当たりては細心の注意

鮮高秘丙第八師

大正十二年九月十八日

正力官房主事

各警察署長分署長殿

要注意鮮人調査方ノ件

今回ノ事件ニ関シ鮮人ニシテ内地人ヨリ傷害ヲ受ケ若クハ他人ノ殺傷セラルルヲ見聞シタル者ハ今日然ルニ対シ思想上愚感ヲ有シ将来ノ取締上此際管下在住（保護検束中有之モ同じ）鮮人ニシテ如ク之等ノ言動移動ニ付々充分ノ視察監視ヲ加ヘ右表ノ事項ヲ調査シ速ニ報告スルト共ニ爾後状況時々報告相成度

左表

原籍住所	職業	氏名	年令

追テ不調査ハ極秘ノ取扱ヲナスト共ニ調査ニ当リテハ細心ノ注意ヲ拂ヒ彼等間ニ物議輿論ヲ喚起スルコト無キ様充分ノ留意相成度申添寅

を払い、彼等の間に物議輿論を喚起すること無きよう充分の留意相なりたく申し添え候。」

　さて、**警視庁官房主事正力松太郎**（警視総監に次ぐ地位）管轄の**特別高等警察（特高）**は治安維持として、社会主義者・労働活動家に捜査・弾圧の矛先を向けてきた。その特高に、三・一独立運動（1919年）決起に瞠目して朝鮮人担当の部署「**朝鮮特高警察**」が組織され、全国警察機構に反映された。日本による植民地支配を批判し独立を求めた朝鮮人たちは、「**要視察者・団体**」と称してリストアップされて、弾圧・監視下に置かれてきた。関東大震災時において、戒厳令下の大虐殺について真相を究明する行為は、治安をかく乱する「**犯罪者**」として、弾圧された。かくて、新たな「**要注意者**」と称して調査し加えられたのが、襲撃されて**傷害を負った者と虐殺の目撃者**たちである。虐殺の証言者だからである。

　警察と戒厳軍部が連携した戒厳令下では、警察・軍隊に拘束・収容されたからといって、安全が保障されたとは限らないのである。警察・軍隊は、「**要視察者**」「**要注意者**」と見なした者を令状なしに拘束・殺戮さえ成し得たのである。実際、拘束（保護？）された朝鮮人たちで、警察署・軍隊の収容所に於いて、殺戮された者たちが存在したことに目を向けなければならない。

Ⅴ.言論統制下で新聞はどう報じたか

（1）　拡散された「不逞」朝鮮人のデマ

　大震災当時、ラジオ放送が始まっていなかったので、新聞が唯一のマスメディアであった。ところが、震火災で、各新聞の社屋は焼け崩れ、活字ケースも印刷機も駄目となった。印刷機が復旧しても、電気が送電されなかった。首都圏での新聞発行はマヒしてしまった。大手新聞社は、大阪本社などで印刷した新聞を首都圏に持ち込んだ。各地方新聞が、震火災の状況を特集して、首都圏にも持ち込まれた。しかし、電話・電信の通信網も、交通機関も不通となり、人づてに不正確な限られた情報しか入手できなかった。水も食料も途絶え、暗夜の瓦礫の中で、人心不安に陥った際に、「朝鮮人が暴動を起こした」「放火をし、飲み水に毒を入れた」などの流言蜚語が飛び交った。戒厳軍が出動して、警察官とともに朝鮮人を検束し始め、自警団結成を呼びかけられると、火に油を注ぐ様に流言は信じ込まれた。発行され始めた新聞も、流言に惑わされて「不逞朝鮮人襲来」などの虚報を為した。かくて、同じ被災者でありながら、朝鮮人が抜き出され何千人もが虐殺される事態となった。「戒厳令」下の言論統制で、官憲は、朝鮮人虐殺事件について掲載することを禁止したため、各新聞社は、官憲から十月二十日に掲載が解禁されるまで報道できなかった。この五十日もの間、朝鮮人虐殺の被害について、調査・取材活動が制限されたことは、犠牲を大きくした上に、虐殺された犠牲者の遺体が隠蔽されてしまって真相究明を困難にしたのである。

　此処に、百年前の九月の新聞を提示したい。朝鮮人が、「放火殺人」「極悪非道」を為した記事のオンパレードであるが、すべて嘘八百のデマである。如何に、情報入手が困難であったといえども、この記事を読んだ者は、朝鮮人を憎悪したであろうし、私刑の虐殺事件が惹起されたであろう。メディアの責任が問われる。

主義者の大暴れ
各所へ放火して大宣傳

食糧缺乏暴動起る
憲兵拔刀、兵士射擊

不逞鮮人一千名と
横濱で戰鬪開始
步兵一個小隊全滅か
一個中隊を派遣

鮮人の隱謀
震害に乘じて放火

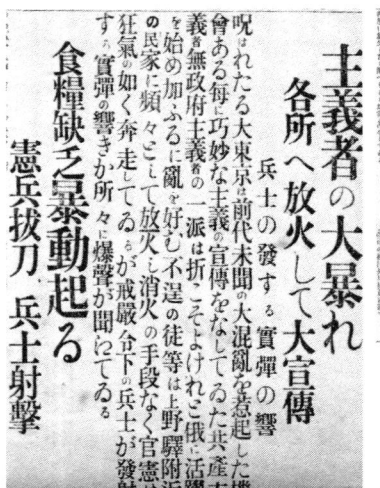

新愛知
號外

「不逞鮮人一千名と横浜で戦闘開始」「発電所を襲う
鮮人団」（1923.9.4「新愛知」号外）

「主義者の大暴れ、各所へ放火し
て大宣伝」「食料欠乏暴動起こる」
（1923.9.3「山形民報」）

●山●本●首●相●暗●殺●‼
主義者の暴動

不逞鮮人益々擴大
王子横濱方面に於て軍隊と衝突
爆彈を投じ放火せりと

「山本首相暗殺?不逞朝鮮人の為に」「火薬庫砲
兵工廠を襲い爆発せしめたり」（1923.9.3「荘内新
報」）

「不逞鮮人益々拡大」「爆弾を投じ
放火セリ」（1923.9.4「荘内新報」）

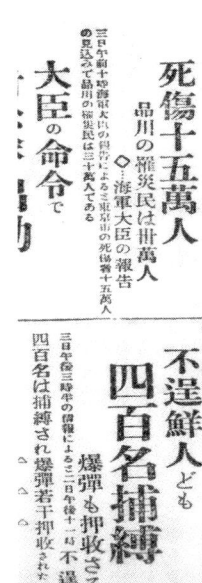

「主義者と鮮人一味、上水道に毒を撒布。警戒の軍隊発見して発砲」「囚人三百名脱獄し鮮人と共に大暴状」「不逞鮮人四百名捕縛」　　（1923.9.3「下越新報」）

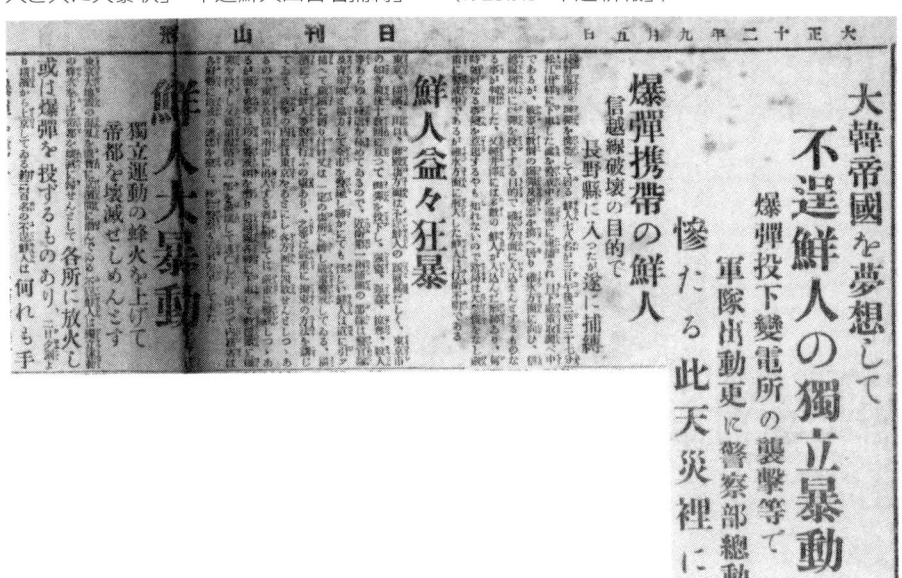

「不逞鮮人の独立運動、爆弾投下、変電所の襲撃で軍隊出動」（1923.9.5「日刊」山形）

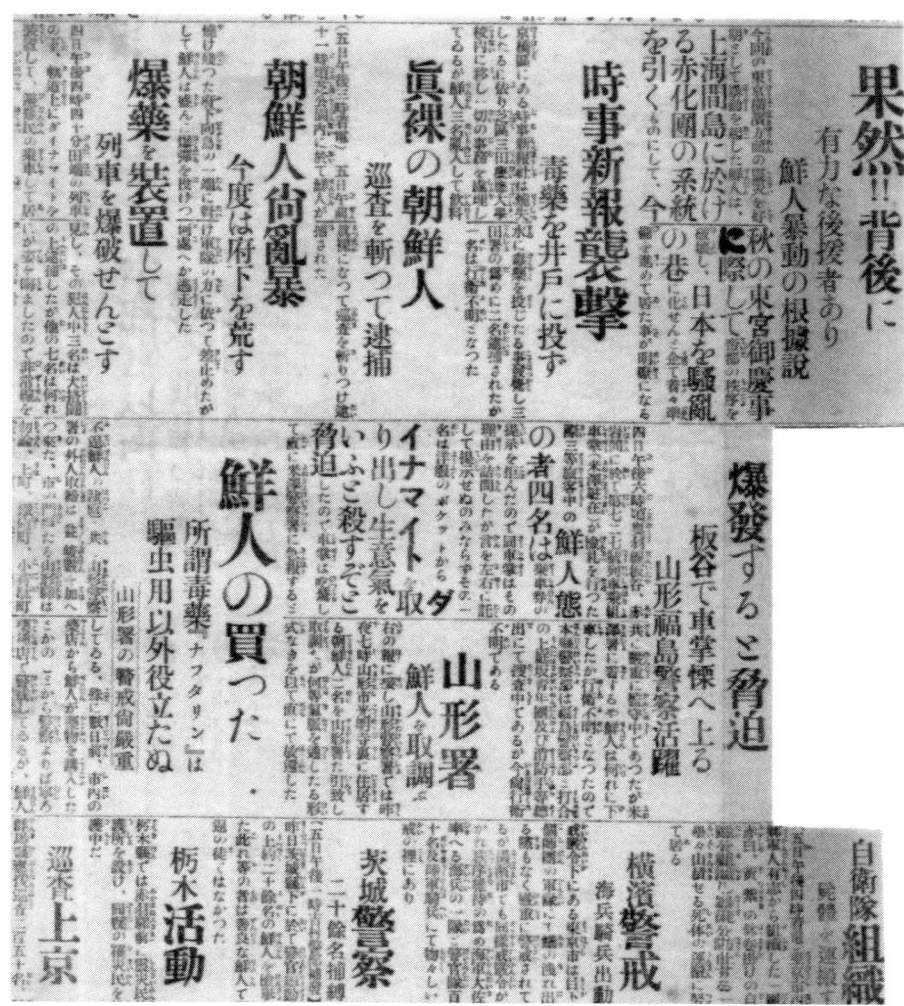

「果然!背後に鮮人暴動の根拠」「秋の東宮御慶事に際して、騒乱の巷に」「爆薬を装置して列車を爆破せんとす」「ダイナマイトを取り出して殺すぞと脅迫」「東京の在郷軍人は、自衛隊を組織」「横浜警戒、海兵騎兵出動」（1923.9.6「山形民報」）

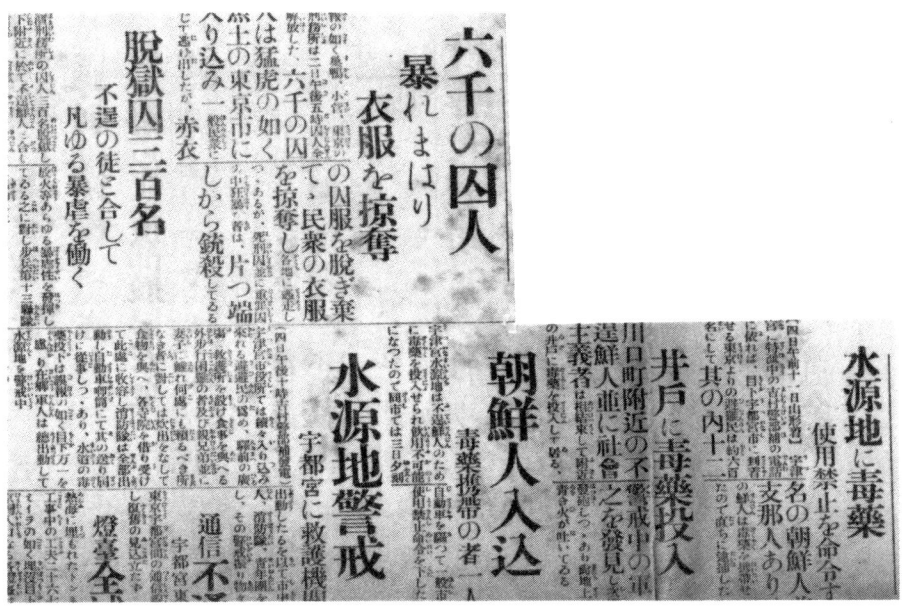

「六千の囚人暴れまわり」「脱獄囚不逞の徒と合してあらゆる暴虐をはたらく」「朝鮮人、水源地に毒薬」「井戸に毒薬投入」「在郷軍人、水源地警戒」（1923.9.5「日刊山形」）

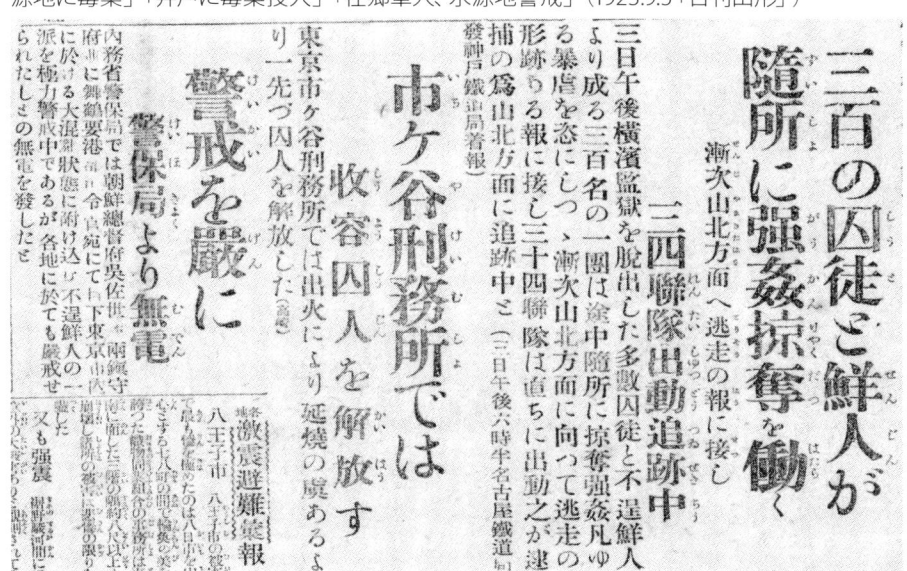

「三百の囚徒と鮮人が随所に強姦掠奪を働く」「三四連隊出動追跡中」「**内務省警保局より無電。不逞鮮人一派、警戒を厳に**」（1923.9.4「神戸又新日報」）

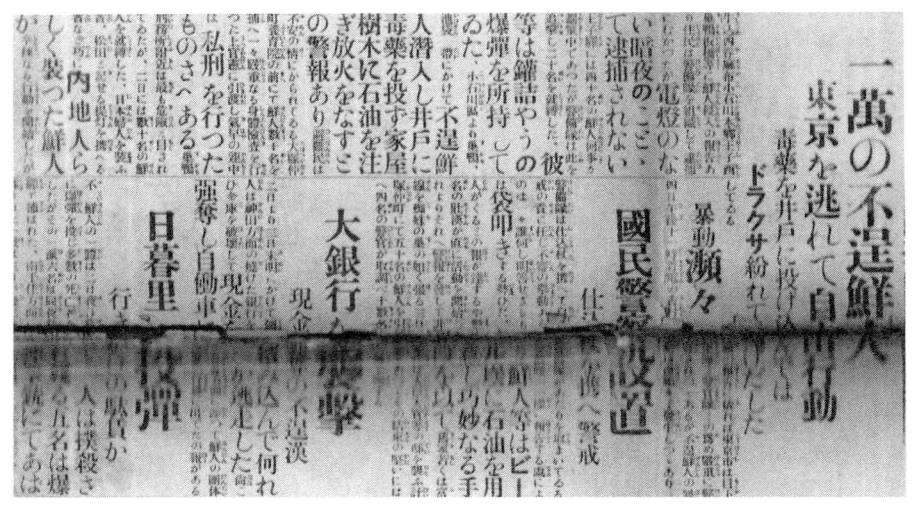

「一万の不逞鮮人東京を逃れて自由行動」「毒薬を井戸に投げ込んでは、どさくさに紛れて逃げ出した」「大銀行を襲撃」「日暮里で投弾」（1923.9.6「山形民報」）

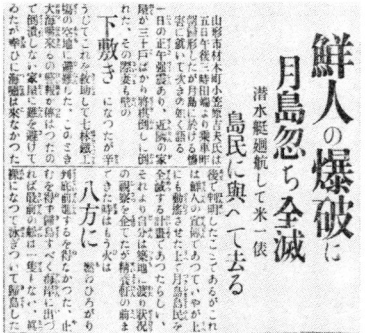

「鮮人の爆破に月島たちまち全滅」
（1923.9.7「山形民報」）

「不逞鮮人は狩り盡した」「鮮人1,850名、支那人1,100名を習志野に収容」（1923.9.10「読売新聞」）

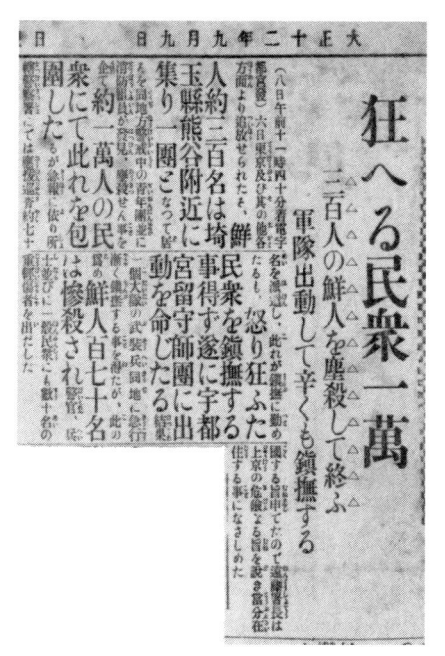

「狂える民衆一万、埼玉県熊谷付近」
「三百人の鮮人を塵殺してしまう。軍隊出
動して辛くも鎮撫する」
（1923.9.9「山形民報」）

「九月一日は、記念すべき彼らの陰謀実行日、
すぐ戒厳令を布いたのも此の為」「火災は鮮人
の爆弾又はダイナマイト」「ビール瓶に石油をつ
めて」（1923.9.7「山形新聞」）

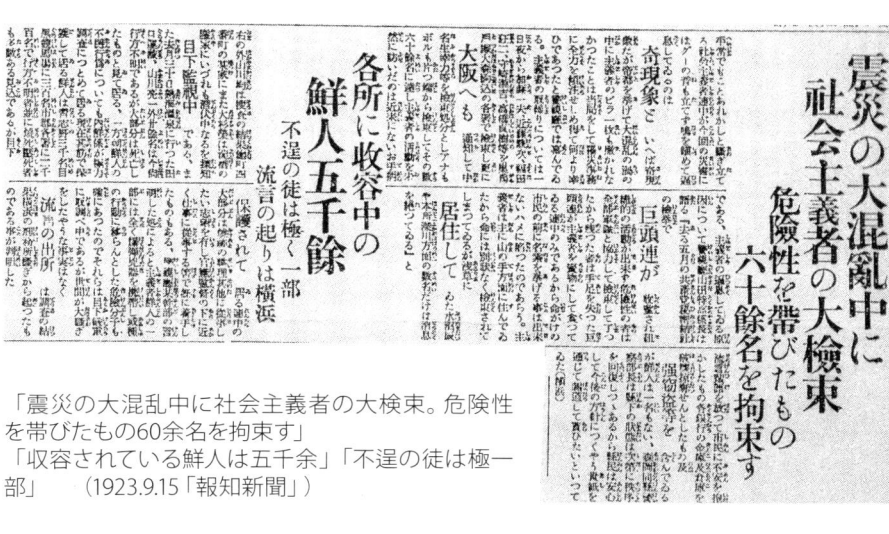

「震災の大混乱中に社会主義者の大検束。危険性
を帯びたもの60余名を拘束す」
「収容されている鮮人は五千余」「不逞の徒は極一
部」　　（1923.9.15「報知新聞」）

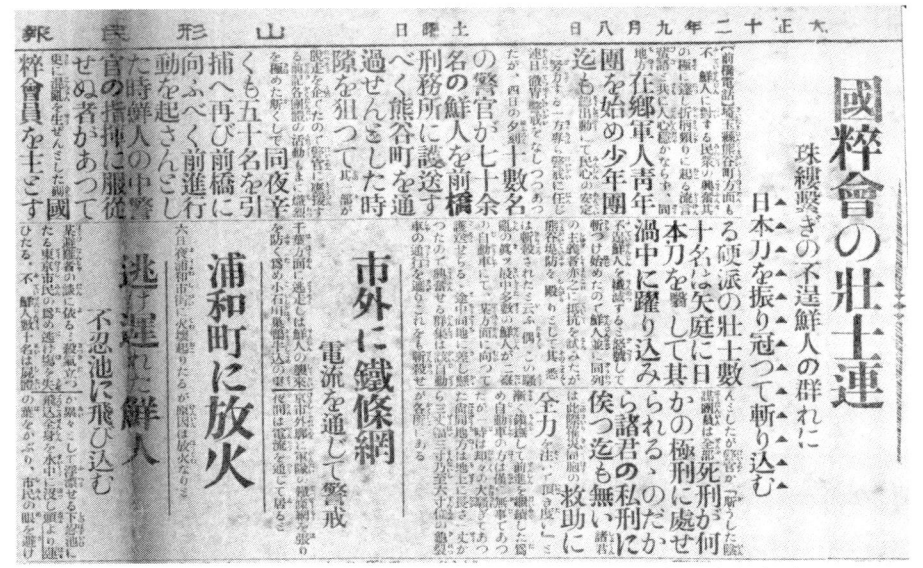

「埼玉県熊谷方面、移送中の数珠繋ぎにされた鮮人たちへ国粋会の壮士連が切り込む」
「鮮人の襲来を防ぐために、電流の鉄条網」　　（1923.9.8「」山形民報）

（2）官憲・戒厳軍の責任は自警団に押し付けられた

　戒厳令下、「朝鮮人殺傷」事件について報道禁止されていたが、1923年10月20日、官憲は報道を許可した。官憲側には、いかなる目算があったのか。政府・官憲と戒厳軍は、植民地支配の皇民化政策を進めるうえで、当初のジェノサイド（朝鮮民族虐殺）から収容・監察へと方針変更した。朝鮮人「暴動」「襲来」を鎮圧しようとする自警団の一部には、官憲が朝鮮人を収容所に入れるのは、朝鮮人の「不逞・暴挙」を見逃し匿っているとして反逆した。その自警団は暴徒化して、官憲の制止に逆らい、警察署に収容されている朝鮮人たち、軍の収容所へと移送中の朝鮮人たちを襲撃した。官憲は、このような官憲の意向・権力に逆らった自警団に、「大部分は順良」な、無辜の朝鮮人たちを殺戮したとする罪科を押し付けた。

　かくて、警察、検察、裁判官が連携して検挙、起訴、公判の筋道への準備万端を整えて、報道許可が予告された、10月20日、一斉に各新聞社が、内務省・司法省提供の同じ内容を報道したのである。この際の司法省発表の自警団によ

る朝鮮人殺傷資料が、政府・官憲側の、朝鮮人被害者に関する公文書記録となった。官憲・戒厳軍による殺戮も、また警察官・戒厳軍兵士と一緒に行動した自警団員による殺戮も、全く責任を問われずに被害者人数に含まれていないのである。

■司法省が公表した朝鮮人犠牲者数　（検事吉河光貞報告書）1941.6

被害者	朝鮮人		内地人		中国人	
	死亡	負傷	死亡	負傷	死亡	負傷
東京府	37	8	13	11	2	4
神奈川県	3		9	1	2	1
千葉県	71	17	25	11		
埼玉県	97	1	1	1		
茨城県		1	1			
群馬県	18		5	8		
栃木県	6	17	2	16		1
福島県		1				
合計	**222**	**43**	57	49	**4**	**6**
	265		106		**10**	

　参考；法務府特別審査局長吉河光貞「関東大震災の治安回顧」法務府1949.9.1

　「鮮人数百名の殺害」「東京府市に於ける鮮人に対する迫害」「最もひどかったのは亀戸から千住方面」（1923.10.21「報知新聞」）

水路下で朝鮮人学生一名隅田町大字住田三八三配島晉五郎(六〇)に日本刀で斬殺された
△三日午後六時頃同地二三四先道路で鮮人金尹劉(二七)が同町二七九大工高安芳太郎(三八)の為めに殺害さる
△三日未明本所向島曳船町通りで鮮人一名殺害さる犯人府下寺島町六九六銘酒店主中島五郎(二三)
△三日午前零時荒川放水路下で鮮人四名殺害さる犯人寺島町字寺島玉の井四三一土木請負業吉井米之助(四四)外三名
△三日正午頃向島玉の井踏切で鮮人二名殺害さる犯人同地六八五飲食店主森川勇(三三)山本没雄 (三四)
△三日午前十時玉の井で鮮人女崔事熙外一名殺害された犯人同地大工川島和三郎
△二日午後五時頃府下荏原郡大崎町服部製薬会社人夫男金容宅(二〇)金承中(一九)女朴一順(二三)女高鳳兒(二〇)女朴守順(二五)等が同地桐ケ谷二茶商石川治三郎(三〇)外二名の為めに日本刀で重傷を負はさる
△三日午前九時府下西新井村字元木阿出川金次方に乱入し更らに同日夕刻府下尾久町字上尾久で支那人黄慈剛(三二)を殺害した犯人があつた捜索の結果犯人は上尾久二六九〇土木請負業宮松増五郎 (三一) 外六名と判明全部逮捕された
△二日午後五時半頃府下平塚村蛇窪で鮮人洪弘締(二三)を同地農産商高山寅吉(三四)外二名が日本刀で重傷を負はす
△二日午後六時同上二八八鮮人李鉄鎮(二八)に重傷を負はせた犯人矢部米吉(二四)外二名同日午後五時四十 分世田ケ谷 町で鮮人朴某(二八)を銃殺した犯人同地小林縫三(二七)支那人学生韓湖初外三名に重傷を負はせた本郷駒込森町二鈴木龍蔵(三七)八名等にて総数約六十名殺された今日迄に起訴収監されたが尚この外捜査中に属するものは幾件あるか殆んご数へ知れないさうである

隣縣で殺された者
四百五十九名に上る
暴行者の検挙二百五十

東京の避難民が地方に逃れると共に鮮人に関する流説虚説各地に傳

「隣県で殺された者459名に上る」「暴行者の検挙２５０名」
(1923.10.21「報知新聞」)

(船橋卅七名、法典十六名、浦安八名、千葉二名、松戸五名、南行德三名、検見川三名、銚子一名、佐原一名)
△検挙されたるもの百十四名
◇神奈川縣下二百餘名
(横浜百四十名、神奈川五十余名、鶴見八名、川崎四名)
◇合計四百五十九名
△検挙二百四十八名

内地人を殺した
六十八名
全部収監さる

警視廳管内で興奮の余り内地人を鮮人と誤つて暴行して検挙された者は大体左の通である
△三日午後九時頃亀戸境橋通りで青年團の暴行を制せんとした亀戸署の上間巡査を偽巡査と稱し瀕死の重傷を負はせたる犯人砂島四三三職工鈴木德太郎(二〇)
△同葛西川八八五空地で押上一九六左官職松本捨吉(三四)を撲殺した同所染物商三浦隆吉(三九)共犯者石田述吉小山滿次郎 (二一) 麦倉留吉(一八)
△同日吾嬬町亀戸一七稲本惠 (四二)を同様殺害したる犯人釜田松五郎(二二)
△二日午後九時半大井町一六二三道路先で同所町田広一方同居岩木源四郎(二五)を日本刀で殺害した滑川重作(三六)
△同午後五時半南品川漁師町九二明大生島山丈夫(二〇)を三番地先道路で袋叩にして殺害した同町盤職野口岩吉 (二二) 中島豊吉(二三)砕崎源三郎(三七)常見

殺された（朝鮮人の数）「群馬県下17名、埼玉県下166名、千葉県下76名、神奈川県下200余名、合計四百五十九名」「内地人（朝鮮人と誤って日本人）を殺した六十八名、全部収監さる」

「流言に禍された震災地、各所で多数の朝鮮人を殺害す。人心沈静と共に司法当局の大検挙」「本庄町の大惨事、一挙八十六名を殺す」「護送自動車二両を包囲して忽ち殺戮。此処では死者三十五名」「本庄警察署を破壊」「熊谷町の混乱、四十二人を殺す」「寄居署に乱入して留置場の格子外から突き刺す」
（1923.10.20「大阪毎日新聞」号外一面）

　この「大阪毎日新聞号外」（1923.10.20）は、百年の劣化で紙面が変色して、コピー掲載では判読し難い。それでも、この新聞を掲載したのは、「朝鮮人虐殺について」の記事に絞って特集しているからである。警察・検察は、自警団が「朝鮮人虐殺事件」引き起こしたのは、「流言を信じた過ち」と結論付けた。そして、「流言が起こった」のは、「不逞行為をする朝鮮人も確かに存在したからだ」と主張するために、摘発した「朝鮮人犯罪」なるものを「朝鮮人被害者」と同時に発表した。10 月 20 日に、一緒に報道することを促したのである。このような官憲側に依る、朝鮮人を虐殺した罪業を反らす作為に惑わず、被害者の立場にたっての報道を評価したい。

　丁寧に、この「大阪毎日新聞号外」に目を通せば、他紙に無い記載の特長が判る。まず、官憲側発表の朝鮮人犠牲者数を上回った人数も漏らさずに記載している。死亡者 233 名の他に、40 〜 150 名の死亡者が存在すると記している。虐殺された朝鮮人で判明した名前（17 名）も明記していることは貴重である。官憲側が、朝鮮人虐殺事件の検挙・起訴を公表したわけであるから、被告（日本人加害者）の名前は明記されているが、被害者の朝鮮人については、殆ど氏名不詳、人数も概数しか記されていない。事件から 50 日ほど経ってしまえば、犠牲者の遺体は片づけ、隠蔽されてしまっているからである。

（3）　まやかしの検挙・裁きで「処置済み」を謀る

　さて、官憲側は、当初から警察、戒厳軍が関与した朝鮮人虐殺事件の自己責任については一切免責し、告発・調査を許さず、隠蔽した。また、警察・戒厳軍が収容している、あるいは収容所へ移送していた朝鮮人は、「大部分は順良な朝鮮人」として保護していたのであり、これを襲撃した自警団は「暴徒」「犯罪者」として検挙するとして、朝鮮人虐殺の罪科の一切を、自警団全部ではなく一部に押し付けた。また、日本人の可能性があるのに、強引に朝鮮人として殺戮したことが明白になった場合も、司法上放置できず検挙を進めた重要な理由とされた。

　このような基本方針が、政府、官憲、戒厳軍の代表による「臨時震災救護事務局警備部司法事務委員会」で確認されたのは、1923 年 9 月 11 日である。すなわち、「一、今回の変災に際し行われたる傷害事件は、司法上これを放任するを許さず、これを糾弾するの必要なるは閣議に於いて決定せるところ也。しかれども、情状酌量すべき点少なからざるを以て、騒擾に加わりたる全員を

検挙すること無く、検挙の範囲を顕著なる者のみに限定すること。二、警察権に反抗の実ある者の検挙は厳正なるべきこと。（中略）六、鮮人等の不逞行為についても厳正なる捜査検察を行う事（下略）」とした。かくて、各警察署が検挙を開始したのが、埼玉県では九月十九日から、千葉県では九月二十日から、東京府では十月一日からであった。検挙した事件総数 1139 件、検挙された者 735 名であった（吉河光貞「関東大震災の治安回顧」法務府特別審査局（1949.9））。

「鮮人襲来の恐れあり。男子は武装せよ、女子は避難せよ。鮮人と見れば殺しても差し支えないと触れ回ったのは何者であったか」「自警団の罪悪のみ独りこれを天下に暴き、幾多の警官の暴行はこれを秘せんとする理由は如何」「自警団の殺人罪は、悉く異例の恩典に浴せしめて裁決することを要求する」。自警団を傘下に集めた関東自警同盟は、内務省・司法省への詰問・要求書を提出した。　　　　（1923.10.23「東京日日新聞」）

　早速、自警団側からは、反撃の動きが起こった。関東一円の自警団に呼びかけて「関東自警同盟」を立ち上げ、政府内務省、法務省に対して自警団員の検挙に抗議し、公判での情状酌量を要求した（1923.10.22）。集会決議「我らは、当局に対して左の事項を訊す。一、流言の出所に付き、当局がその責を負わず、之を民衆に転嫁せんとする理由如何。二、当局が目の当たりにした自警団の暴行を放任し、後日に至り、その罪を問わんとする理由如何。三、自警団の罪悪のみ独りこれを天下に暴き幾多の警官の暴行は之を秘にせんとする理由如何。我らは、当局に対して左の事項を要求する。一、過失により犯したる自警団員の傷害罪は、悉くこれを免ずること。二、過失により犯したる自警団員の殺人罪は、悉く異例の恩典に浴せしめて裁決すること。三、自警団中の功労者を表

鮮人襲来を巡査が觸廻る

警視廳でも最初は迷はされ後で虚説だと諭告す

震災後関東一帯の混乱の巷と化したのは鮮人の妄動を誇大に傳へられたからであるがそれが傳へられて来たのは神奈川方面からである二日には鮮人の襲来する事は本當の如くであるが当時警視廳及各警察が其流説に狼狽して大騒ぎを演じた事もまた動かしがたい事実である現に二日夜から三日午後にかけ浅草、巣鴨、淀橋方面ではオートバイに乗った警官が「鮮人が襲来するから女子供は早く安全地帯に避難し壮者は自警団に」と告げ廻り人心を不安の極に達せしめ一層常に狼狽した者は……」と附け廻し……騒々しきものであつたあると信じたものも如く守下警下では……神奈川線の下より浅草、巣鴨を比した位であつたが其後各方面に偵察隊を発し其虚実を本署に偵報すると一部を各方面に派して其実を調べ又は私服刑事部員を各方面に派して其上慎々査察の結果全然事実であること判明した

「鮮人襲来を巡査が触回る」「二日夜から三日、浅草、巣鴨、淀橋方面ではオートバイに乗った警官が……鮮人が襲来する女子供は避難、壮者は自警団に」(1923.10.22「報知新聞」)

彰し、特に警備の為に生命を失いたる者の遺族に対しては、適当に慰籍の方法を執ること」。

官憲側にすれば、此処で詰問された事項は、自警団側に協力要請して、共に行動してきた際の出来事であり、すべて事実である。警察側が検挙を狙ったのは、警察権を侵害した者を処罰したいのである。警察署が朝鮮人を留置（「保護」）して、自警団を押しとどめたのに、之を聞かずに襲撃した場合である。言うなれば、「お上に逆らったこと」をより重視し、「殺人罪でも朝鮮人ならば」と一段軽視する民族差別であった。だから、関東自警同盟から要求されたことは、警察・検察当局も納得済みであった。自警団が、流言に煽られて朝鮮人を「不逞」として殺戮したことは情状酌量の対象と始末する所存だった。

当然、検挙・起訴・裁判は、まやかしの裁きであった。「第Ⅲ章　虐殺犠牲者数は如何に把握されたのか」の「3. 司法当局による自警団に対する捜査・立件の記録」で記載した千葉県船橋警察署員が体験した「一日裁判」を読み直してほしい。出張してきた検察官と裁判官が、料理屋の二階を臨時の法廷とした。警察官が連れてきた被告を、次々と呼びこんで裁判が行われた。調書を確認した検察官が被告に「君は執行猶予とする」と予告して、即刻起訴して、隣席の裁判官へと回す。裁判官は、「刑を告げるが執行猶予と判決する」。そして

「控訴しない」場合は、「帰って宜しい」で一件落着だった。続いて部屋の外で待機している次の者が、入室するという、流れ作業のごとき裁判であった。千葉県では、自警団による警察署襲撃はなされていない。しかし、後述するが、日本人を朝鮮人と決めつけて殺戮した事件を二件引き起こした。その場合は、被告の殆どが実刑判決と重き咎とされた。

　ここで、山田昭次氏が、関東大震災時に於ける殺害事件に対する判決をまとめられた記録を見てみよう。先ず、警察が収容していた朝鮮人を殺害した事件五件をまとめて、被告 102 名の内、実刑 48 名、執行猶予 54 名で、ほぼ半数47.1% が実刑に処せられている。これと比較して、警察と争わずに朝鮮人を殺害した事件十七件をまとめて、被告 97 名の内、実刑 16 名、執行猶予 81 名で、僅か 16.5% しか実刑に処せられていない。もっと朝鮮人に対する民族差別を顕著に明示したのが次の比較である。警察とは争わずに、朝鮮人と思い込んで日本人を誤殺した事件十六件は、被告 91 名の内、実刑 54 名、執行猶予37 名で、朝鮮人殺害の場合の実刑 16.5% の四倍近くに及ぶ 59.3% が実刑に処せられたのである。（山田昭次「関東大震災時の朝鮮人虐殺とその後」創史社2011.9.1）参考。

　次の新聞記事の内容は、警察、検察側が、朝鮮人虐殺事件について 10 月20 日から報道許可をするにあたって、記者会見の席で、警視庁が「ぜひこちらも報道を」と提供した「朝鮮人が犯した犯罪」資料に基づくものである。「朝鮮人暴動」の流言が流布されたのは、「不逞」行為をする朝鮮人が存在したからだという虚構を創り上げた。官憲側が、デマを流布されるままにして朝鮮人虐殺事件を引き起こした責任をごまかすために「冤罪」を創出し、デマにデマを重ねる本末転倒の仕業であった。全く同様の記事が、法曹界向きの「法律新聞」（1923.10.25）でも報道されたようである。

　ここで重大発表である。これらの記事の犯罪について、検事吉河光貞（法務府特別審査局長）が、「**その大部分が犯罪の嫌疑無きものとして不起訴処分に付されるが如き状態であった**」と、釈放・不起訴となった事例も挙げながら証言している。吉河氏は、当時の官憲であり、朝鮮人大虐殺を引き起こしたのは、流言蜚語に踊らされた「衆愚な」自警団だという見解である。その流言蜚語を流布して自警団を武装させた官憲の責任については、認識できないのである。ともあれ、朝鮮人を「不逞」とした流言蜚語を、根も葉もないデマであると、途中からではあるが主張しだした官憲だから、検挙されてきた朝鮮人の「犯罪」なるものが、とても起訴などできない事件だと判ったので、自著の報告に記し

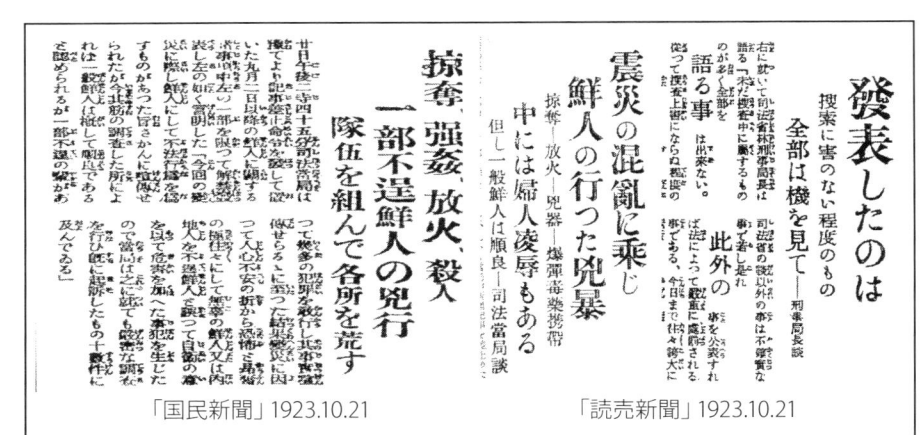

掠奪、強姦、放火、殺人
一部不逞鮮人の兇行
隊伍を組んで各所を荒す

震災の混乱に乗じ
鮮人の行つた兇暴
掠奪―放火―兇器―爆弾毒薬携帯
中には婦人凌辱もある
但し一般鮮人は順良―司法當局談

發表したのは
捜索に害のない程度のもの
全部は機を見て―――刑事局長談

「国民新聞」1923.10.21　　　　　「読売新聞」1923.10.21

商店に亂入
手當り次第奪ふ
日本橋、月島等で放火

「国民新聞」1923.10.21

たのであろう。「冤罪」だった朝鮮人たちの名誉回復のためにも引用しておきたい。すなわち、警視庁発表で新聞報道された「本所を襲った朝鮮人の一団」「少女を殺し荒川に投ず」「月島の暴虐」「日本橋でも放火」との見出し記事を引用した後、次のように指摘する。「果たして以上述べたが如き鮮人犯罪が実際に行われたものであろうか。彼ら鮮人のすべては犯行当時混乱に乗じて所在不明となり、或いは自警団員其の他によって殺害されており、司法事件としては、その真偽が全然確定されておらぬ状況であった。しかも、東京地方裁判所検事局管内に於いては、震災直後、司法・警察官の捜査が一時この種の鮮人犯罪の検挙に傾注された観があるに拘わらず、被疑事件として同検事局に送致された放火、殺人の重大犯罪すら、その大部分が犯罪の嫌疑無きものとして不起訴処分に付されるが如き状態であったことは注目に値する」と述べて、さらに無実、不起訴となった事実を例示した。

　簡潔に例示された事件の要旨を抜粋しておこう。（一）九月二日、上野公園で自警団によって、朝鮮人白永仲ら四名が「燐寸」を持っていたから「放火犯」

だとして兵士に引き渡され、上野警察署に拘引した。下宿先の荷物を上野公園に運ぶ途中、落ちた燐寸二箱を懐中に納めていたという他愛のない出来事だった。（二）九月二日、井戸に青酸カリを入れたが、少量だったので目的を遂げなかった「殺人未遂」だとして、朝鮮人李鎮億が検挙された。証拠の青酸カリだとされたガラス管内液体は、検査すれば本人が治療中の鼻腔噴霧用の薬液であり、勿論不起訴、無罪放免であった。（三）九月二日、神奈川県警の警部補の妻女が、伊勢山の所で朝鮮人の男が日本女性を「凌辱した」のを目撃したと告発した。事実は、避難中に、女性がつまずき転んだ際にすぐ横で朝鮮人の男も躓いて転んだだけのことであった。（四）九月二日午後三時頃、巣鴨町で、朝鮮人李守根が、丸めた新聞紙に火をつけて放火しようとした「放火未遂」だとして、自警団に警察署へ引き立てられてきた。本人は、煙草を買いに来て自宅へ帰る途中だったと主張した。本人は、買ったばかりのゴールデンバット一箱を所持しただけで、新聞紙も石油も見つからなかった。「石油のようなにおいがした」と誰かが言ったことで「放火犯」にされたわけで、無罪放免となった。（吉河光貞「関東大震災の治安回顧」法務府特別審査局 1949.9）。

Ⅵ. 隠された、官憲・軍隊による朝鮮人虐殺の実相

(1)　公記録「震災警備の為兵器を使用した事件調査表」

　関東大震災時に於いて、戒厳軍が、多くの朝鮮人を殺戮したことは、多数の目撃証言や兵士自身の回想からも明白な事実である。九月二日、「戒厳令」下、軍が出動しての殺戮は、「衛戍勤務令」の「第十二条　兵器を用ゆるにあらざれば鎮圧するの手段なき時」が適用された。鎮圧のために為した殺戮は「任務遂行」に関わる免責事項であり、一般の司法権力の管轄外であった。既に、近衛師団、第一師団は、九月一日、地震発生時から東京衛戍部隊として配置に付いており、この時点から戒厳軍の先陣部隊であった。国家権力の武力行使である戒厳軍隊数万人の兵士たちは、朝鮮人を敵と位置付けて出動し配置についた。

戒厳司令部から説明を受けた後、視察に出発する摂政宮（昭和天皇）。先導する騎馬連隊は、朝鮮人虐殺に直接関わった部隊である。（上野公園1923.9.15）著者所蔵。

実弾、銃剣で戦闘武装した兵士たちは、被災・避難の群衆を検問し、朝鮮人と見なすや、有無を言わさず、虐殺や検束（捕虜扱い）に及んだのである。震火災にて、朝鮮人たちも、被災・避難の民であり、徒手空拳である。突然に突き付けられた、兵士の銃剣を前に何の抗いができようか。また、戒厳軍と一緒に行動した警察、それに加わった際は自警団も、戒厳軍と一体化されて、一般の司法権力はその殺傷事件の罪科を問えなかったのである。

　戒厳軍の警備についての公記録は「関東戒厳司令部詳報」である。「不逞鮮人の暴行」「過激主義者の陰謀」「流言蜚語」「自警団による警察権を無視」「要視察人取締り」「一般鮮人の保護」「鮮人の移送」などの言葉は記されていても、兵力・武力の具体的行動、即ち、戦闘行為や朝鮮人の殺戮・検束については具体的な部隊名・場所・人数などの記述がない。現在の処、戒厳令下に於いて軍隊が虐殺した朝鮮人人数を集計した公記録として目にすることができるのは、「震災警備の為、兵器を使用せる事件調査表」だけである。（「関東戒厳司令部詳報」第三巻第四章附録の添付文書。東京都公文書館所蔵。松尾章一監修「関東大震災政府陸海軍関係史料Ⅱ巻陸軍関係史料」日本経済評論社1997.2.20に掲載）。これを参考にして、戒厳令部隊、場所、被害人数を抜粋してまとめたのが下記の表である。

■「震災警備の為、兵器を使用せる事件調査表」（要旨）

部隊名	月日、場所	人数	部隊名	月日、場所	人数
歩一機関銃	9/1 月島四丁目	1	騎兵十三	9/5 亀戸警察署内	1
歩兵三	9/2 麻布霞町墓地	(1)	電信歩一	9/5 豊多摩刑務所内	(1)
近衛歩一	9/3 両国橋西詰	1	近衛歩四	9/6 飛鳥山西端	(1)
近衛歩二	9/3 下谷区三輪町	1	騎兵十五	9/2 千葉県南行徳村	1
騎兵十四	9/3 大島八丁目	**(200)**	騎兵十五	9/3 浦安町役場前	3
野重一ノ二	9/3 永代橋	32	工兵学校	9/4 松戸地先葛飾橋	1
野重一ノ三	9/3 大島丸八橋	6	騎兵十五	9/4 南行徳今井橋	2
騎兵十三	9/3 亀戸駅内	1	騎兵十五	9/4 南行徳今井橋	5
騎兵十三	9/4 亀戸警察署内	(4)	騎兵十四	9/5 千葉郡大久保村	(8)
近衛歩四	9/4 上根岸町34	(1)	人数で（ ）は、日本人の誤殺。	計	**55**
騎兵十三	9/5 亀戸警察署内	(10)	大島八丁目（**200**）は中国人の誤殺。	**281**	(226)

　この「事件調査表」原本は、現在は非開示とされて再検証ができない。しかし、この「事件調査表」は、ほんの一端しか示していない。東京と千葉県の一部だけで、多くの虐殺被害者が出ている横浜方面の神奈川県や埼玉県も欠落している。それにしても、「不逞」朝鮮人と決めつけての誤殺があまりにも多すぎる

のではないか。殺害281名の内、誤殺226名（日本人と中国人）と大方である。また、証言記録がある亀戸駅や亀戸署の事件では、犠牲者数があまりにも少なすぎる。未だ、官公庁からは、非開示の制限によって、内容と関係する新しい政府・官憲・軍の㊙内部公文書が発見されておらず、民間側で明らかにされた証言・史料を頼りに補正していくこととする。公史料と直接に関係した者の証言・私文書とを合致させることによって、史料的価値が高まり、より真相が明確なものとなるからである。

（2）　「朝鮮人は引きずり下ろされ、白刃と銃剣下に倒れていった」

　越中谷利一（習志野騎兵十三連隊）の体験；「すぐる関東の大地震の時に、出動した軍隊……いま記憶に残る連隊の名だけでも挙げればかなりに上るようである。麻布一連隊、同三連隊、騎兵一連隊、世田谷輜重兵連隊、中野通信隊、習志野騎兵二個旅団、騎兵学校、四街道砲兵連隊、佐倉歩兵五七連隊、津田沼鉄道連隊、その他地方から一二の連隊、工兵、憲兵などである。とにかく、市内の連隊はもちろんのこと、東京近在の連隊は、たいてい戒厳令勤務に服したようであった。そして、『敵は帝都に在り』というような案配で、実弾と銃剣を振るって侵入したのであるから、なかなか凄まじかったわけである。（僕が居た）習志野騎兵連隊が出動したのは九月二日の、時刻にして正午少し前ごろであっただろうか。とにかく恐ろしく急であった。……人馬の戦時武装を整えて営門前に乗馬整列するまでに所要時間僅かに三十分しか与えられなかった」「千葉街道を一路砂塵を上げてぶっ続けに飛ばしたのである。亀戸に到着したのが午後の二時ごろ、おお満目凄惨！罹災民で氾濫する洪水のようであった。（連隊は、）活動の手始めとして先ず列車改めと言うのが行われた。数名の将校が抜剣して、発車間際の列車の内外を調べるのである。と、機関車に積まれてある石炭の上まで蠅のように群がりたかった中から、果たして一名の××人が引きずりおろされた。憐れむべし、数千の避難民環視の中で、安寧秩序の名の下に、逃れようとするのを背後から××××××××××××倒れたのである。と、避難民の中から、思わず湧き起る嵐のような万歳歓喜の声。国賊！×××××××××××！これを以って劈頭の××とした連隊は、その日の夕方から夜に入るにしたがって、いよいよ素晴らしいことをやりだしたのである。兵隊の斬ったのは多くこの夜である。有名な亀戸事件は知らなかった」。越中谷利一「戒厳令と兵卒」（「戦旗」1928.9月号掲載）

避難列車に群がる人々（東京朝日新聞社「アサヒグラフ特別号」1923.11.23）

　この越中谷利一氏の記述に当てはまる、**公記録「震災警備の為、兵器を使用せる事件調査表」**から、「習志野騎兵十三連隊」「亀戸駅」を検索 key にすると、該当するのは、次の一件だけである。引用する。（なお、今後も配慮していただきたいが、当時の公文書を抜粋引用のため、「不逞」「鮮人」「支那人」との今日では不適切言辞をそのままに記述したことに留意されたい）。

　「九月三日午後四時ごろ、亀戸駅構内に於ける事件。騎兵十三連隊 NA 中尉ほか十三名の内、AS 上等兵が鮮人（氏名不詳）一名を刺殺した。上記 N 中尉は、下士卒以下三名を率い亀戸停車場付近を警戒中、同駅構内に於いて自警団より一名の怪しげなる鮮人を引き渡され、直ちにこれを取り調べたるに、該鮮人はこれに応答せざるのみならず、かえって突然長さ七寸刃渡り一寸位の短刀をもって同中尉及び部下兵卒に切りかかりたるより、中尉は事情已むを得ざるものと認め、上等兵 AS に命じてこれを刺殺せしめたり。死体は、亀戸警察署の東北隅付近に埋没せり」。実に、「衛戍勤務令」の「第十二条　兵器を用ゆるにあらざれば鎮圧するの手段なき時」を適用した「模範解答」の如き、事件報告となっている。もちろん、「朝鮮人と言うだけで、石炭を積んだ貨車から引き摺り下ろして殺戮した」等とは、公記録に記述する筈がない。

　私は、同一人が同一の事を何度か証言していて、もし、違いがある場合は分

析する。越中谷利一氏は、三十年後（戦後）「関東大震災の思い出」に「列車改め」での朝鮮人殺戮の箇所の記述内容を変更している。その変更箇所を次に転記しよう。

　すなわち、「連隊は行動の手始めとして列車改めと言うのをやった。将校は抜剣して、列車の内外を調べまわった。どの列車も超満員で、機関車に積まれてある石炭の上まで蠅のように群がりたかっていたが、その中に混じっている**朝鮮人はみな引きずりおろされた。そして、直ちに白刃と銃剣下に倒れていった。日本人避難民の中からは、嵐のように湧き起る万歳歓呼の声。国賊！朝鮮人は皆殺しにしろ！僕たちの連隊はこれを劈頭の血祭りにして、その日の夕方から夜にかけて本格的な朝鮮人狩りをやりだした。**社会主義者平沢計七以下七名が殺された**亀戸事件**もこの夜の出来事である」。越中谷利一「関東大震災の思い出」（「日本と朝鮮」1961.9 月号掲載）。

　「一人」が「皆」に書き換えられ、「××××」となっていた伏字も本来の記述に戻された。さらに、戦後「関東大震災の思い出」の場合には、次のような「軍隊の残虐」を暴いた文章を新たに書き足している。すなわち、「震災当時における軍隊の残虐な殺戮行為は数限りも無くあった。例えば、斥候に出た下士官は、返り血で軍服を真っ赤に染めて戻ってきた。そして、『今日は金鵄勲章ものだった』などと豪語した。しかし、このような殺戮も、ただ軍隊の中の単独行動によってのみ行われたことではなかった。それには、村の消防団とか自警団とかが加わって一層甚だしさを加えた。何しろ軍隊から銃を貸し下げられてあるから堪らなかった。時には、兵隊すら見ていて手の付けようもない程の乱暴極まる者があったのだった」。越中谷利一「関東大震災の思い出」（「日本と朝鮮」1961.9 月号掲載）。

　後者「関東大震災の思い出」の戦後（1961.9）の記述の方が本人の意思通りであろう。前者「戒厳令と兵卒」の戦前（1928.9）の場合、官憲による検閲で伏字にされた事や、所属した習志野騎兵十三連隊の「殺戮」行為について記述できなかった立場・状況が判断できるからである。ただし、騎兵十三連隊として行った列車改めで、石炭の山の上から引き摺り下ろされ殺戮された朝鮮人は一名だったと思う。兵士たちが、立錐の余地も無い超満員の客室に入り込んで、何人もの朝鮮人を探し出すのは困難だが、盛り上がった石炭の上なら容易に発見されたであろうし、何名を一名だけに作為して記述するなど想定できない。なお、習志野騎兵十三連隊が加害者となった、社会主義者平沢計七以下七名が殺された亀戸事件については、「第Ⅹ章、社会主義者・労働運動家の拘

束と虐殺」にて記述する。

(3) 「朝鮮人を兵隊が叩き殺しているぞっ!」

次に、軍隊による朝鮮人虐殺の現場を目撃した証言記録を部分引用する。

「二日の昼下がり、私は市川の町へ入る十町余り手前の田んぼ道を、途中で配給された玄米の握り飯で腹をこしらえて歩いていました。ついぞ見たこともない大型の陸軍飛行機が、幾度となく炎熱の空を飛んでいきました。鴻之台の騎兵隊が幾組となく、避難民の列を引き裂いて、砂塵を上げて駆け走っていくのでした。朝鮮人の暴挙、社会主義者の陰謀等々が、誰からともなく伝わって、私たちの胸をつきました。私は、その頃かなり頭髪を長くしていたので、一生懸命ハンチングを深くかぶって、殺気と恐怖と半ばしている群衆の眼を避けようとしていました」。

「……泥沼のような気持と激しい疲労との、混濁した他人のように感じられる身体を、ずるずる曳づる足に委ねて歩いていました。『朝鮮人を兵隊がたたき殺しているぞっ!』不意に私の耳に激しい叫喚が響いてきました。『暴動を起こした片割れなんだ!』『太ぇ野郎だ!畜生!』『うわぁっ!』今まで曳づるようにして歩いていた避難民の群衆が、恐ろしい叫びをあげて、勢いよく走りだしました。つい、私もつりこまれて走っていました。そして、一町近く走った時、群衆の頭越しの左側の田んぼの中で、恐ろしい惨虐の事実をはっきり見たのです。粗い絣の単衣を着た者、色の燻んだ菜っ葉服を着た者たちが七人、後ろ手に縛り付けられて、しかも数珠つなぎになって打っ倒さ

小休止する戒厳軍、剣付け歩兵銃の側で横たわっているのは検束された朝鮮人たちである (1923.9)。「写真で見る日韓政治外交秘録」日韓広報センター (日本版1967.1.15)

れていたのです。彼らは確かに朝鮮人だったのです。何かわからない言葉で、蒼白になって早口に叫んでいました。時には反抗的な態度でもがきながら起き上がろうとします」。

「『ほざくな野郎！』突然、一人の兵隊が、銃剣の台尻を振りかぶったと見るや、一番端でやたらにもがいていた男の頭上に、はっしと打ち下ろしました。『あっ』さすがに群衆に声は無かったのです。そして一様に顔を背けました。やがて恐る恐る視線を向けた時には、頭蓋骨は砕かれて鮮血が辺り一面に飛び散り、手足の先をピクピクと動かしていました。『あはははは、ざまぁ見ろ！』不意に血を浴びた兵隊が、高々と笑いました。彼の眼は、殺戮者のみが持つ野獣的な殺気に輝いていました。『こいつ等、みんな叩き殺しちまえ！』『よし来た！畜生！』『やいっ！不逞鮮人奴！くたばりやがれ！』。十人余りの兵隊が、一斉に銃剣や台尻を振りかぶりました。と……おびただしい血が、飛沫となってあたりに散りました。兵隊たちも、勿論返り血を浴びて形相凄く突っ立っていました。『ひひひひひ』『あっ！』『うーむ！』何という残酷さだ嘘であってくれが、私の脳裏に印せられた厳然としたこの事実の前には、如何ともすることができないのです」。

「この一篇を読む人たちの中に、あの二日の午後二時前後に、市川へ渡る橋の手前数町の所で、この事実を目撃した人たちが必ずあるに違いない。胸を貫かれて、かすかに空を仰いだだけで息絶えた者。二の腕を殆ど切り落とされん迄に斬られて、泥田の中へ首を突っ込んでもがいていた者。はちきれそうな太股がザクロの割れたように口を開いていた者。断末魔の深い呼吸を、泥と一緒に吸い込んだのか、胸を苦しげに大きく波打たせていた者。等々の光景を、今思い出してもぞっとします」（下略）。福島善太郎（70歳、東京都文京区）「血に飢えた帝国軍隊　私の虐殺現場の目撃」（「民族の棘、関東大震災と朝鮮人虐殺の記録」日朝協会豊島支部 1973.9.1）。

さて、この目撃証言に該当する事件が、戒厳軍公記録**「震災警備の為兵器を使用せる事件調査表」**に掲載されている。すなわち、

「九月三日午後四時頃。大島町丸八橋付近。野戦重砲第一連隊第三中隊（隊長Ｍ中尉）。砲兵軍曹ＫＧ以下五名は鮮人六名（氏名不詳）を射殺した。」「上記軍曹以下、巡察中、大島町丸八橋付近に於いて、自警団より怪しき鮮人潜伏ありとの申告に基づき、砂町小学校付近の長屋床下より鮮人六名を探し出したるに、該鮮人は何れも爆弾様のものを携帯し居り、内一名は民衆に之を投げつけ付近河中に飛び込みたるを以てこれを射殺し、残余の鮮人五名は、更に民

出動した戒厳軍は、救護でなく戦闘態勢であった。
「写真で見る日韓政治外交秘録」日韓広報センター（日本版
1967.1.15）

衆及び軍隊に爆弾を投げつけんとしたるにより、自衛上止むを得ずこれを射撃し、死に至らしめたるもの也」。

目撃証言では、朝鮮人たちは、「後ろ手に縛り付けられて、しかも数珠つなぎになって打っ倒されていた」ので、一切反抗などできない状況であった。それが、「事件調査表」では、「何れも爆弾様のものを携帯し」て、武装攻撃してきたことにされている。つまり、「衛戍勤務令」の「第十二条　兵器を用ゆるにあらざれば鎮圧するの手段なき時」が適用できるように、作為されたのである。関東大震災時に、爆弾で武装攻撃してきた朝鮮人グループなどは実在せず、デマであった。彼ら朝鮮人は、日本人同様に救済されるべき大震火災の被災者であった。

（4）　銃剣で突き殺し、死体は、側の兵隊が積み重ねた

これは、警察と軍隊が一緒になって朝鮮人同胞を殺戮した出来事に遭遇した朝鮮人全虎巌氏の体験である。

「大正12年9月1日11時58分、私は、ヤスリ工場で仕事中でした。……あちこちで朝鮮人殺しの噂が頻繁に伝わってきました。工場の人たちは、私に外に出たら危ないから家の中にいるようにと言って無理に押し込み、外で見張りまでしてくれました。三日の昼頃になって、このままでは危ないし警察が朝鮮人を収容し始めているから、其処へ行った方が安全だという事を聞き、工場の友人たち十数人が私を取り囲み亀戸警察へ向かいました。街に出てみると道路の両側には武装した自警団が立ち並び、兵隊も出動していて険悪な空気が充満していました。そして、連行される同胞が、道で竹槍などで突き刺され、殺された死体があちこちにありました。私も何度か襲われましたが、やっとの思

いで午後三時ごろ、亀戸警察署に着きました。すでに道場は朝鮮人同胞で一杯でしたので、私は隣にある二階の講堂に入れられました。夜十時過ぎ頃には此処も超満員になりました。全部で千人は超えたと思われます。入口には巡査が立って警戒しました。中国人は全部で五十人ほどでしたが、道場

戒厳軍に捕らえられ、移動中の朝鮮人たち。兵士の荷物を担がされていたようである。(1923.9)。「写真で見る日韓政治外交秘録」日韓広報センター（日本版1967.1.15)

と講堂の間の通路に座らされました」。

　「四日明け方三時頃、階下の通路で二発の銃声が聞こえましたが、それが何を意味するのか判りませんでした。朝になって立ち番をしていた巡査たちの会話で、南葛労働組合の幹部を全員逮捕してきて、まず二名を銃殺した。ところが民家が近くにあり、銃声が聞こえてはまずいので、残りは銃剣で突き殺したという事を聞きました。……朝になって我慢できなくなり、便所へ行かせてもらいました。便所への通路の両側には、すでに三、四十の死体が積んでありました。……虐殺のことが分かって収容された人びとは目だけぎょろぎょろしながら極度の不安に陥りました。誰一人声を立てず、身じろぎもせず、死人のようにしていました。虐殺は四日も一日中続きました。目隠しされ、裸にされた同胞を立たせ、拳銃を持った兵隊の号令の下に銃剣で突き殺しました。倒れた死体は側にいた別の兵隊が積み重ねていくのを、この目ではっきり見ました。四日の夜は雨が降り続きましたが、虐殺は依然として行われ、五日の夜まで続きました。……」。

　「虐殺は五日の夜になってピタリと止まりました。巡査の立ち話から聞いたことですが、国際赤十字、その他から調査団が来ると言うことが虐殺を止めた理由だったのです。六日の夕方から、すぐ隣の消防署の車二台が何度も往復して、虐殺した死体を荒川の四ツ木橋のたもとに運びました。後から南葛の遺族

から聞いたことですが、死体は橋のたもとに積み上げて（死体の山二ツ）、ガソリンで焼き払い、そのまま埋めたそうです。その後、私は遺族に連れられて現場に行き、死体を埋めた跡を実際に見ました。死体を運び去った後、警察の中はきれいに掃除され、死体から流れ出した血は水で洗い流し、何事もなかったかのように装われました。調査団が来たのは七日の午前中でした」。

　「虐殺を免れた同胞は七日の午後、警察の庭に集合させられました。そして、何の説明も受けずに亀戸の駅に行き、線路伝いに歩かされました。私たちの周りは武装した騎兵が取り囲み、重々しい空気が流れていました。私は、一人一人殺すのが面倒くさくて機関銃などで一度に殺す目的でどこかへ連れていくのだとしか考えられず、足が地に着きませんでした。私たちは習志野まで歩かされました。習志野には十一月まで居て、さらに青山の練兵場に移されました」。

　（李珍珪編「関東大震災に於ける朝鮮人虐殺の真相と実態」朝鮮大学校1963.8.10）

　さて、亀戸警察署を管轄にしていた戒厳軍は、習志野騎兵十三連隊である。戒厳軍公記録**「震災警備の為兵器を使用せる事件調査表」**には、労働運動活動家や警察が制御できなかった自警団員を殺害した事件は記載されているが、朝鮮人虐殺については一切記録が無い。十三連隊の兵士が「鎮圧のために止む無く」殺戮した労働運動家や自警団員を、「（亀戸警察署が）震災死亡者数百名死体とともに火葬したり」と記載されているが、この「震災死亡者数百名」が、虐殺された朝鮮人犠牲者の可能性が大である。何故なら、以上の朝鮮人**全虎巌**氏の目撃証言を裏付ける、もう一つの目撃証言と一致するからである。「第三

朝鮮総督府管理「青山練兵場バラック収容所」に集められた朝鮮人たち（1923.9）。李珍珪編「関東大震災に於ける朝鮮人虐殺の真相と実態」朝鮮大学校（1963.8.10）

章虐殺犠牲者数は如何に把握されたのか」の「2.虐殺された朝鮮人死体は率先して焼却隠蔽された」にて記述した、亀戸警察署の警察官たちが数百人の朝鮮人の死体を焼却処理する現場が目撃された場面である。一部分だけ再録しよう。

　「（九月）四日の朝。三、四人の巡査が、荷車に石油と薪を積んで引いてゆくのと出会った。その内、友人の丸山君を通じて、顔なじみの清一巡査がいたので、二人は言葉を交わした」「『石油と薪を積んで何処へ行くのです』『殺した人間を焼きに行くのだよ』『殺した人間…』『昨夜は人殺しで徹夜までさせられちゃった。三百二十人も殺した。外国人が亀戸管内に視察に来るので、今日急いで焼いてしまうのだよ』『皆、鮮人ですか』『いや、中には七、八人社会主義者も入っているよ』「……清一巡査に教えられた場所に行った時、……そこに、**二三百人の朝鮮人、支那人らしい死骸が投げ出されていた。**（「正岡高一氏の供述」聞き取りの弁護士、松谷與二郎、山崎今朝弥。「種蒔き雑記」1924.1.20）。

　朝鮮人三百余人もの死体を焼くために薪と石油（灯油）を運んでいた清一巡査は、亀戸警察署勤務であった。視察に来る外国人とは、国際赤十字のことであり、全虎巌氏の証言と合致する。加えて、戒厳軍公記録**「震災警備の為兵器を使用せる事件調査表」**に記されていた、「震災死亡者数百名の死体とともに火葬した」の震災死亡者数百人が、実際は、亀戸警察署にて虐殺された朝鮮人犠牲者であることが裏付けられたわけである。

（5）　警察は、自警団による朝鮮人虐殺を野放しにした

1. 警察署の貼紙「不逞鮮人の暴動を警戒せよ」

　「ともかく神楽坂警察署の前辺りは、ただ事とは思えない人だかりであった。自動車も一時動かなくなってしまったので、私は車から降りて、その人だかりの方に近寄って行った。群衆の肩越しにのぞき込むと、人だかりの中心に二人の人間がいて、腕をつかまれてもみくしゃにされなから、警察の方へ押しこめられているのだ。別に抵抗はしないのだが、取り巻いている人間の方が、ひどく興奮して、そのためにかえって足が進まないのだ。

　群衆の中に、鳶口を持っている人間がいた。火事場のことだから、鳶口を持っている人間がいても別に不思議ではない。私は、地震と火事のどさくさにまぎれに空き巣でも働いていた人間が捕まって、警察へ突き出されるところだな

神楽坂警察署に収容された朝鮮人たち。警察・収容所とて安全な場所ではなかった。「写真で見る日韓政治外交秘録」日韓広報センター（日本版1967.1.15）

と推測した。突然、鳶口を持った男が、鳶口を高く振り上げるや否や、力任せに捕まった二人の内、一歩遅れていた方の男の頭めがけて振り下ろしかけた。私は、『あっ』と呼吸を飲んだ。『ゴツン』と鈍い音がして、殴られた男は、よろよろと倒れかかった。峯打ちどころか、まともに刃先を振り下ろしたのである。『ズブリ』と刃先が突き刺さったようで、私は、その音を聞くと思わず声をあげて、目を瞑ってしまった。不思議なことに、その凶悪な犯行に対して、誰も止めようとしないのだ。そして、まともに鳶口を受けた、その男を担ぐようにして今度は急に足が速くなり、警察の門内に押し入れると、大勢の人間がますますと狂乱状態ににになって、ぐったりしてしまった男を殴る蹴る、大暴れをしながら警察の玄関の中に投げ入れた。警察の中は、妙にひっそりしていた。やがて大部分の人間は殺気立った顔でガヤガヤと騒ぎながら、どこともなく散っていった。酷いことをすると非常なショックを受けた私は、その時初めて、『鮮人』という言葉をちらりと聞いた。この言葉を現在朝鮮の人々が嫌っていることはよく知っているのだが、この場合あえて使わしてもらいたい。

　人もまばらになった**警察の黒い板塀に大きな張り紙がしてあった。それには警察署の名で、麗麗と『目下、東京市内の混乱に付け込んで不逞鮮人の一派が至る所で暴動を起こそうとしている模様だから、市民は厳重に警戒せよ』と書いてあった。**鳶口をまともに頭に受けて、殺されたか、重傷を負ったかしたに違いない、あの男は朝鮮人だったのだなと初めて分かった。場所もはっきりしている。神楽坂警察署の板塀であった。時間は、震災の翌日の九月二日昼下がり。明らかに警察の名によって紙が貼られていた以上、ただの流言とは言えない。……

　しかし、夕方になると、悪夢が追いかけてきたように半鐘が鳴り、『爆弾を持った不逞鮮人が隊を組んで、多摩川の二子の方面から街道伝いに襲撃してくる』という報知が大声で伝えられてきた。……爆弾を持っている。また彼らは

至る所に放火し、井戸に毒薬を投入している。**半信半疑の人たちも、警官が動き、軍隊が動いたのを見て、最早、それらの情報を信じるほかなくなっていた。**……

　私が三日に見聞きした処では、民衆の興奮から保護するために、朝鮮の人々を集めて、トラックに乗せて警察に連れて行ったという筈だったのである。私も、それらしいトラックを一台見た。ところが、四日の深夜には、亀戸警察署で、平沢計七ら九名の『社会主義者』が大勢の朝鮮人と共に警察の手で虐殺され、なお、その中には、日本人の自警団員や中国人も居たと言う事件が起こっていた。（下略）」　　　（中島健蔵「昭和時代」岩波新書 1957）

2. ㊙通達「警察官は、不逞鮮人の真偽を言わザル🐵」

　1923 年には、婦人参政同盟結成（2/2）、普通選挙即行二万人行進（2/23）と国政への参加の動向があった。前年の全国水平社設立に続き、関東水平社が設立され、人権侵害・差別を自ら解決する運動体が組織された（3/23）。年少者・女性の深夜就業を禁止する工場法改正（3/30）、第四回メーデーが全国主要都市で実施され、朝鮮人労働者も参加した（5/1）。このような民主運動・労働運動の高まりを警戒した官憲警察は、特に天皇制軍国主義・植民地支配に反対し、平和と社会変革を求めることに対して、呵責なき罪科を問い、弾圧を加えてきた。特に、第一次共産党事件（6/5）は、佐野学、堺利彦、野坂参三、徳田球一、山川均など共産主義者八十余人が一斉検挙された。

　九月、関東大震災時に於ける「朝鮮人、社会主義者による暴動・襲撃」との流言蜚語は、この官憲が進めてきた取り締まりの方向へ民衆を加担させ暴動化させた。戒厳令下に、憲兵や警察に拘引された労働運動家、民主主義・社会主義者は七百余人に及んだ。しかし、朝鮮人による「暴動・襲撃」「放火」「井戸に毒薬」など、いずれも事実無根で実態がないことで

第一次共産党事件、東京地裁での公判。
「1923日録20世紀」講談社（1997.9.9）

あった。社会不安の鎮静どころか、朝鮮民族大虐殺（ジェノサイド）と言う国家犯罪を引き起こした。官憲の護持する植民地支配の帝国主義体制を揺るがす社会問題を招いた。

急ぎ取り繕うべく、戒厳軍司令部、政府官憲（内務省、警視庁、東京市）の実務代表が合議したのが、九月五日、震災救護事務局警備部の会合に於ける「極秘　鮮人問題に関する協定」とされる。「鮮人問題に関し、外部に対する官憲のとるべき態度」として、次の二点を確認したとされる。

「第一、朝鮮人の暴行または暴行せんとしたる事例は多少ありたるも、今日は全然危険なし。而して一般鮮人は、皆極めて平穏順良なり、……皆、混乱の際に生じたるものにして鮮人に対し故意に大なる迫害を加えたる事実なし。世上伝うるところは、すべて根拠なき流言浮説にすぎず」「**第二、朝鮮人の暴行または暴行せんとしたる事実を極力捜査し、肯定に努ること。**」（海軍省震災関係文書、現在は非開示である）

要旨は、朝鮮人虐殺事件を惹起したことに対する官憲・軍部側の責任を逃れるために、政府・官憲・戒厳軍が、「朝鮮人暴動」がデマであるとの事実を認識統一して、朝鮮人虐殺事件を頻発させた失態を後始末する情宣と行動をとり始めたわけである。「朝鮮人は『不逞＝悪者』としていたが、実は『平穏順良』である」ということを今後は「事実・真相」とする見解を申し合わせた。朝鮮人虐殺を引き起こした顚末を、すべては震災の混乱に生じた流言「朝鮮人暴動」が要因であるとして、しかも流言が生じたのは、朝鮮人側にもそのような行動を成す者が多少出てきたのが要因だとする。その要因を証する為に、朝鮮人の悪事も検挙しておくことにしようとした。広報としては、一般（大多数）の朝鮮人は平穏順良なので、迫害してはならないと宣伝する。以上のような打ち合わせを成したというのである。

ところが、この九月五日は、「不逞」朝鮮人や社会主義者などを摘発するためとして、東京・横浜の市中各所に、戒厳軍・警官隊が検問所を設けた時であり、自警団も協同して街頭で誰何検問を実施して、「不逞」朝鮮人対策への万全の監視体制が布かれた時であった。検問で、朝鮮人と見なされれば、拘束されて警察に送られるか、殺傷されたのである。

したがって、戒厳軍・政府・官憲警察の実務代表者が、朝鮮人は、「不逞に非ずして、平穏順良なり。保護せよ」という、真逆の修正を為した指令を出すことを確認したのは遅きに失した。真っ先に動いた東京の警視庁でも、具体的に、**「朝鮮人保護に関する通達」**を各警察署に指令したのは、九月九日（木下

刑事部長より）、十日（正力官房主事より）であった。先述した「**警視庁㊙通達綴**」から引用した「通達」要旨は次の通りであった。

「極度に興奮せる民衆に於いて何らの兇行無き温順なる多数の鮮人、特に忠良なる親日鮮人に甚だしき迫害を加え、……極めて遺憾とするところ也。この時に当たり、警察官憲に於いて、これら無辜の被迫害者、

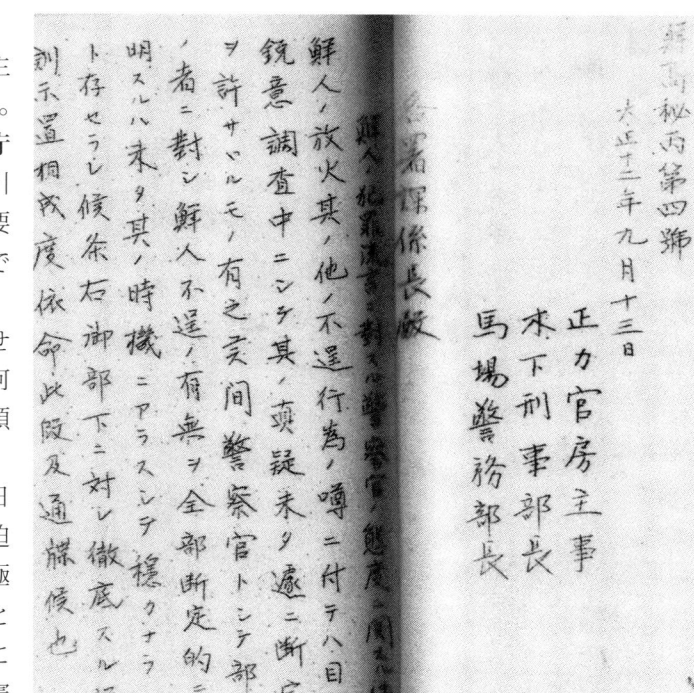

「鮮人の犯罪流言に対する警察官の態度に関する件」1923.9.13
「警視庁㊙通達綴」より

隣り合うべき新付の民を保護し救済するは人道上、また国際上喫緊当然の義にして、さらに日鮮融合の上に於いても多大の努力を払うべきは自明の理なり」。

　この「何らの兇行無き温順なる多数の鮮人、特に忠良なる親日鮮人」との但し書きに注目されたい。戒厳軍・警察が先頭に立ち、取り締まってきたのは「不逞」「兇行」をなした朝鮮人であり、それへの協力を自警団にも要望したが、「極度に興奮した」自警団は、極端化して朝鮮人なら、誰でも彼でもすべて「不逞の輩」と決めつけて迫害してきた行動は過ちとして鎮静化させよと言う指令である。

　当初、警察も流した「不逞」朝鮮人が「暴動・襲撃」「放火」「井戸に毒入れ」した等の流言蜚語が、事実でなく、実証されていない全くのデマであると、官憲警察の本部は最後まで断言しなかった。そして、流言も、それに煽られた自警団よる朝鮮人への迫害も阻止しなかったのである。一方で、戒厳令下に於いて、労働運動、社会主義、民族運動の活動家を、社会の安寧秩序を乱す企てを

したと次々と拘束し、騒乱の冤罪を仕立て上げていくのである。

さて、「**警視庁㊙通達綴**」から引用した次の通達「**鮮人の犯罪流言に対する警察官の態度に関する件**」を読んでいただきたい。警視庁から警察官に徹底したことは、朝鮮人が犯罪を行ったという流言については、調査中（有罪かもしれない）なので、警察官は、それが真偽かどうか、「見ざる🙈言わざる🙊聞かざる🙉」の態度を執れと、部下に徹底させた指令である。九月十三日になっての通達である。

鮮高秘丙第四号　　　　　　　　　大正十二年九月十三日

正力官房主事、木下刑事部長、馬場警務部長

各署課係長殿　　　「**鮮人の犯罪流言に対する警察官の態度に関する件**」

鮮人の放火、その他の不逞行為の噂に付いては、目下鋭意調査中にして、その真偽、未だにわかに断定を許さざるもの有之候間、警察官として、部外の者に対し、鮮人不逞の有無を全部断定的に宣明するは、未だその時機にあらずして穏やかならずと存せられ候条、右、御部下に対して徹底するよう訓示置き相成したし。命によって、此の段及び通牒候なり。

Ⅶ. 自警団による朝鮮人虐殺の実相

(1)　検挙された朝鮮人虐殺の犯罪は一部に過ぎない

　政府・官憲と戒厳軍は、植民地支配の皇民化政策を進めるうえで、当初のジェノサイド（朝鮮民族虐殺）から収容・監察へと方針を変更した。自警団の一部は、暴徒化して、官憲の制止に逆らい、警察署に収容されている朝鮮人たち、軍の収容所へと移送中の朝鮮人たちを襲撃した。官憲は、このような官憲の意向・権力に逆らった自警団に、「大部分は順良」な、無辜の朝鮮人たちを殺戮したとする罪科を押し付けた。この際の司法省発表の一部の自警団だけに限定した朝鮮人殺傷事件が、政府・官憲側の認めて公表する、朝鮮人被害者に関する公文書記録となった。報道許可が予告された、10 月 20 日、一斉に各新聞社が、内務省・司法省提供の内容を報道した。司法省が公表した朝鮮人犠牲殺傷者数265 名。多大の犠牲者を生じた横浜方面など僅か二名など、官憲側の恣意に基づき事件が検挙されており、正確性が無いのである。そして、先述したように、警察・戒厳軍による殺戮も、また警察官・戒厳軍兵士と一緒に行動した場合は、自警団員による殺戮も、全く罪科を問われず、公判に付される朝鮮人被害者人数に含まれていない。（参考；法務府特別審査局長吉河光貞「関東大震災の治安回顧」法務府 1949.9.1）

　ただ、検挙・公判の事件として公記録に記され、新聞報道されたため、詳細な資料が存在する。これ等を参考にして、特に、多数の犠牲者を生じた、埼玉県、群馬県、千葉県に於ける暴徒化した自警団の実相を整理しよう。

(2)　埼玉県本庄事件；移送が妨害され、警察署が襲われた

　先ず、「大阪毎日新聞号外」大正 12（1923）年 10 月 20 日である。「左に報道する事実は、人心動揺の折柄、新聞紙紙上の報道を差し止められていたのであるが今回禁止解除となったものである」との前置きで報道された。次に、見出しと要旨のみを抜粋して記載する。「**流言に禍された震災地　各所で多数**

関東震災朝鮮人犠牲者慰霊碑 「痛恨の中にも、……日朝友好と世界平和のために献身することを地下に眠る犠牲者に誓う。1959年秋」（埼玉県本庄市東台長峰墓苑）

の朝鮮人を殺害す。**人心沈静と共に司法当局の大検挙**」「『**不逞鮮人襲来**』の流言蜚語は、猛虎を市に放した如く随所の人心を惑乱恐怖せしめて自警団の組織となり、埼玉・群馬・千葉・神奈川の各県下では東京・横浜の大火は朝鮮人の所為と信ぜられ、遂に朝鮮人とさえ見れば悉くこれを殺人鬼視して到る所で流血の惨事を勃発した。非常大変の際とはいえ、返す返すも遺憾の極みである。」

「**埼玉県下、本庄町の大惨事、一挙八十六名を殺す。**（九月四日朝）……八十名の鮮人を満載した自動車二台が署の門前を出る頃には、手に手に日本刀・棍棒・手槍その他の凶器を持って殺気立った自警団員は自動車の前後左右を取り巻き……荒れ狂う自警団員は『朝鮮人の味方をする署長を殺せ』と突貫してきた」。

「殺到した数百の暴徒の為に蹂躙され、警官や消防隊員らは衆寡敵せず現場から追い立てられ、忽ち警察内は大修羅場と化し、只一人の鮮人が辛うじて逃走しただけで八十六人悉く殺害されてしまった。」

「**護送自動車二輌を包囲して忽ち殺戮、此処では死者三十五名**（九月四日午後一時）……埼玉県本庄町警察署を出発した護送貨物自動車が児玉郡可美村渡船場に至った処、既に浮説に惑わされ人心不安の極にあった同村民と利根川対岸の村民が、この一行を見て激昂し、竹槍・棍棒などを携えて喚声を挙げて殺到した……自動車を包囲し、鮮人を引きずり降ろし、騒乱三十分間に僅かに一

名を逃れしめたのみで他の三十五名（中に三日以来、同署の保護を受けていた秋田県平鹿郡横手町横荘鉄道株式会社技師長工学士遠武勇熊氏及びその他に東北人二名あり）は無惨にも殺戮されてしまった。方言で、「十五円五十銭」をスムーズに発音できなかった東北地方の人も朝鮮人とみなされて、犠牲になったのである。

　上記の本庄警察署への自警団による襲撃について、検事吉河光貞氏は、次のように記述している。「九月四日午後八時過ぎ、……二台の貨物自動車に鮮人数十名を乗せ……本所署内に入ってきたが、これに続いて鮮人十数名を乗せた先発の貨物自動車一台が……（移送の貨物自動車三台が襲撃され、辛うじて一台だけが）引き返してきて署内に入ってきた。」「（これらを鮮人襲来と誤解し）警鐘を聞き伝えた群衆は、陸続きとして同警察署付近に集合し、その数三千名に及ぶ状況であったが、同夜中から形成悪化し、忽ち同警察署内に乱入するに至り、翌五日午前中までの間にわたって、前記鮮人等が収容されていた演武場其の他を襲い、その床板を引きはがし、板塀を破壊したが、その間、熊手、日本刀、鉈、鳶口、長槍などの凶器を振るって、右朝鮮人約三十三名を殺害するなど騒擾を欲しいままにした」。（法務府特別審査局長吉河光貞「関東大震災の治安回顧」法務府 1949.9.1）。

　次に、自警団による本庄警察署襲撃事件に於ける朝鮮人惨殺で、唯一の生存者となった南廷冽氏の体験談を引用する。「（私は本庄寺岡町の萩原製糸工場で働いていたが、震災後、自警団が『働いてる朝鮮人を出せ』と押し掛けてきた。匿ってくれていた雇い主が、本庄警察署長に頼んでくれて、保護されることになった）四日の夕方、警察署の二階に保護されました。他の同胞は下の留置場に収容されていましたが、その殆どは、震災で避難していく途中を本庄駅で引き摺り下ろされた人たちのようでした。四日夜遅くなって、多数の自警団が日本刀や鳶口、猟銃などを手に持って本庄警察署を襲撃してきました。署長も、ずいぶん悪いことをしてきた男なので、恐ろしくなって逃げてしまい、他の警官たちも逃げて、署の中には私たち同胞だけが残されました。自警団は、収容されていた同胞を警察署の庭に引きずり出して、槍で突くやら、日本刀で斬るやら、あらゆる残酷な方法で虐殺しました。同胞の悲鳴は、私を恐怖のどん底に突き落としました。私は、二階の隅の方に身をかがめて、わなわなと震えていました。今にも二階へ駆け上がってくるような気がしてなりませんでした。後は、あまりの事態に殆ど失神したような状態でいました」。（日朝協会豊島支部「民族の棘……関東大震災と朝鮮人虐殺の記録」1973.9.1）

(3) 埼玉県神保原事件；トラックで移送中の朝鮮人を襲撃した

先に本庄警察署襲撃事件の説明に於いて、埼玉県警による朝鮮人伝遞移送として、本庄警察署からトラック三台で朝鮮人たちを群馬県へ移送しようとした。ところが、群馬県下の新町、藤岡町の自警団から、県境の神流川を越えることを阻止され、やむなく本庄警察署へ引き返そうとした。県境の埼玉県神保原村の自警団は、トラック三台のうち二台を捕捉し、制止しようとする警備の警察官を追い払い、乗っていた朝鮮人42名を虐殺してしまった事件である。

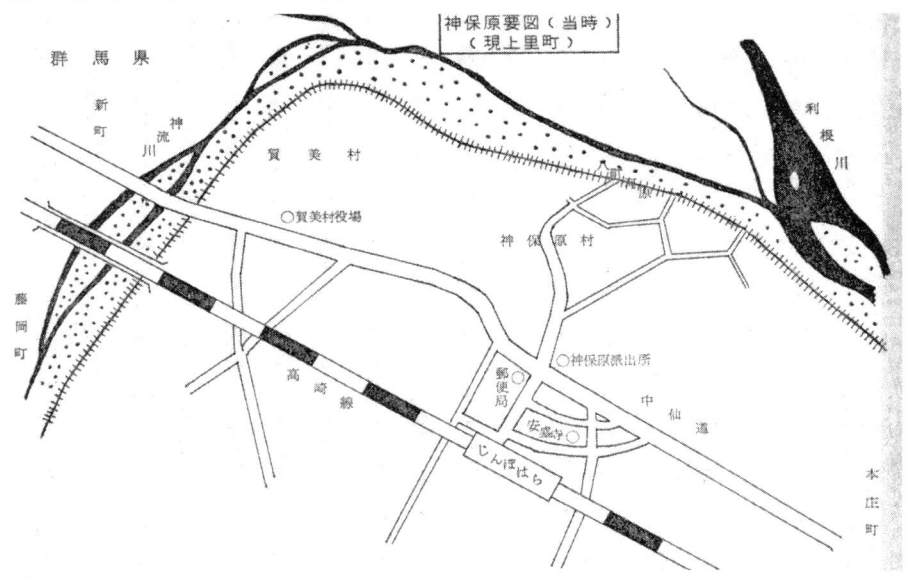

「神保原村地図」　トラック三台に、朝鮮人たちを乗せて、右の本庄町方面に向かう途中、神保原村自警団に襲撃された。中央の郵便局、派出所、安盛寺辺りが殺戮現場となった。

　埼玉県浦和地方裁判所の予審起訴決定の報道から、事件の要旨を抜粋する。
　「埼玉県児玉郡神保原村地方は、大正十二年九月一日の大地震により人心恟々として不安の念に駆られおる際、翌二日頃より神保原駅を通過する……多数避難者は、異口同音に、不逞鮮人が東京市大震災に乗じ爆弾を投下し、井戸へ毒物を投入し、または放火するなど暴虐所為を敢えてし、殆ど同市を全滅せしめ、多数市民を焼死せしめたるを以て、鮮人を発見次第復讐いたしてくれと悲痛なる絶叫をなしたる……」「同地方の民衆は、痛くこれに刺激せられ興奮の

極に達し、各自警戒中、同月四日……その鮮人を該三台の自動車に乗せ、同村より埼玉県児玉郡本庄町方面に連れ戻るべく、同日午後八時頃同郡神保原村大字石神地内中仙道国道にさしかかると、同村民は直に不逞鮮人が来たりたるものの如く誤信し警鐘を乱打せし……」

関東大震災朝鮮人犠牲者慰霊碑（埼玉県児玉郡上里町神保原安盛寺1952.4.20建立）

「群衆は集合し来たりて約一千人に達し、最初の該自動車一台は、その群衆中を突破したるも、後の二台の自動車は群衆が粗朶を道路に横たえ停車せしめたるより、極度に興奮セル被告らは、同夜中より翌五日午後四、五時頃に亘り、同所付近の安盛寺前道路に於いて、群衆と共に右鮮人等に暴行を加え騒擾を為すに当たり、……それぞれ乱撃して殺害し、以って各被告らは、右騒擾を他人に率先し助成したる者なり」。（「東京日日新聞」1923.10.22）

　なお、「埼玉県朝鮮人犠牲者調査・追悼事業実行委員会」によって、目撃者などの聞き取りをした記録が残されている。一例を引用抜粋する。

■「『アイゴー』と言う声が今でも耳に残っています」　神保原村　森村長治（63歳）

「当時、私は本庄中学の一年でした。私は、まさにそれぞれが棍棒などを持って、惨殺する状況を見ました。とにかく夜は夜でした。時間のことは判りません。私が現実に見たのは、追い返されてきたトラックが、郵便局の前で薪とか雑木を投げつけられて止められた後です。なにしろ盛んに石を投げる。それから段る。……それに対して、まるで無抵抗の姿でしたからね。殆どトラックから降りてくるものもありませんでした。……私が見たのはトラックが一台でした。数は判りませんが、女の人もいました。女の人が二人は現実に見ましたが、確かお腹の大きい人もいましたが、実に、非常にむごたらしい殺し方でね。私も、『アイゴー、アイゴー』という声が、今でも耳に残っています。それから、次の日辺りだったでしょうか。どっかから逃げ出してきて、小屋みたいな所に

いて、ふらふらと出てきた男が捕まりまして、本人は美術学校の生徒だと日本語で言っていました。それが安盛寺の山門の所で大勢に囲まれましてね、これも気の毒にその場でやられましたが、それも私は見ました」「事件の時、署長は来ていましたが、やっぱり石や何かを投げられましてね。当時、巡査部長の派出所がありまして、そこへ逃げ込んで、後どうなったかわかりません。もう一人、護衛の警官がかなりひどい目に合って、恐らく片目くらい潰されたんではないですか。私は見なかったんですが、この巡査が抜刀しかけたんで、『この野郎、お前も朝鮮人だ』と言うんで。なんかもう群衆の勢力に恐れをなして逃げて、そのあとどうなったかは判りません」

（4）　埼玉県熊谷事件；喊声をあげて朝鮮人に襲いかかった

　埼玉県警による朝鮮人伝遞移送が行われていた。伝遞移送とは、警察が移送する経路の村ごとに警護・連絡を援護する、「村送り」という分担であった。群馬県高崎方面に向けて、南の行田村、そして久下村、佐谷田村から熊谷本町が受け継ぎ、次は深谷村、本庄町方面へ引き渡す手筈であった。移送中の朝鮮人の護衛を受け継ぐ役割の熊谷本町の自警団が、警察官の制止を振り切って朝鮮人を殺害してしまった事件である。「東京朝日新聞」（1923.10.17）の記事を掲載しよう。

　「熊谷本町では五十八名惨殺、警官から奪い取って。寄居、妻沼でも暴虐。」

　「九月四日午後五時頃、東京方面で罹災した五十八名の労働者の一行が、市外板橋で臨時憲兵分遣所の取り調べを受け、その保護により、十二名の警官が付き添って高崎に向かうべく中仙道から午後七時ごろ熊谷本町通りに辿り着いた。しかるに、同町の消防組を中心とする自警団員を始め付近村落の若者らは、日本

熊谷本町では 五十八名惨殺
警官から奪ひ取つて
寄居、妻沼でも暴虐

「熊谷本町では、五十八名惨殺」（1923.10.17「東京朝日新聞」）

刀、棍棒、竹槍などを携え、突如喊声をあげて一行を襲撃し、たちまち、切る殴るの暴挙に出で、悲鳴を上げて逃げ惑う者を容赦なく熊谷寺付近まで追跡して、遂に道々全部を惨殺し、警官らも、なす術を知らず。町民等も、この惨状に顔を背けるばかりであった。血に塗れた五十八名の惨殺死体は、同夜、新井助役が一同を指揮して、荷車で柳原墓地に運び、翌朝までに焼却した……」。

　先述したように、「埼玉県朝鮮人犠牲者調査・追悼事業実行委員会」の取り組みによって、目撃者など関係者の聞き取りをした記録がまとめられている。一例を引用抜粋する。

■「殺すたびに万歳の喊声が上がるのです」　柴山好之助（七十歳）

「私は、『わぁー』という喊声を聞いて、陣屋町から表通り（中仙道）へ走っていきました。小此木園の所で、綱で縛られて護送されている朝鮮人に出会いました。今でも一番印象に残っているのは、朝鮮人の背中にみんな竹槍が刺さっている事です。生の竹を斬り、油で焼いたものですから、武器としては鋭利なものです。あらかじめ用意してあったわけです。その時、朝鮮人は少なくとも七、八人はいたでしょう。それまでに、久下の蓮池、左富士の酒屋付近、熊谷町の入り口でそれぞれ殺され、警察の前では十六人も殺されていました。そして、その残りが目の前でやられるのを私は見たわけです。その時、熊谷寺に避難民が居るから、寺の庭へみんな連れて行けと言いました。つまり、地震と朝鮮人にやられて東京から避難してきた人たちが寺にいるから、そこへ優先的に連れて行き、仕返しをしようと言うことでしょう」「私は、小此木園の所から

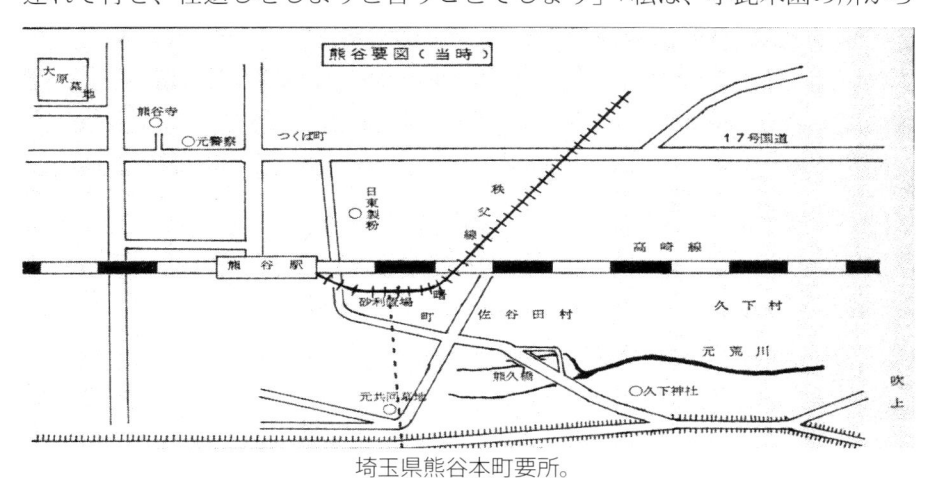

埼玉県熊谷本町要所。

供養塔（熊谷市熊谷寺大原墓地）

熊谷寺まで、後に付いていきました。熊谷寺では、生から死まで見ました。寺の庭では、一人の朝鮮人を日本人がぐるっと取り巻いたグループが五つほどできました。そして殺すたびに『わぁーわぁ』『万歳　万歳』と声が上がるのです。私の見ていたグループは三四十人くらいで朝鮮人を取り巻いて、まるで獲物でも捕まえたようでした。『お前、どこから来たんだ』『東京の本所のガラス工場に勤めていた職人です。私は何もしていません』『いや、おまえはやったろぅ』というわけです。その朝鮮人は四十歳位でした。そのうち、気の早い奴が、竹槍を脇腹へ突き刺しました。『痛い』と言う処を反対側から、また竹槍です。それで、ぐずぐずと潰れてしまいました。するともう竹槍、日本刀、野球のバット、棍棒で滅多打ちです。私は、血が跳ねるし、危険なのでそれまでで帰りました。」。

（5）　埼玉県「通牒」；「不逞鮮人へ一朝有事の対策を講じよ」

　瓦礫の焼跡と化した東京、横浜の周辺地域へも、「朝鮮人が暴動」との流言蜚語は広がったが、都内から避難してきた人々から直接聞かされた「朝鮮人が暴動を起こして、爆弾を投げ放火した」「東京から焼きだされて避難してきた。こちらにも不逞朝鮮人が来襲してくる」との伝聞は真に迫って、信じ込ませた。

　また、埼玉県では、役所から、「不逞朝鮮人が来襲する恐れあり、自警団を組織して備えられたい」との緊急通牒が、県下各町村へ連絡廻覧されて、「朝鮮人を憎悪する」武装自警団の結成がなされていた。それは、内務省後藤警保局長が、各府県知事あてに送信した「大震火災の東京で、不逞朝鮮人が暴動、各地でも対処されたい」との電文を受けたことを、さらに補足する別の情報があったからである。

　実は、埼玉県では、九月二日、早川三郎地方課長が東京に出かけて内務省で打ち合わせして戻り、「朝鮮人暴動」の件も、香坂内務部長に報告した。友部

警察部長とも協議して、香坂内務部長命で、各郡役所に電話にて至急通牒を行った。郡役所から各町村へと廻った。その「不逞鮮人に関する件」との県下に触れ回った通牒は、自警団が朝鮮人虐殺事件で裁かれた法廷に証拠提出された。即ち、

「庶発第八号。大正十二年九月二日。埼玉県内務部長。

郡町村長宛、**不逞鮮人に関する件**。移牒。今回の震災に対し、東京において不逞鮮人の妄動之有、またその間、**過激思想を有する徒**これに和し、以て彼らの目的を達せんとする趣及聞、漸次その毒手を振るわんとするやの倶有之候については、此の際、町村の当局者は、在郷軍人分会、消防隊、青年団は、一致協力して、その警戒に任じ、**一朝有事の場合には、速やかに適当な対策を講ずるよう**、至急相当御手配相成りたし。右はその筋の来牒により、此の段及び移牒候也。」。

「庶発第八号二。大正十二年九月四日。北足立郡役所。

尾間木村長殿、　　**鮮人彷徉警戒に関する件**。　　標記の件に関し、本月二日付け庶発第八号を以て及び内牒候処。右は鮮人彷徉に関し、単に相当警戒を加えうべき趣旨に有之候処、しかるに鮮人その町村に立ち入る時は、不逞鮮人と否とに拘わらず直に危害を加えたる事実有之。哉に聞き及び候えども、かくては甚だ穏やかならざる儀に有之候、右様の不都合、これなきよう充分御留意相なりたし。不逞鮮人に付いては、軍隊及びその筋に於いて警戒を加えおるを以て、容易に町村に立ち入るが如きことこれ無しと存じ候条、よく警官と打ち合わせの上、不祥事を惹起せざる様、篤とお心得の上、在郷軍人分会、消防手、青年団などに対しても、その旨直に御示達相なりたし。此の段、通牒候也」。

「右の通り、その筋より通牒に接し候条。充分に御留意ありたし。依頼に及び候也。

最も多かった暴行の埼玉縣では自警團にこういふ通牒を發した

自警團の暴行は埼玉縣が一番多く被害者百六十名に上つてゐるが何故斯くの如く埼玉縣が恐ろしかつたかについて聞くところによると同縣では左の如き通達文を各町村長に該して自警團はこれに激成されてこの恐るべき犯罪を行つたもの

らしいその通達文は左の如くである

『六十四字は特に抹殺す』に関する前牒

今回の震災に際し東京において不逞鮮人の妄動又その間過激思想を有する者これに和し以て彼等の目的を達せんさするやに

「埼玉県通達文」（1923.10.20「河北新報」）

大正十二年九月五日、　尾間木村長　岡村俊太郎。　　各区長、消防役員御中」。

（「かくされていた歴史」関東大震災五十周年朝鮮人犠牲者調査・追悼行事実行委員会 1974.7.1）。

(6)　群馬県藤岡署事件；保護されていた朝鮮人を惨殺

「大阪毎日新聞号外」（1923.10.20）の報道は続いて、群馬県下である。

「群馬県下、凶暴を極めた藤岡町の群衆。一鮮人が町内の井戸へ毒薬を投入したと信じたのが、起因……二百余名の大衆が留置場を破壊、一時間半の間に十四名を惨殺す。

（九月三日）正午頃、多野郡鬼石町の自警団は、同町で挙動不審の朝鮮人一名を発見、取り押さえて藤岡町藤岡警察署に拉致してきたので、同署長設楽警部らが取り調べた処、何ら怪しい点無くそのまま放還した。この事を聞いた藤岡町の自警団員は、『井戸に毒薬を投入するほどの者を警察が放還するとは何事だ』と激昂し始めた」「……（九月五日早朝）神流川砂利会社及び鉄道省請負鹿島組では、その他使役していた朝鮮人十四名を一先ず藤岡町警察署に保護を託す……同署でも妥当の申し出と認め、保護を引き受けることとなり、一応十四名を同署留置場に収容した」「然るに、此の事を藤岡町の青年団員が聞き込み……鮮人引き渡がたを交渉した。……午後六時となるや、同署内へは青年団員その他二百余名の群衆が潮の如く殺到し来たり。『やってしまえ』と何者かが怒号するや……用意し来った猟銃・竹槍・日本刀を振りかざし、同署構内左裏手の留置場を目がけて突進し、留置場を破壊し始め、一方巡査の手より留置場の鍵を奪取し来りて遂に留置場入口を開放した。この襲撃に恐怖した鮮人は、戸が開くや外に飛び出し、猿の如く留置場の屋根によじ登った。自警団側は逃してはならぬと梯子を掛けて、これまた屋上に馳せ登り、竹槍・日本刀で襲いかかり、下よりは猟銃を発射するもあり、前後一時間の間に十四名全部を殺害し、喚声を挙げて引揚げ、官憲は手の下しようもなかった。留置場裏手は広い墓地で、浅間山上から投ずる月光に十四個の死体を照らし、凄惨な光景であった」「……六日夜、第十四師団の命を受け、

関東震災朝鮮人犠牲者慰霊之碑（1957.11.1群馬県藤岡市成道寺）

高崎歩兵第十五連隊約百名出動し来たので、これには自警団も抗しがたく三々五々解散するに至った。七日朝、前橋、高崎両地方裁判所検事局の検事立ち合い死体を検視し、身元調査不能の為、同町火葬場に運搬、火葬に附した」。

「同月十五日に至り、漸く加害者検挙の方針立ち、当時凶器を所持していた者を全部物色し、拘引することとなり、前橋、高崎両検事局は、十九日、検事に総出動を命じ、以来十月十四日までに三十八名を前橋刑務所に収容したが、真に下手人と目せられるのは左の二十名である（下略）」

（なお、殺害された朝鮮人たちは、神流川砂利会社及び鉄道省請負鹿島組で働いていたため、氏名が判明しており、同紙面に掲載されている。追悼の為、次に転記しておく）「慶尚北道禮泉郡甘泉面敦山洞金本二郎こと金東元（27）、同大田五郎こと趙庭遠（44）、同金田重一こと金日鉉（41）、同春山清吉こと金日出（29）、南成奎（38）、慶尚北道尚州郡山本仙一こと金仁唯（22）、同陽南面福本二郎こと許白南、同浦洞榮二上音吉こと君声今（34）、同松山金太郎こと李相浩（26）、同金川四郎こと金三善（28）、池村花吉こと金斗量（23）、慶尚南道晋州面趙李九（37）、同泉曲野（24）、溝道郡芮相呻（27）、金岡清（27）」。

（7）　千葉県船橋事件；護送中の朝鮮人たちを襲撃した

「大阪毎日新聞号外」（1923.10.20）の報道は続いて、千葉県下である。

「千葉県下、船橋町の襲撃、習志野へ護送の途中。夥しい加害者の頭数」

「千葉県船橋町の北総鉄道会社では、本年一月頃から鮮人工夫約五百名を使用し、その内百五十余名は船橋付近に滞在していたが、震災から流言蜚語が盛んとなり危険に瀕したので、軍隊其の他はこれを保護するために習志野原東廠舎に収容することとなり、三十名、五十名宛を一団として同所に送った。一方、船橋町消防組からなる自警団では、四日午後一時某方面から『只今、不逞鮮人が二三名、汽車で千葉方面に向かったから、取り押えてもらいたい』旨の連絡を受けた……逃走したので、警鐘を乱打し団員の総動員を行い、

関東大震災犠牲同胞慰霊碑（在日朝鮮人連盟1947.3.1千葉県船橋市馬込霊園）

百五十余名は、各々獲物を持って捜索中、あたかも騎兵五名に引きつられてきた鎌ケ谷村西米野に居住鮮人三十八名（男36名、女1名、子ども1名）に出会い、それとばかり取り巻いて、誰が先に手出しをしたともなく、二三名を竹槍で突き殺し、次いで大部分を殺害した。同日、また鮮人工夫十三名を同村自警団員が習志野へ護送する途中、中山村字北方地先に差し掛かった際、中山村自警団が襲ってきて、一同を惨殺し、さらに後から避難してきた三名をも同じく殺害した。犯人は、その後検挙されて目下千葉刑務所に収容されているが……」。

（流言に惑わされた暴徒から保護するため、警察署・習志野連隊へ護送・留置された者への襲撃である。このような新聞報道は、司法当局が検挙した、流言による朝鮮人虐殺が明白に立証され、犯人が検挙・逮捕された一部にして、この残虐非道ぶりである）。

千葉県船橋事件については、実は、現場で自警団の暴挙を制止しようとした警察官たちが居たのである。渡辺良雄氏（船橋警察署）の体験談を引用する。

「大正12年9月4日、午後一時頃、元吉署長から『北総鉄道工事に従事していた朝鮮人が鎌ケ谷方面から軍隊に護られて船橋に来るが、船橋に来ると皆殺しにされてしまうから、途中で軍隊から引き継いで習志野の捕虜収容所に連れていくように』と命ぜられた。私と他数人の警察官が出かけていき、天沼の付近まで行くと、騎兵が前後について、手をしばられている朝鮮人約五十人くらいが列をなしてやってきた。私たちは、その騎兵に手を広げて『この人たちを我々に渡してくれ。』とお願いした。すると、騎兵隊は『船橋の自警団に引き渡せと命令を受けてきたので、駄目だ』と聞き入れてくれなかった。『もし船橋に行くと皆殺しにされるから、引き渡してくれ』と押し問答をしているうちに、丁度その時、船橋駅付近で列車を止めて検索をしていた自警団や、避難民の集団に発見された。警鐘を乱打して、約五百人くらいの人たちが、手に竹槍や鳶口などを持って押し寄せてきた。私は、他の人たちに保護を頼んで、群衆を振り分けながら、船橋警察署に飛んで戻った。署について、元吉署長にその状況について報告すると、署長は、「警察の力が足りないので致し方ない。引き返して状況をよく調べてきてくれ」と命ぜられた。私が、すぐ引き返していくと、途中で『万歳！』『万歳！』と言う声がしたので、もう駄目だと思った。現場に行ってみると、地獄の有様だった。保護に当たっていた警察官の話では、『本当に、手の付けようがなかった』とのことであった。調べてみると、女三人を含め、五十三人が殺され、山のようになっていた。人間が殺される時は、

一ヶ所に寄り添うものであると思い、涙が出て仕方がなかった。後で判ったことであるが、船橋の消防団員一名が、朝鮮人の子供二人を抱えて助け出し、逃げて警察に連れてきたとのことだった。少しは人の情というものが残っていたと思った。五十三人の死体は、付近の火葬場の側に一緒に埋めたが、その後、朝鮮の相愛会の人たちが来て調査をするとのことで、死体を焼却して散乱してしまった。（「関東大震災と朝鮮人資料編第二集」千葉県に於ける関東大震災と朝鮮人犠牲者追悼調査実行委員会 1979.9.1）

（8）　千葉県我孫子町自警団は、逃走の朝鮮人を惨殺した

　治安警察の記録に記された千葉県我孫子町の自警団が引き起こした朝鮮人虐殺事件である。

　「九月三日午後三時頃、東葛飾郡富勢村の消防組員数名が、鮮人三名を取り押え、我孫子町の警戒本部である同町八坂神社境内に拉致してきたので、これを取り調べたところ、その挙動、言語が曖昧であったため、同所に集合していた数百名の自警団群衆は、これら鮮人を不逞鮮人と妄断して、憤激のあまり、『遣っちまえ』と喧噪し、棒その他の凶器を振るって右鮮人三名を殴打し負傷させた。しかし、群衆は、警察官などの制止により、一時暴行を中止し、右鮮人等を同神社境内に留置したが、同日午後九時ごろに及んで、該鮮人二名が警戒のすきを窺って逃走したため、同夜十一時になってこれを知った百余名の自警団群衆は、非常な不安を感じ始め、寧ろ同所に残った鮮人一名を殺害して逃亡の不安を除くにしくはないと考え、たちまち『遣ってしまえ』と鬨声を揚げ、棍棒などを以て同人を撲殺してしまった。次いでその夜、群衆は警戒の為、徹宵逃走した鮮人二名の捜索に従事し、翌四日午前八時頃、内一名を取り押えて再び八坂神社境内に同行したが、その場に居合わせた百余名の群衆は、同人の逃走を憤慨し、再度の逃走による不安を除こうと欲し、『殺し

自警団本部となった八坂神社（千葉県我孫子市白山1-1-1）

てしまえ』と怒号しながら、同人を殴打殺害した。さらに同日午後二時頃に至り、群衆は遂に他の鮮人一名をも発見して取り押え、前同様、之を八坂神社境内に連行するや、前記群衆は同日午後三時頃、同人をも撲殺して騒擾を極めた。』。（吉河光貞「関東大震災の治安回顧」法務府特別審査局 1949.9）。

（9）　海軍の無線所長が「朝鮮人は殺していい」と言った

　公訴事件として、千葉県「**東葛飾郡中山村に於ける騒擾**」が記されている。虐殺されたのは、**北総鉄道（東武電鉄）工事に従事していた朝鮮人労働者**であった。

　「九月四日夜、東葛飾郡鎌ヶ谷村粟野付近の在郷軍人会員らは、同部落に居住して北総鉄道工事に従事中の鮮人土工十三名を捕らえ、同村道野辺を経て法典村に送り越した。法典村自警団員らにおいては、これら鮮人土工も一朝有事の際には、不逞の徒と気脈を通じる一味と思い、之をこのまま村内にとどめ置く時は、罹災地同様放火などの危害を受ける虞あり、自衛上、彼らを官憲に引き渡すに若かずと考え、……各自武器を携えて右鮮人土工に付き添い、同日夜十時過ぎごろ、中山村若宮地先の県道へさしかかった。……何人が主唱するとなく一斉に『遣っ付けて仕舞え』と騒ぎだし、右群衆中の十数名は、たちまち日本刀などを振るってこれら鮮人土工に斬りつけ、悉くこれを殺害して騒擾を惹起した」。（吉河光貞「関東大震災の治安回顧」法務府特別審査局 1949.9）

　上記の法典村自警団による朝鮮人虐殺は、実は、海軍電信所長大森良三大尉（海軍船橋行田無線電信所）が、「電信所を朝鮮人が襲撃してくるので」の警備の手助けをしてほしいとの依頼や、朝鮮人を「不逞」と決めつけた状況の説明に大きく影響を受けた行動であった。その事がよく分かるのが、次の聞きとりであった。千葉県の塚田村と法典村で組織していた自警団で、警防団長を務めていた高橋定五郎氏の証言である（聞き取り 1981.2.21）。

　「関東大震災の頃は、ちょうど二十五六歳で、在郷軍人で消防をやらせられていました。消防と在郷軍人で自警団を組織して、警備に当たったんです。ですから、無線なんぞに行きましてね。無線の海軍所長が、浦安、行徳に六百人の『不逞鮮人』が来るから今夜警戒頼むと、銃を渡されて、二声かけて返事をしなかったら、撃ってもいいってわけですよ。昔ですから、ラジオもテレビも無いですから本当にしちゃったんです。いろんな事件がありましてね。警備にあたっていますと、朝鮮人が見えますとね、早鐘打つですよ。内の方で打つと、

今度は金杉で打つ、法典で打つ、全部警備に付いているんですから。朝鮮人は見たら殺せというのですもの。九月四日、今の競馬場の駐車場（北方の十字路）の所で、二人殺しましたけどね。やっぱし若い朝鮮人でして、手を針金で縛りましてね。最後のあれだから『せんべいを食え』なんて、一枚ずつ食わして、狙い撃ちしちゃった。その時も、

船橋無線塔記念碑（千葉県船橋市行田公園）海軍無線電信所の所長（大森良三大尉）は、内務省警保局長からの依頼で、朝鮮人「暴動」と戒厳令発布について全国へ打電した。

法典村と塚田とこう寄ってましたから、誰が撃ったかわかりませんけど、うちの方のＡとＢが、日本刀で首を切ったですよ。倒れているのを。斬り方がこっちの皮だけが残っていましたよ。腕利きの切ったやり方だと言うので、時の朝鮮総督府の宇垣大将からか、激しい抗議があったという事で、犠牲者を出さなければしょうがないと、警察もその二人をあげたんですよ」「……だけど彼らは未決で千葉の監獄へぶち込まれてしまった。未決で二カ月。それで裁判やりました処、海軍の無線の所長が背広を着ましてね、髭を落としちゃって。でも、わしは『この人だ』って言ったんですよ。無線の所長ですからね。その所長は転任ですよね。（下略）」。（吉川清代表「いわれなく殺された人びと」千葉県に於ける関東大震災朝鮮人犠牲者追悼・調査実行委員会（1983.9.1））

　当時の「法律新聞」は、「政略に超然たる独立の裁判所は、朝鮮人に関する虚偽風説の出所につき、徹底せる証拠調べを断行すべき」として、法典村自警団への海軍無線電信所長の指揮「朝鮮人は殺しても良い」を取り上げ、「政府はこれに対して、如何なる責任を負わんとするか」と追及する記事を掲載した。次の如し。

　さて、千葉地方裁判所公判記録によれば、大森良三無電所長は、次のような虚偽風説を根拠として、朝鮮人襲来を警戒すべしとしたことを述べた。

　すなわち、陳述では、「送信所の近くには北総鉄道工事に従事している朝鮮人が数百人いると言い、また東京の暴徒と北総鉄道にいるこれら鮮人とは連絡があるという事を聞き、……これら朝鮮人の検束をしてもらわねばならんと考えました」。そして、「塚田村長に交渉し、青年団在郷軍人団の応援を得て、警

驚くべき無線電信所長の陳述

本紙は籠に大正十二年九月二十七日の東京區裁判所法延にて見開したる事件を模擬したるものは、政略に超然たる獨立の裁判所は、朝鮮人に關する巷俗風説の出所に付き徹底せる證據調を斷行すべき旨論じて置いたが、去る十四日の報知紙上に左の如き報知を得たる、該記事に現はれたる事實が存在するか否かは知られざると思はるゝが政府はこれに對しては如何なる責任を負はんとするか

十二日千葉地方裁判所で開かれた千葉縣東葛飾郡法典村自警團の鮮人十六名殺し騒擾殺人事件の公判で被告鈴木忠三（三三）等八名はいづれも船橋海軍無線電信送信所長海軍大尉大森良三（三五）氏が朝鮮人は「殺してよい」といつたと陳述した極時政府當路者や同所が狼狽の極に達し救援電報を發して四方を騒がした結果自警團を刺戟し事態を重大ならしめたる眞相が天下に暴露されたとして居るが當時鮮人の處置に就て同所長の許へ法典村消防組を代表して指揮を仰ぎに行つた鈴木喜則、小宮作太郎、小宮泰助等の千葉地方裁判所水谷豫審判事の前に於ける對質訊問の豫審調書を略記すれば左の如くである

▲震災當時鮮人が襲來するといふ話を聞いたがそしてどんな處置をとつたか

▲（前略）一日避難者の話によれば朝鮮人が爆彈を投げ警視廳三越等を焼き宮城も犯されたといふ話であつたので同日午後七時に全國へ送信して知らせて同日午後七時に全國へ出した使ひ三人が前後して歸り海軍、陸軍、内務、大藏各省の救助電報の中には警保局長から山口福岡の兩縣知事にあてゝ朝鮮人が東京で暴動を起して居るから當分朝鮮から日本に來る者は差止めるといふらしき意味のものがあつたでこれで緊急信を送信する三日の午前三時頃附近の村で警鐘を亂打しますので守衛を自轉車で警戒に出しぐらゐに兵が頻りに往復連絡をとつたが一砲兵上等兵の話にたゞ今朝鮮の暴徒が襲來し市川の鐵橋を破壊しようとし格鬪の末殺されたとの話があり船橋送信所でも襲來しはせぬかと思ふ所負一同に武裝させて警戒させた（船橋送信所）當時日本の通信機關としては船橋送信所は最も大切であるから警戒することは差支へない（一）味方識別暗號を以てたすときは船と橋と定めたる白木綿を以てたすときを掛けしめ（四）味方の配備（五）敵襲に對する訓示しました

▲朝鮮人の襲來に對する警戒方法は

▲私は事態急と存じたから海軍省に無電と文書とで出兵方を再三こふたのですが何等返信なく漸く志野騎兵旅團司令部から三日二十名出兵すると通知を出して置けども兵力不足で不可能となう塚田村長に交渉し青年團在郷軍人團の應援を得て警戒した三日午後五、六時頃集つた村民に對する一般狀況並に（一）朝鮮人暴動に對する（二）同夜所の任務の重要なること（三）送信所襲撃の目的を以て來る朝鮮人は殺しても差支へなく自分が責任を負ふこと（三）味方識別暗號として白木綿を以

入れて投げて歩いて居るのを取押へることが出來ないといふのを聞きへ漸次こちらへ來るといふのが確實に思ひ兵力で警備せねばならぬので市川大久保衛戍司令部へ口頭で申込み大久保衛戍司令部少々好よりありませぬ

▲將の處へ深書を寄せて二十人の騎兵に寄越して二十八日の北兵が寄越して居た送信所の近くに居た朝鮮人が數百人居るといひ東京の暴徒と北總鐵道に居るこれ等鮮人は連絡するといふ事を聞き通信が絶えたので私は獨立指揮官として警備に當り警察にこれ等鮮人の檢束をして實はねばならぬと考へました

と逃べ俯査訊質訊問に入り

▲法典村の鈴木喜則、小宮泰助の三人が船橋送信所に來り證人に面會の上鮮人の處置の指揮を仰いだ事があるか

▲法典村の村民に面會した記憶はありませぬ

▲海軍兵が右三人を證人の面前に案内し三人が鮮人の處置のことにつき協議に來れた事は記憶にないか

▲全く記憶に存しませぬ

▲右三人が正門の處で所長と面會し鮮人と認めたら殺してよく來てくれと申立てるが如何所長がいつたのでその通りに來る鮮人は殺してもよい

▲三日四日は正門の處で警戒の指揮をして居たから同人等に會つたかも思ひますが絶對に殺してもよいとは申しませぬ私はその入達は塚田のものが警戒に來てくれたものと思ひ先刻述べた通り來る鮮人は殺してもよいといつた

「法律新聞」1923.11.20

戒した三日午後五、六時ごろ、集まった村民に対して、……送信所襲撃の目的を以て来る**朝鮮人は殺しても差し支えなく、自分が責任を負うこと**……訓示しました」と述べた。

　肝心の所の訊問は次の通り答弁した。水谷予審判事「法典村の鈴木喜則、小

島作太郎、小宮泰助の三人が、正門の所で所長と面会をし、『**朝鮮人と認めた
ら殺してもよい**』**と所長が言った**と申し立てるが如何」。大森所長「正門の所
で警戒の指揮をしていたから、同人らに会ったかとも思われますが、絶対に『殺
してもよい』とはいう筈がなく、私は、その人たちは塚田の者が警戒に来てく
れたものと思い、先刻述べたように『**襲撃してくる鮮人は殺してもよい**』と言っ
たのである。」

　大森所長自身が、「**北総鉄道工事に従事している朝鮮人**」を「襲撃してくる」
「不逞な」朝鮮人と決めつけているのだから、指示された塚田村、法典村の者も、
朝鮮人を「遣って仕舞え」という事になったと判断すべきだろう。

⑽　横浜「警報で、自警をする。庭先に死体がそのまま放棄」

　横浜市役所「横浜市震災誌」(1926.4.12)の「第五冊第七編　遭難記と見聞誌」
には、震災時の市民の多数の体験記録がまとめられているが、当然、朝鮮人虐
殺に関する記録もある。その記録から引用した二件の要旨を抜粋しよう。

　「『今、朝鮮人が百五十名ほどピストルを構えて内地人を襲撃せんとして、こ
の坂下に押し寄せた。内地人にして十五歳以上の男子は、武器を以てこれを撃
退せしめるべし。女子は学校運動場内（神奈川県立第一横浜中学校）に避難せ
らるるべし』との警報があったので、避難民は忽ち顔の色を変えて、手に手に
棒や短刀や、鉄棒を携えて応戦の準備に忙しかった。運悪く自分の家は、肱掛
窓の鉄棒を二十本ほど抜き去られた。自分たちは、その時より自警をすること
となった。中学校運動場の坂上では、朝鮮人に応戦して、朝鮮人を銃殺セリと
の報があった。また、時々ラッパで集まれの号令を為す在り。また、何れより
か朝鮮人が捕縛され、巡査に護送せられ、中学校へ来るのが沢山ある」「在郷
軍人は要所々々に銃剣で警
戒している。自宅は、四五
間先の中学校裏門にて、在
郷軍人が四五人宛常に警戒
している。日没後、自宅の
庭先の大松の木陰より出で
て、中学校裏門へさしかか
る者があるので、在郷軍人
が誰何して、原籍を問うと

横浜正金銀行前の被災者の惨状 (1923.9.1) 著者蔵

『山梨県』と言うたが、郡名村名が言えぬので、直に一刀を腰部へ浴びせて、深さ一寸幅五寸骨膜に達する痛手を負うて、血潮は周囲へ飛散した。

　被害者はそのまま倒れていった。……朝鮮人が殺されているので、これを見るため集まる者も少なくない。中には、『貴様らの心得違いから、我々は此の難儀をする』とて、蹴ったり打ったりする者も少なくない。その後、三四日を経て雨が降ったので、避難民も一層殺気立ち、通行人の一人が日本刀で数か所斬りつけた。……死体は、約一か月もそのまま放棄せられてあったのは実に困った」。（中島徳四郎「遭難と人心騒擾に関する実見記」）。

⑾　横浜市中村町、「天下晴れての人殺しだからね」

「横浜市震災誌」からの引用を続けよう。

「髭面が出してくれた茶碗に水を汲んで、それにウイスキーを二三滴たらして飲んだ。……『旦那、朝鮮人はどうですい。俺ぁ、今日までに六人やりました』。『そいつは凄いな』。

『何てっても身が守れねえ。天下晴れての人殺しだから、豪気なものでさぁ』。

　雨はますます酷くなってきた。焼け跡からはまだ所々煙が上っている。着物も、傘も無い人々は、焼け跡から亜鉛の焼き板を拾って、頭に翳して雨を防ぎながら走り回っている。凄い髭の労働者は話し続ける。

『この中村町なんかは、一番、鮮人騒ぎが酷かった』と言う。………

関東大震災韓国人慰霊碑（1970.9.1横浜市南区宝生寺）

『電信柱へ針金で縛りつけて、……焼けちゃって縄なんか無えんだからね。そして殴る蹴る、鳶で頭へ穴をあける。竹槍で突く。滅茶滅茶でさぁ。……しかし、あいつら、目からポロポロ涙を流して助けてくれって拝むが、決して悲鳴をあげないのが不思議だ』と言う。

『今朝もやりましたよ。その川っぷちに埃箱があるでしょう。その中に、野郎

一晩隠れていたらしい。腹は減るし、蚊に喰われるし、箱の中じゃ動きもとれねえんだから、奴さん堪らなくなって、今朝のこのこと這い出した。それを見つけたから、皆で捕まえようとしたんだ』。……

『奴、川へ飛び込んで向こうの川岸へ泳いで逃げようとした。旦那、石って奴は中々当たらねぇもんですぜ。皆で石を投げたが、一つも当たらねえ。で、とうとう舟を出した。ところが旦那、強え野郎じゃねえか。十分ぐらいも水の中へ潜っていた。しばらくすると、息が詰まったと見えて、舟の直側へ頭を出した。そこを舟にいた一人の野郎が鳶でグサリと頭を引っ掛けて、ヅルヅル舟へ引き寄せてしまった。まるで材木と言う形だぁね。』という。『舟の側へ来れば、もう滅茶滅茶だ。鳶口一つでも死んでいる奴を、刀で斬る。竹槍で突くんだから……』。

ああ、俺には、この労働者を非難できない。何百と言う私刑が行われたであろう。しかし総てが善悪の意識を超越して行われている。非難すべきでもなく、さるべきものでもない。暗然たる淋しさのみが心を領していく」。

（西河春海＜東京朝日新聞記者＞「天下晴れての人殺し」）

⑿　白髭橋で見た朝鮮人虐殺の惨状

1. 何組もの朝鮮人が縛られて死んでいた

私は、その時、江戸川音羽九丁目におりました。……その時のことですが、白髭神社の裏側は、すぐ隅田川になっていて、そこは縁が危ないからと木の枠が打ってあったんですが、それが殆ど燃えたり折れたりして何本も立っていなかった。

そこへ長いトタンが重なっていたので、「何だろう、こんなにトタンをぶち投げてあるけれど」と思って、見ると、紐を身体に結わえて朝鮮人が川に入って死んでいるのです。それがまるで粗糖を放したようなんですよ。空き間も隙間もないんです。そこへ行くまでにも十人くらいの朝鮮人が、みんな針金で足を結わえられて、三人くらいずつ一緒に、多い人は十人くらい一緒に、足を少し離して繋げてね、だから皆繋がっているのです。

そして、生きているのを放り込んだから水を飲んだでしょ。だから、腹が膨れて、みんな何も身体に付いていない。素っ裸なのです。仰向けになっているのもいるし、うっ伏しているのもいる。それが幾組だか数知れないほど

幼児も一緒に、親子の惨死体。東京隅田川（1923.9著者蔵）

で、嫁入り前の娘だからびっくりして気を失っちゃいましたよ。……とにかく、ずいぶん気の毒でしたよ。お腹の大きい赤ちゃんが生まれるような人が、自分の腹を結わえられて水に投げられ、赤ちゃんが生まれちゃって、赤ちゃんが臍の緒でもって繋がっているんです。そして、お母さんが仰向けに浮いている。赤ちゃんがふわふわと浮いているんです。それが至る所ですからね。白髭橋ばかりじゃあないんです。人形町の向こうもずいぶんひどい様子でしたよ。ずいぶん無惨でしたね。（下略）。

　　坂巻　ふち「白髭神社で見たもの」（73 歳、東京都豊島区）

2. 朝鮮人を殺すたびに「万歳！万歳！」

　避難した隅田川畔にこもった荷足舟は、糞尿運搬船であった。一日の夜半であった。「朝鮮人が押し掛けてくるから男はみんな船から上がれ」。大声で怒鳴る声にはっと目が覚めた。……向島の土手方面からダンダンと二、三発の銃声らしい音が聞こえた。夜明けちょっと前、白髭橋方面から多声の「万歳！」「万歳！」という声が聞こえた。

　二日の朝は明けた。……八時頃、友人と二人で船から上がり、白髭橋へ行ってみた。両側の欄干には、向こう鉢巻きに日本刀、竹槍、猟銃などを持った人々が避難者へ鋭い目を向け、「帽子をとれ‼」と怒鳴っている。

　「彼奴が怪しい」。即製自警団員の一人が四十五六の男を指した。

　「なるほど、奴の後頭部は絶壁だ‼」。一人がわめいた。

「朝鮮人に間違いない」。口々にがやがや言いながら、日本刀、竹槍、棍棒がこの男に近づき、列から引き離した。男は、咄嗟に何も言えずブルブル震えている。

井川洗厓「夜警団」（「大正震災画集」1923）。著者蔵

「貴様どこから来た」「……」「こら、何処へ行くのだ」「……」

「返事をせんか。この野郎。」「お前朝鮮人だろう」「……」

「ガギグゲゴを言ってみろ」。

件の男は、絶体絶命。必死に何か東北訛でボソボソいうのだが、恐怖のあまり、舌がもつれて声になりそうもない。

「こやつ怪しいぞ」「朝鮮人だ」「やって仕舞え、ヤレヤレ」

何時の間にか、男は荒縄で高手小手に縛られている。欄干に押し付けられた男は急に大声で泣き出した。

「こら泣いても駄目だぞ。井戸に毒を入れたり、火を付けたり、津波だと言って空き巣を働いたり、太い野郎だ、勘弁できない」「問答無益だ。やって仕舞え」「ヤレヤレ」。一同騒然とした。

白服を汚し、半焼けの帽子に顎紐をかけ、左手に包帯をしている巡査が来た。白鞘の日本刀を持った遊び人風の男が、この巡査に近づき、「旦那、こやつ、朝鮮の太い野郎です。やってもいいでしょう」。巡査は、「ヤレともやるなとも」言わず、疲れ切った顔で避難民と一緒に行き過ぎた。

号泣する例の男に取って返した遊び人風が、「それやって仕舞え」と言うと、三、四人の与太公が竹槍で此の男の腹を突いたが、手が滑って、与太公は橋の欄干に嫌と言うほど顔をぶっつけた。白鞘の日本刀氏が、へっぴり腰で男の眉間に斬りつけた。糸のように赤い筋が眉間に付いた。しばらくすると、パックリ口が開いてだらだらと血が流れた。半殺しのこの男を、二、三人の若者が隅田川へ投げ込んだ。付近の自警団員が声を揃えて「万歳、万歳」と叫んでいる。夜半からの不思議な「万歳、万歳」と言う声の正体がやっとわかった。万歳の声から推して、二、三十人の人々が虐殺されてたのだろう。

川の中の男は、いったん沈んだが浮かび上がってきて、ブッと水を吹き出し、懸命の声をふり絞り、「俺ら朝鮮でないよ。タタ助けてくれ」。立派な日本語であった。「まだ生きていやがる」と言いながら、船頭が舟を出し、竹槍の与太公三、

　四人は再び浮かび上がった男に一斉に竹槍で川底へ押し込んだ。

　「本当に朝鮮かしら」。金敷君の声にはっと我に返った私は、夢中で帰路についた。「コラッ、待て！」三、四人が後を追ってくる。「待てと言うのに判らぬか」。私の前を塞いだ自警団員の群から、次々に鋭い声が飛んだ。

　「お前何処から来た」「何処へ行く」「ガギグゲゴを言ってみろ」。もう駄目だ。全身から血が引き、へなへなとその場へ座り込んだ゛。殺される。

　「この野郎、何処から来たというのに判らぬか」。背中を蹴られた。「おい、和智君、どうしたのだ」。「何だお前、この男知っているのか。朝鮮じゃないのか」。人々は、一人去り、二人去り、気が付いた時は、私に声をかけてくれた土地の若者が立っていた。腰が抜けて、立てない。

　　和智　正孝「ガギグゲゴを言ってみろ」（66 歳）

　（日朝協会豊島支部「民族の棘……関東大震災と朝鮮人虐殺の記録」1973.9.1）より

⒀　御蔵橋；焼き殺して、川へ放り込んだ

　ちょうど女学校一年の二学期の始まる日で、始業式に行って帰ったら地震になっちゃったんですよ。……一日の夜から、そうそう朝鮮人の噂が立ち始めましたね。二日の昼間は、屈強な男の人が、凄い竹槍をヒューと切ったのを担いで、何処へ行くのか、行ったり来たりやっているのですよ。そして、夜になると、私たちは危ないから歩いちゃいけないって、大きな家の縁の下に、無理矢理入れられました。小さい子どもなんか、泣くとひどく叱られました。「泣き声だしたら殺される」からと、親も真顔でそう言っているんですよ。「子供が泣いたら朝鮮人に捕まって、皆殺しになるんだから子供に泣かせちゃいけない」って、怒鳴ってね。………

　朝鮮の人が殺されるのを見たのは三日の日でした。父を探して被服廠の隣の安田公園という、今は本所公会堂になっているのかしら、其処を斜めに通ったところに川があった。隅田川に流れ込んでいる、その川に橋があるんです。「御蔵橋」とか「みくら橋」とか言いましたね。その橋の袂なんです。其処に来た時、「国に妻子がいて、私は何もしていないんだ。日本でこうやって真面目に働いているんだ」って、下手な日本語で、頻りに謝っている朝鮮人の声を聞いたんです。それで、ひょいと見たら、テントの下に印半纏を着ている十人位の人が、血を流しながら「うんうん」うなっているんですよ。

　印半纏は、労務者なんか
ほらよく着ていたでしょ
う。日本の人でも、朝鮮の
人でもはたらいている人は
ね。

　両親が「見るんじゃない」
と言ったんですけれど、目
を放せなかったですよ。
私の考えでは、薪か何かで
そうとうぶたれ、痛みつけ
られていて、もう半殺しに
なっていました。テントの

御蔵橋にて虐殺された朝鮮人の屍体 (1923.9)。手足が縛られているのが判る。

中では、「ぱぴぷへぽと言え」とか、何か調べていたらしいです。その半殺し
の人を川辺りに無理矢理ひきずってくるんです。その人たちは抵抗するんけれ
ど、もう抵抗する力も無くて、薪で起こした火の上に、四人か五人の男の人が、
朝鮮人の手と足が大の字になるように、動かないように持って下から燃やして
いるんですよ。火炙りですよね。焼かれると皮膚が茶褐色になるんです。だか
ら、焼かれている朝鮮人は悲鳴を上げるんですが、もう弱っている悲鳴でした。
そして殺された朝鮮の人が次々と川に放り込まれているのです。……（中略）

　だけど、私、思うんですけどね。あんな事件になったのはどっかからやっぱ
り、そういうようなことを下した人がいたから、ああいうことになったんじゃ
ないかって。第一おかしいでしょう。地震があるってちゃんと判っているんな
ら別だけど、判っていないのに、それと同時に、どうして朝鮮人が暴動を起こ
すなんて言ったのかしら。そんなの嘘だと思うんですよ。私、水を飲みました
けどね、何ともなかったですよ。（下略）

　篠原京子「朝鮮人を焼き殺した人たち」東京都江戸川区（63 歳）

　（日朝協会豊島支部「民族の棘……関東大震災と朝鮮人虐殺の記録」
1973.9.1）引用

⒁　月島、「針金で縛って、石炭の炎の中へ投げ込んだ」

　「赤旗」（1982.9.3）が特集した「関東大震災」を振り返った記事に、高瀬
義雄氏（当時十歳）が、月島三号地で目撃した朝鮮人虐殺の様子が掲載されて

朝鮮人を後ろ手に縛って、燃え上がるコークスの炎の中に投げ込んだ。（高瀬義雄氏描画）

いた。

「当時、私は東京の月島二号地に住んでいました。（震災の中を）三号地の土管材料置き場の小屋の中で、一夜を迎えた翌日（9/2）、五、六人の裸の男が針金で縛られて、周りに刀や鉄棒をもった作業衣の男数十人が、小突きながら歩いているのが見えました。やがて、石炭の焼け残りの火の所に来ると、針金で縛られた男の両手足を持って、火の中に投げ込み始めました」。高瀬氏は、目撃した様子を説明するために、『石炭コークスの火の中に投げ込んだ』『岸壁から海へ投げ込んだ』などの数枚の絵を描きました。現在、この絵は在日韓人歴史資料館に展示されている。

高瀬氏の目撃証言が事実であることは、当時に、撮影された月島での虐殺死体の写真や、次に引用した新聞記事からも判明する。

「鮮人24人は、13人一塊と11人一塊と二塊にして、針金で縛しあげ鳶口で殴り殺して海へ投げ込んでしまった。……ほかに三人の鮮人は、三号地にある石炭コークスの置き場の、石炭コークスが盛んに燃えている中へ、生きたまま一緒に引き縛って投げ込んで焼き殺してしまった。……見ていた巡査たちは、諸手を挙げて万歳を叫んだ。」（「河北新報」1923.9.6）。

月島三号地で発見された朝鮮人の惨殺死体。（「写真で見る日韓政治外交秘録」日韓広報センター日本版1967.1.15）

なお、警視庁は、朝鮮人に対する殺戮の記事については、すべて掲載禁止とした。即ち、「右記新聞（雑誌）は、安寧秩序を妨害するものと認め、新聞紙法第二十三条により、本日、内務大臣に於いて、発売領布禁止、及び差し押さえ処分相成り候」との命令を施行したのである。当該の「河北新報」は、発売領布禁止、及び差し押さえ処分と

なったであろう。「見ていた巡査たちは、諸手をあげて万歳を叫んだ」などと、現場の警察官が「共犯」となっている事実を報道されたのでは、官憲側としては、絶対まずい記事ゆえ、事件もろとも報道も、消し去ったであろう。官憲が隠蔽した悪事ばれる。当時は禁止処分で闇に葬った新聞・写真が、戦後になって、なされた貴重な証言が事実であることを、秘かに保存されてきた該当の新聞・写真が裏付けることによってである。

⒂　千田是也、「千駄ヶ谷で朝鮮人とされて殺されそうになった」

　私のセンダ・コレアという芸名の由来である、千駄ヶ谷で朝鮮人に間違えられて殺されそうになった事件の起きたのは、大震災の二日目の晩だったと覚えている。街々の炎が夜空を真っ赤に染め、時々ガソリンや火薬の爆発する不気味な音が聞こえ、余震が繰り返され、担架や荷車に乗せた負傷者たちの行列の続く状況の中で聞くと、朝鮮人が日頃の恨みで大挙して日本人を襲撃しているとか、無政府主義者・社会主義者が井戸に毒を投げ込んだとか、実に馬鹿馬鹿しいデマが、なんとなく本当のことみたいに伝わってきました。また、自警団らしき人達がですね、朝鮮人を電線でぐるぐる巻きに縛って、街中を引きずり回しまして、皆『殺せ殺せ』と騒いでいるんです。もう殺気立っているんです。姉の所へ行きまして聞いた情報ですと、軍隊が多摩川縁に散開して、神奈川方面から大挙北上中の『不逞鮮人集団』と目下交戦中だと言うんです。

　そこで、私もじっとしていられなくて、千駄ヶ谷の駅に近い線路の土手に上っていたら、後ろの方で『鮮人だ！鮮人だ！』と叫んでいるんです。振り返ると外苑道路の闇の中に、いくつもの提灯が見えて近づいてきて、それがてっきり『不逞鮮人』をこちらに追ってきてるものだと思い込み、挟み撃ちにしてやろうと走っていきましたら、いきなり腰のあたりを後ろからガッと棍棒で殴られたんです。そいつは白系ロシア人の大男で、『センジン！センジン！』と叫んでいるんです。こっちが『違う、違う』と言っても駄目なんです。

　そのうち、自警団の人が集まってきて、手に鳶口、竹槍、棍棒、薪割りを携えているんです。『白状しろ。ふてえ野郎だ。本籍を言え。嘘をぬかすと叩っ殺すぞ』と私を小突き回しました。『日本人です。伊藤圀光です。早稲田の学生です。』と学生証を見せても信用しないんです。それで、『アイウエオを言え』『教育勅語を暗誦しろ』とか、『歴代天皇の名前を言え』とか大変でした。運良く、自警団の中に近くの酒屋の若者が、『伊藤君』だと気づいてくれたおかげ

で助かった、命拾いをしたわけなんです。下手をすれば、私も被害者でなく加害者になっていたかもしれないんです。私の場合のように、こうあっけなく済んでしまえば、ただのお笑い草だが、あの朝鮮人騒ぎではずいぶん沢山の何の罪もない朝鮮人が殺された。朝鮮人に似ているというだけで、もともと大した区別はないのだから、その場の行きがかりでただ朝鮮人だと思い込まれたというだけで、多くの日本人が殺されたり、負傷したりした。今思えば、あれはナチスのユダヤ狩りと同じように、震災で焼け出され裸にされた大衆の、支配層に対する不満や怒りを民族的敵対感情にすり替えようとした政府や軍部の謀略だったのだろう。

　千田是也（俳優、演出家。本名は伊藤圀光）

　（李珍珪編「関東大震災に於ける朝鮮人虐殺の真相と実態」朝鮮大学校
1963.8.10）

⑯　千歳烏山事件；神社の椎木植樹と虐殺の弔い

　東京府北多摩郡千歳村烏山において、自警団が、トラックで移動していた朝鮮人労働者を襲撃した事件があった。地元では、「殺された朝鮮人13人を弔って地元の人たちが、烏山神社に13本の椎木を植樹した」との伝承がある（「世田谷区制五十年史」。「世田谷、町村の生い立ち」）。

　ところが、当時の新聞を調べると、朝鮮人労働者で傷害を受けた者は19名で、重傷者3名、死者1名である。植樹された椎木13本に死者一名では矛盾し、

弔いの植樹に疑義が生じる。事件の経過も判明するので、当時の新聞、十月二十日以降については、朝鮮人被害の記事取締りも解除され、各報道も事実に即している。その記事を掲載しよう。

千歳烏山神社

「烏山の惨行。九月二

日午後八時頃、北多摩郡千歳村字烏山地先甲州街道を新宿方面に向かって疾走する一台の貨物自動車があって、折から同村へ世田谷方面から暴徒来襲すと伝えたので、同村青年団、在郷軍人団、消防隊は手に手に、竹

烏山の惨行

警戒団

三名を

手足を

「烏山の惨行」「一同は……遂に絶命」は「一名は」の誤植である。「東京日日新聞」(1923.10.21)

槍、棍棒、鳶口、刀などを担ぎ出して村の要所要所を厳重に警戒した。この自動車も、たちまち警戒団の取締りを受けたが、車内に米俵、土工用具などと共に、内地人（日本人）一名に伴われた朝鮮人17名が潜んでいた。これは北多摩郡府中町字下河原の土方親分二階堂友次郎方に止宿して労働に従事していた朝鮮人で、この日、京王電気会社から二階堂方へ『土工を派遣されたい』との依頼があり、それに赴く途中であった。朝鮮人と見るや、警戒団の約二十名ばかりは自動車を取り巻き、二三押し問答したが、そのうち誰ともなく雪崩るように手にする凶器を振りかざして打ってかかり、逃走した二名を除く十五名の朝鮮人に重軽傷を負わせ、ひるむとみるや手足を縛して路傍の空き地へ投げ出して、顧みる者も無かった。時を経てこれを知った駐在巡査は、府中署に急報し、本署から係官が急行して被害者に手当を加えるとともに、一方で加害者の取り調べに着手したが、被害者中の一名は翌三日朝、遂に絶命した……（中略）」。

「被害者は、三日府中署に収容されたが、同署の行為に対し、当時村民等に激昂する者さえあり。『敵に味方する警察官はやっつけろ』などの声さえ聴いたが、同署は負傷朝鮮人を演武場に収容し、可及的自由を与え、頻りに慰撫治療に努め、二十余日経るも全治しない、この中の三名を赤十字病院に移し、治癒した者は、すでに二階堂方に帰らしめ、また、帰国希望者は、その便宜を与えた。加害者警戒団に対しては十月四日から大々的の取り調べを開始し、十八日までに喚問した村民は五十余名に及び、なおもっか引き続き署長自ら厳重取

調べ中である」。

　さらに、「東京日日新聞府下版」（1923.10.21）では、烏山事件での朝鮮人被害者の名前・年齢と被害状況が記されていた。死亡者は、洪基台一名である。被害者の名前が判明するのは貴重なので、次に引用しておこう。即ち、

　「烏山の鮮人被害者　長らく記事差止中であった震災当時、北多摩郡烏山方面に於ける鮮人被害者の氏名は左の如くである。　　**被害者**

　比較的軽傷者　金丁石（25）、魯皎珍（20）、李敬植（36）、権宜徳（24）、許衍寛（36）、朴在春（32）、朴道先（32）、朴敬鎮（50）、李氷壽（23）、金希伯（34）、高學伊（24）、李洪中（25）、宋學伯（23）、鳳虚到（38）、具鐵元（27）、金珠榮（26）、文巳出（26）、閔丙珏（31）、金仁壽（24）、権七奉（23）、鄭三俊（25）。赤十字病院へ送られし者　金奉和（35）、金成光（28）、成鍾搞（32）。絶命した者　洪基台（35）」。（「東京日日新聞府下版」1923.10.21）。

　かくて、烏丸神社に植樹された椎木 12 本は、殺された朝鮮人被害者一名とは無関係ではないかという事になる。「関東大震災時に虐殺された朝鮮人の遺骨を発掘し追悼する会」「一般社団法人ほうせんか」が提起した資料「大橋場の跡　石柱碑建立記念の栞」にて、椎木 12 本植樹の謂れが説明され総てが明白とされた。即ち、「千歳村連合議会では、この事件（千歳烏山虐殺事件のこと）は、ひとり烏山村の不幸ではなく、千歳連合村全体の不幸だ、として 12 人にあたたかい援助の手を差し伸べている。千歳村地域とはこのように郷土愛が強く美しく優しい人々の集合体なのである。私は至上の喜びを禁じ得ない。そして 12 人は晴れて郷土に戻り、関係者一同で烏山神社の境内に椎木 12 本を記念として植樹した。今なお数本が現存し、まもなく七十年を迎えようとしている」「日本刀が、竹槍が、どこの誰がどうしたなど絶対に問うてはならない。すべては未曾有の大震災と行政の不行届と情報の不十分さが大きく作用したことは厳粛な事実だ」。

　結論として、椎木植樹の謂れは、朝鮮人被害者への追悼のためではなく、加害者 12 名服役への慰労記念のためであった。殺傷事件も、村の自警団としてやったことだからと正当化してしまう。被害者の無念を思えば、この事件を「椎ノ木ブルース」と題して歌唱した中川五郎氏は、最後の件で「この大きな椎木をぶった斬ってやりたい」と絶唱する。私たちは、この椎木を烏山虐殺事件の理不尽を語り伝える証左として位置付けることとしよう。

Ⅷ. 朝鮮人たちを守った日本人がいた

　「大震火災の混乱を機に、植民地支配で抑え込んできた朝鮮人が反撃に立ち上がって、暴動を起こし日本人を襲撃してくる」。このような為政者側ならではの恐れと用心から発想したデマも、保身に必死となっている被災者たちは、排外のナショナリズムを煽られ集って朝鮮人を敵視してしまった。凄まじい火災の広がりを「朝鮮人が放火したため」と噂され、命の水の井戸・水源池に朝鮮人が毒を入れたと噂された。そのような日本人を攻撃してくるとの流言蜚語が跋扈する最中で、戒厳軍が出動し、警察と共に「不逞」朝鮮人を検束し始めている情勢があった。このように一律に、朝鮮人なれば誰しもすべて「不逞」「悪」「敵」と見なすことが大勢となった際、多数に付和雷同する群集心理・行動に対して、踏みとどまって冷静に自己の判断を為すことは容易ではない。それでも、日常生活に根付いた人間関係、排外蔑視の民族差別への批判、流言蜚語は事実なのかという疑念、殺戮暴行の行為に加担することへの反発があったことに注目したい。難しいことを言っているのではない。先述してきた命永らえた朝鮮人の体験の側に、一緒に生活して培った人間関係、共に行動し手を差し伸べた日本人の側杖の存在も見られたことに賛同し、正義と確信していただきたい。それは、誤りを糾し、繰り返さない礎となるからである。そのために、この「Ⅷ. 朝鮮人を守った日本人がいた」を記述した。

（1）　神奈川県鶴見警察署長「収容した朝鮮人・中国人たちを守った」

　関東大震災に関して、被災者や虐殺された朝鮮人への慰霊碑、数多く建立されている。それでも、虐殺されようとする朝鮮人の命を救った顕彰碑となると稀有である。しかも、顕彰される当人が多くの朝鮮人・中国人を一時収容した警察署の署長となれば、彼の判断と行動が、収容している朝鮮人・中国人の生死与奪の行く末を左右する立場にあった。件の顕彰碑を訪ねよう。
　横浜市鶴見区潮田町の真言宗東漸寺境内に入り、本堂の右脇に建てられた石碑「故大川常吉氏之碑」である。その碑文を記す。

「故大川常吉氏之碑」
（横浜市鶴見区潮田町東漸寺）

「関東大震災当時、流言蜚語により激高した一部暴民が鶴見に住む朝鮮人を虐殺しようとする危機に際し、当時の鶴見警察署長故大川常吉は、死を賭してその非を強く諫め、三百余名の生命を救護したことは誠に美徳である故、私たちは此処に故人の冥福を祈り、その徳を永久に讃揚する。一九五三年三月二一日。在日朝鮮統一民主戦線鶴見委員会」。ここで、「一部暴民」という表現でも、朝鮮人虐殺の加害者を明記していることに注目したい。寺社や公営墓苑などの慰霊碑では、敷地提供の行政側の反対などで、「加害者の明記」「国家・行政の責任」などを碑文に刻むことができていないからである。

さて、当時の文献を参考に、鶴見警察署長の活動を検証した謂れをまとめる。当時、鶴見警察署は、横浜市と東京市との間にある海岸沿いの神奈川県鶴見町・潮田村を管轄としていた。九月一日の大震災時には、地震の揺れと津波の襲来を恐れ、避難所とされた高台の総持寺には難を避ける人々六千余人が集まった。二日朝になると、横浜市から東京方面に向かう避難民により、「不逞鮮人が、横浜市に於いて、火付け・強盗・強姦をしたり、井戸に毒薬を投じた」「不逞鮮人が鶴見方面に向かって襲来する」との流言蜚語が流布され、鶴見町にも自警団が組織されたとされる。二日昼になっても、総持寺にまだ居残っていた数百人の朝鮮人と中国人は、管理の為に三日にかけて鶴見署へと移された。二日昼過ぎ、鶴見停車場近くの井戸で水を飲んでいた四人の男たちが、自警団に捕らえられ、鶴見警察署に突きだされた。「井戸へ毒薬を入れようとした不逞鮮人だ。処罰せよ。」と言うのであった。大川署長は、早速取り調べた後、「四人は、朝鮮人ではなく、中国人である。外国人への危害は外交問題となり面倒なこととなる」「毒薬が入ったとされる二つの瓶の中身は食用であって毒薬ではない」と群衆に告げた。「嘘をつけ」と騒ぐ群衆に、大川署長は、「毒薬でな

いことは明らかである。皆の前で私が飲んで見せよう」と、二本の瓶の中身を飲んで、納得させた。その間にも、自警団に捕らえられた朝鮮人が鶴見警察署に連行される始末であった。

　日ごとに朝鮮人への「不逞」の疑念、「憎悪」は高まり、三日の午後、鶴見警察署は、千名余の群衆に取り囲まれた。警察署玄関前に構えた大川署長ら署員に対して、群衆は「朝鮮人を引き渡せ」「鶴見から朝鮮人を追い払え」と迫り、町会議員たち町の有力者が代表として前へ進み出た。

　此処に、立ち上がった大川署長は、断固たる決意と責任を明確にした弁舌を為した。「流言蜚語に惑わされ、無辜の者を虐げる蛮行を止めよ」「収容している朝鮮人・中国人の保護・監督は警察署が絶対責任を持つ」と説得力のある発言であった。彼の警視庁の通達の如き、「不逞鮮人の暴動の真偽について、警察官の態度は断定せず」などという「優柔不断」「責任逃避」な態度ではなかったのである。また、その決断した態度でなければ、激高して実力行使も辞さずとする群衆を説得することはできなかったであろう。大川署長の弁舌の要旨を引用しておこう。

　「私は『鮮人の反乱事件』は、何かの理由により発生した全く根も無き流言蜚語と断定します。今や彼らは、我が邦摂政の下に嬉々として、只、食を得んがために働きおり、反乱などの如き大した目謀など起こすことは絶対ない者と確信します。……この地方でかかる反乱を起こしたとして何がなし得るのですか。彼らもよく此の事を理解している民族です。おそらく、国際問題でも惹起しようとする輩が『反乱』のデマを振りまいたと思います。……収容した朝鮮人の所持品検査も致しましたが、武器となるものは小刀一つとして携えている者はいません。彼らは、『なぜ私たちを憎むのか判りません。どうかやめてほしい』と哀願しております。」「収容した後、厳重に朝鮮人を監視してきました。彼らは順良であります。食事に、稗の握り飯を与えたならば、感涙しております。実に可哀そうと思うと同時に、『反乱』など事実無根と思います。罪なき者を苛なむは蛮行である。況や朝鮮人は日本国民である。我らと同じ、陛下の赤子である。日本国民である朝鮮人を守るのは警察官たる私の絶対的責任である。もし、不幸にして、収容している朝鮮人が蜂起するようなことがあった場合には、私大川が、命を賭してこれを鎮圧します。決して皆さんに迷惑をかけません」「さて、収容している朝鮮人を放逐せよとか、県外へ放逐せよと要求された。その県外とは、何処を指すのですか。隣としての東京にせよ、埼玉、静岡にせよ。いずれも、日本国内である。本県にて厄介者は、他県でも厄介者であり、他府

県へ送り込むなど、警察としてなしてはならないことであります。」「もし、朝鮮人・中国人に『自由に何処へなりとも行け』としたならば、一度警察の保護から離れれば、たちまち虐殺されることは明白であります。警察署としては、きちんとした収容所へ移送するまでは、責任を以て朝鮮人・中国人を保護・収容いたします。」。押し掛けた群衆の中からは、大川署長の弁舌に拍手する者もあった。群衆側の代表たちは、評議の末、「収容所に移送するまでは署長の絶対責任による監督に委ねるが、もし朝鮮人が一人でも脱走した場合は署長の責任を問う」とした。大川署長は、「もし、我が方で、朝鮮人を一人でも脱走させたならば、私が割腹して謝罪する」と決然として言い放った。かくて、警察署を取り巻いていた群衆は解散した。大川署長は、収容している朝鮮人・中国人を集めて、事の顛末を説明し、「一身を賭して皆さんを守る」と断言し、私大川に身を委ねてもらいたいと話した。朝鮮人、中国人たちは、一堂起立して拍手して心を一にした。大川署長は、神奈川県当局を通して、収容を急ぐよう働きかけた。九月九日、海軍が横浜港から派遣した収容船峯山丸が、鶴見町近くの潮田村浅野造船所岸壁に横付けされた。鶴見警察署に収容されていた朝鮮人225余名、中国人70余名、合わせて301名が乗船し、虐殺事件を防ぐことができたのである。

　（中島司「震災美談」朝鮮印刷株式会社 1924.7.29）。（「関東大震災時朝鮮人虐殺横浜証言集」関東大震災における朝鮮人虐殺の事実を究明する横浜の会 2016.9.3）を参考。

⑵　千葉県丸山村「押しかけた暴徒から朝鮮人を村ぐるみで守った」

　「朝鮮人のことは、地震から三日目くらいから聞きました。『朝鮮人が爆弾持って暴れてくるから、皆気を付けろっ』てね。これじゃあしょうがねえから、自警団を組織しょってんで作りましたね。『井戸に毒を投げる』なんてことは聞きませんでした。朝鮮人のことは北総（今の東武）鉄道ができるについて、朝鮮人労働者が、日本の土方請負師にこき使われたわけだね。その朝鮮人たちがデマと言う悪宣伝を受けたがために犠牲になった。鎌ケ谷の粟野っていうところに飯場があったんです。……針金でもって、そこの38人もの子供・女・老若男女問わず手を前で縛られ、（鎌ケ谷の）自警団の人たちに守られて船橋警察に送り届けられるところだったということです。……船橋の自警団が、途中

自警団員による朝鮮人殺害場面

で二百人ばかり、手に手に獲物を持って、『そら来た！』ってんで、鳶口で刺したり、刀で切ったりやったらしいですよ。」

　「丸山では、草ぶき屋根の小さな御堂があったんですよ。馬込沢の飯場に入りきれない朝鮮人が貸してくれと言って、朝鮮人の土方に家賃取って貸したわけです。……前は、十人くらいいたけど、震災の頃は二人しかいなかった。……二人（福田さん、木下さん）ともおとなしい良い人で、村の人とも懇意になっていました」「ところが、三丁目と馬込沢の自警団が凶器を持って、『丸山に朝鮮人が二人いるが、あれを生かしておいてはならん』と押し掛けてきたんです」。「奴らが来ればすぐ殺されちゃう。悪いことしない人間だし、村の人たちと愛情をともにしてた人間だから、いくら朝鮮人でも渡さない」。丸山の自警団は、五、六人くらいで二人を守るため、鉢巻きしめて人数は少ないけど、威厳を見せていたわけだ。彼らは、四十人くらい来たですよ。鉄砲持ったり、刀持ったり、槍持ったりね。「何も悪いことをしないのに殺すことはねえ。おめえたちには迷惑かけねえ。俺ら若い者で警察へ送り届けるから、帰れ！」「何お！この！てめえから先にぶっ殺すぞ！」「殺すなら殺してみろ。てめぇらがいくら頑張ったって、俺ら絶対に命かけたって渡しゃしねぇからな。殺すなら、俺んこと先

に殺せ！」。まさか日本人を殺すわけにはいかないから、「それじゃあ、お前たち、必ず警察へ届けるか」。「届ける。それくらいの事何だ。あの朝鮮人に指一本でも触れさせねぇぞ。お前たちに殺す資格ねえだから」と怒鳴り返した。

　それは、震災から四日目だったか、その次の日、船橋警察署に届けました。それから習志野の鉄条網で囲った朝鮮人収容所って所へ送られたという事です。その後、落ち着いてから、二人の朝鮮人は、丸山にお礼に来ましたよ。……二人で涙流しながら、アリラン、アリランと踊ってくれましたよ。

　（徳田慶蔵（75歳）「部落あげて朝鮮人を守った話」）。

　（日朝協会豊島支部「民族の棘、関東大震災と朝鮮人虐殺の記録」1973.9.1）、（吉川清代表「いわれなく殺された人びと」千葉県に於ける関東大震災朝鮮人犠牲者追悼・調査実行委員会 1983.9.1）参考。

（3）　神奈川県田島町「町として神社境内に朝鮮人たちを匿った」

　今は川崎市に含まれる田島町には、朝鮮人労働者が二百人ほど居住していた。町役場の町長吉沢保三氏、助役栗谷三男氏は、そろって日朝融和政策に熱心であった。九月一日、大震災に於いて、吉沢町長は、自宅が倒壊して、頭部に裂傷、腰部を打撲して、床に就いた。代わって栗谷助役が、病床の町長と連絡をとりながら震災時の救護など町政を担った。

　二日になると、早くも朝鮮人が襲撃してくるとの流言が、田島町にも伝わって来た。「横浜、東京の大火災は、朝鮮人が放火したからだ」「鶴見の総持寺には、数千人の朝鮮人が集合して、横浜、東京を襲撃するため、此方にもやって来る」との噂があった。田島町でも、朝鮮人に対抗するためにと、俄か仕立てに自警団が組織された。栗谷助役は、朝鮮人を「不逞」と決めつけて攻撃することに反対した。そして、町内の朝鮮人を一ヶ所にまとめて、町として保護し監督することとした。集まった朝鮮人は約三百人と言う。町役場横の新田神社境内を町内の朝鮮人の避難場所として、三棟のバラック長屋も造営した。避難場所から勝手に出ることは規制したが、身の安全は保障するとした。町として信頼関係がある消防組に説得・依頼して保護と警備を任せた。流言に惑わされた町内の一部の者たち、また近隣から朝鮮人を追い回してきた自警団員が、神社境内に押し入ろうとした事もあったが、これも阻止することができた。郡役所に届け出て、朝鮮人の為に百俵の米も配給された。やがて、海軍の収容所に、匿ってきた朝鮮人たちを引き渡すことで決着した。栗谷助役から事の次第を報

告された吉沢町長は深く感謝し、病が治ってからすぐに、神奈川県に対して栗谷助役の功労を上申する陳述書を差し出し、之を世上に発表した。

　陳述書「震災混乱中に於ける田島町助役栗谷三男氏の鮮人救済」の一節を引用する。「就中、鮮人騒ぎに対して処せられたる行動に至りては、特筆大書して後世に伝え……特に多方面より入り込み来る不逞な自警団員が、如何に朝鮮人に対して迫害を加えるやも計りがたく……如何に善良温順者といえども、その害に甘んずる者にあらず、必ずや多少の抵抗を試みざるべからず、各共々相争うの惨憺たる場面を来さんには、付近に集合せる一般避難民には傍杖の傷害を被らさずとも限らず、氏の胸中に往来する満帆の苦心は察するに余りあり」。朝鮮人に対する殺傷事件を阻止しようと、朝鮮人を匿った栗谷助役の取り組みに対して、朝鮮人を迫害する自警団こそ「不逞である」としている。なお、栗谷助役が主導して町ぐるみで町内の朝鮮人を守ったことに感銘して、隣町の川崎町（現在の川崎市）の朝鮮人有志は、田島町震災救護を助力しようと募金活

町として、朝鮮人たちを匿った（神奈川県田島町）

「田島町と鮮人。震災当時は、種々の流言蜚語を放つ者あり。特に、鮮人は、疑惑の眼をもって見られしも、田島町にては、極力その事無きを主張し、進んで之が保護にあたれるは、大なる功と云うべし。図は、当時、鮮人をバラックに収容保護せる光景の一部なり。神奈川県「大震災記念写真帳」（1925.4.20）。
ところが、朝鮮人虐殺に関わるこの写真・説明が、神奈川県の復刻版（1983.8.25）では、削除された。公正であるべき行政による史実隠蔽の犯罪行為である。

動をし、当時の額にして金百円を田島町に寄付したことを記しておこう。（中
島司「震災美談」朝鮮印刷株式会社 1924.7.29）。

IX. 中国人虐殺の実相を直視する

(1)　仁木ふみ子氏が進めた日本側の調査・研究

　大震災時に於ける中国人虐殺について、日本側の調査・研究を大きく進めたのは、元高校教師の仁木ふみ子氏（1926.10 〜 2012.8）である。仁木氏は、日教組婦人部長、宋慶齢基金会理事、中帰連平和記念館館長などで活動され、日中の平和友好運動を進めてこられたことで著名である。

　その仁木氏は、上海市の社会科学院歴史研究所にて、初めて、関東大震災時の中國人虐殺事件に関する中国側史料の原本に接した（1981.1）。特に、1923 年 10 月、上海港へ帰港した人々の証言から、震災時に於ける中国人への殺戮・傷害・掠奪の事実が、上海の新聞各紙によって報道され、中国政府による調査団が結成された。此の新聞各紙を閲覧して、仁木氏は、中国ではこれほどの大事件として報道されているのに、虐殺事件を引き起こした現地である日本では、情報も研究も殆ど見られないことを危惧した。かくて、仁木氏自身が取り組むこととして、日本に於いても、**外務省外交史料館**にて関係史料を見つけ出した。更なる広がりを求めて、「**関東大震災の時、殺された中国人労働者を悼む会**」（1991.9）を結成し、調査・研究に基づき、日本の国家責任を問責した。それとともに、直接の加害者となった日本人としての自らの立場、民衆責任を問う取り組みを進めた。中国人労働者は、故郷へ仕送りするために稼ぎに赴いた異国日本で惨殺された、その働き手を奪われた故郷の留守家庭は崩壊してしまった。その犠牲が多大だった故郷温州に「**温州山地教育振興基金会**」（1993 年）を設立した。また、王希天の墓碑・記念館の建立（1996 年）を進めるために中心的役割を果たした。以下、仁木さんの調査活動の集大成、**仁木ふみ子編「史料集関東大震災下の中国人虐殺事件」明石書店**を参考にして、本著作では、軍・警察が主導し、自警団などが加わった、大島町虐殺事件と王希天虐殺事件を取り上げる。

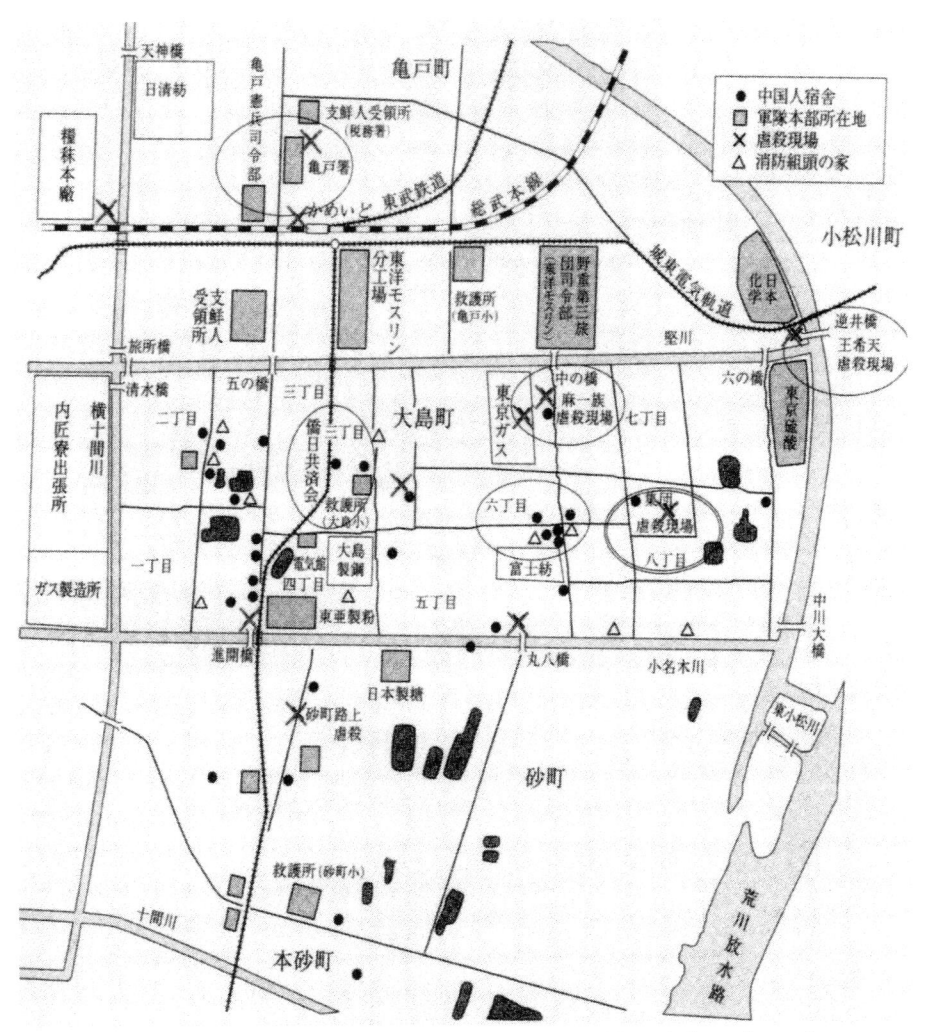

大島町事件、王希天事件の虐殺現場　　（東京府南葛飾郡大島町、亀戸町）

仁木ふみ子氏制作。●中国人宿舎。大島町に六十数か所ほどあった。△消防組頭の家。自警団の中心となった。□軍隊の宿舎地。虐殺事件が多発した九月三日に大島町に入った軍隊は、野戦重砲兵第三旅団、野戦重砲兵第一旅団の第四・第五・第六救援隊、近衛師団騎兵十四連隊であった。

（2）　労働者たちが狙われた大島町事件

1.「この屍体は、朝鮮じゃなくて、支那だよ」

　現在、外務省外交史料館には、関東大震災時に於ける中国人虐殺に関して、日中両国間の外交記録が所蔵されている。また、日本側の、外交官、民間の調査・報告や、警察署の調書などの文献も若干みられる。仁木ふみ子氏による調査・研究で広く紹介された。「丸山伝太郎（留学生寮主）・河野慎吉・小村俊三郎（読売新聞社記者）**『大島町事件其他』支那人被害の実情踏査記事**」があり、それに、大島町住人木戸四郎の次の如き目撃談が記録されている。

　「九月三日正午前に、現場に多数の群衆あり。行き見たるに、五、六名の兵士と、数名の警官と、多数の民衆とは、二百人ばかりの支那人を包囲し、民衆は手に手に、薪割り、鳶口、竹槍、日本刀などを持って、片っ端より支那人を虐殺し、中川水上署の巡査の如きも、民衆と共に狂人の如くなって、この虐殺に加わりたり。二発の銃声がした。あるいは逃走者を射撃したものか。自分は、当時、同胞のこの残忍行為を正視するに忍び難し。……また、さらに驚くべきは、民衆が支那人を虐殺し、あわせてその財産をも略奪したることにして、その一部はこれを亀戸署に保管したるが、現に如何にこれを処分せるかを知らず」。

　木戸四郎は、亀戸警察署の杉本巡査部長の取り調べでも、次のように述べたと記録されている。「兵隊が三名ばかりで四、五人の支那人か朝鮮人を連れてきて、裏の方の空き地で殺したのが動機で、大島町七丁目、二、三丁目方面に住んでいた支鮮人を連れ出して、日本刀や

木間刻「旅日華工遭惨殺之図」（2019年、魯迅木刻研究会）大島町事件での中国人虐殺を描いた版画。

竹棒・鉄棒などで殴り殺したが、三、四時頃は一番盛んで、六、七時までやっつけたので、その数が二百七十人もあり、実に恐ろしいことをするもんだ」。

東京都立公文書館所蔵の高梨輝憲「関東大震災体験記」（私家版 1974）の目撃談も貴重な内容である。

「義兄の家からやや離れた所に大きな広場があった。今の江東区大島八丁目、富士急行バス営業所の有る辺りである。その広場へ三日の午後になってから、何処からともなく沢山の屍体が運び込まれてきた。いずれも惨殺された男女の遺体である。私は、四日の朝、その場所へ行ってみて驚いた。屍山血河という形容詞がそのまま当てはまるような鬼気迫る状態であった。ある人は三百体くらいあるだろうと言い。又ある人は三百体ではきかないと言っていた。

……この時、広場に転がっていた死体は、まさにその残虐な方法で殺されたものばかりであった。紂王が腹を裂いたというが、この広場にも腹を裂かれた妊婦の屍体があった。その他にも女性の屍体の陰部へ竹の棒をつき刺したままのものもあった」「五日、義兄の家の横道に巡査が立ち番して、人々の通行を制止していた。この横道は、先に述べた惨殺死体の有る広場に通ずる道路である。私は不審に思い、その理由を巡査に聞いたら、今夜、広場にある死体に石油をかけて焼くのだと教えてくれた。その時、巡査は私に向かって、『あの死体の中には支那人もたくさん混じっているが、あんなに多くの支那人を殺して、これが後になってから国際問題にでもならなければ良いが』と、さも憂い気に語った。果たせるかな、それから数か月後、中国政府から我が国に対して、同胞虐殺に関して抗議があった。……」。

このような、軍隊・官憲警察が自警団と一緒になって、虐殺をしていることを示す文献は、あなたが調査しようと、所蔵している外務省外交史料館や国立・公立公文書館などを訪れても、最近は一般閲覧はできない文献だとして拒否される。特に、公文書の場合が厳しく、所蔵の有無さえ、確認していただけないこともある。公機関・施設は、時の政府官憲に忖度した運営をしているからである。

それでも、具体的に、大島町での中国人虐殺が、実に残酷・凄惨なものであったことが、閲覧できる市販書に載っている。次の田辺貞之助の証言である。

「三日目になると、『朝鮮人が武装して横浜の方から押し掛けてくるから、みんな注意しろ。ことに井戸へ毒を投げ込むそうだから、井戸の警戒を厳重にしろ』と巡査が触れてきた。そこで、めいめい鉄棒や竹槍を持ち出し、井戸の周りに縁台を並べて徹夜の見張りをすることになった。……四日目ぐらいに

なると、朝鮮人狩りが本格的になった。昼過ぎだったと思うが、若い連中の集まりに行って帰ってくると、うちの門の柱に、第何分隊屯所と筆太に書いた紙を貼り、剣付鉄砲の兵隊が立っていた。僕はびっくりして、裏木戸から入り、『どうしたんだい』と声を潜め

江東区東大島文化センター（百年前、この辺りは空地で中国人数百人が虐殺された大島町事件の現場となった。）

て聞くと、母が、『今日から兵隊さんが十四、五人、家へ泊るんだってさ』と、おどおどしていた。裏の庭で兵隊さんが牛蒡剣を磨いていた。縄を拾ってきて、それへ砂を付けて擦るのだが、刃金に染み込んだ血の染みがなかなか落ちない」……

「（自警団の）番小屋に詰めていた時、『隣の大島町六丁目にたくさん殺されているから見に行こう』と誘われた。……その空き地に東から西へほとんど裸体に等しい死骸が頭を北にして並べてあった。数は二百五十と聞いた。……喉を斬られて、気管と食道と、二つの頸動脈が白々と見えているのがあった。後ろから首筋を斬られて、真っ白な肉が幾筋もザクロのように割れているのがあった」

「『こいつらは朝鮮じゃなくて、支那だよ』と誰かが言っていた。ただ一つ、哀れだったのは、まだ若いらしい女が（女の死体はそれだけだったが）、腹を裂かれ、六、七カ月になろうかと思われる胎児が、はらわたの中に転がっていた。その女の陰部に竹槍を刺してあるのに気付いた時、僕は、愕然として脇へ飛び退いた。我々の同胞が、こんな残酷なことまでしたのだろうか。……日本人であることをあの時ほど恥辱に感じたことはない」。

（田辺貞之助「女木川界隈」実業之日本社。1962年）

2. 多くの中国人虐殺と強制収容

　関東大震災下で殺戮された朝鮮人は、何千人にも及ぶ大虐殺であったが、中国人への虐殺・傷害も多大であった。東京・神奈川を中心に各所で殺戮された中国人は、合わせて何百人にもなる。政府・官憲の発表では、迫害を受け虐殺された中国人は、ほとんどが「不逞」朝鮮人と間違えられて、自警団らの民衆暴動によって犠牲となったとされてきた。実際は、軍隊・警察が迫害・虐殺に直接関わった事例もあり、何よりも大島町事件での中国人惨殺は、軍隊が主導であった。

　また、殺戮を免れても、朝鮮人と中国人は、暴徒と化した自警団からさんざ暴行を受けながら、警察署に突き出された。警察署では、犯罪者の如く拘留

「支那人を誤って斬る。九月二日、西新井村上尾久の重怒順を朝鮮人也と称し日本刀にて殺害した」「四日夜、駒込で支那学生を傷る。支那人学生韓湖初ほか三名の学生を朝鮮人也と称して重傷を負わせた鈴木熊蔵ほか九名に令状を執行収監す」
（「国民新聞」1923.10.21）朝鮮人犠牲の報道禁止が解かれた10/20以後の新聞に、朝鮮人・中国人の虐殺が報道される。しかし、軍隊・官憲による迫害・虐殺の報道規制は戒厳令解除の後も、ずっと戦前は取締りがなされた。

された。やがて、千葉県習志野連隊廠舎に設けられた中国人収容所に移送され、戒厳令下、千六百余人が「保護」名目で強制拘束された。収容された中国人たちは、うかうか日本側の軍・警察・自警団に対する批判などできなかった。中国人たちは、母国中国へ生還できた時、やっと安心して自らが遭遇した恐怖の体験を、堰を切ったように語り始めたのである。傍観した日本人の目撃談と違って、「此処で殺されるのか」と殺害の私刑をされる身に置かれた者の恐怖と怒りに震えた声であった。

　陳協豊氏が習志野収容所に至るまでの体験を語った。「九月二日の夜、日本軍人らしきものが、当地の日本人を呼び集め、各自凶器を持って、朝鮮人や我が労働者を惨殺した。その時、陳協豊らの生命もまた危険であったが、幸いにも免れた。この後、毎日惨殺が行われ、中国語の助けを求める声が絶えず響き渡った。しかし、助けに行くことはできなかった。私たちも、一日中びくびくしていたのだから。六丁目

9/29、山梨戒厳司令官視察に合わせて、朝日新聞社は関西婦人連合会が集めた救援品を配給した。習志野に収容されている朝鮮人は2,873名、中国人は1,666名である。（「東京朝日新聞」1923.9.30）

一帯は、軍警がびっしり配置されていて、中国人労働者が殺される場所はすぐ近くでありながら、見て見ぬふりをしたのだから、これは、日本軍警と人民が共謀して中国人労働者を惨殺した証ではないか。五日になって、我々生き残った者たちは、習志野の兵営に押送された」。

　次に、**陳福興**氏の話では、真昼間に、大島町各所で中国人が殺害されたこと、被害者の名前もきちんとわかっているのである。

　「九月三日、昼。六丁目 157 番地から三丁目共済会を経て被災地の実情視察をしょうと思って行くと、たまたま三人の同郷人が打たれているのを見た。錦

糸掘鉄橋のあたりで、また二人の中国人労働者が陸軍につれさられるのを見た。頭部は鮮鮮血淋漓。わたしは身体が小さく髭面で日本人のように見えるので、人目を引かず、深川

習志野収容所に拘束されていた中国人たち。
1923.9.21外交官岡部長景撮影（毎日新聞社）

まで行って引き返し、菊川橋のあたりで道端に二人の中国服の屍体が血だまりの中に転がっているのを見た。両手は針金で縛られている。……陳橋軒と林伯勛君が軒下に出てみると、労働服の日本人が突然やってきて、銃を構え、先ず陳君を倒し、伯勛君は隣の宿の裏口から逃げた。日本人は追ってきて、青田県（処州）の朱延雄、朱春典、朱上岩の三人に傷を負わせたので、私は怪我人を林病院へ担ぎ込んだ。日本人が大勢いるので、一時間ほど台所に隠れ、その後、富山酒店に三日置いてもらって騒ぎが静まるのを待った。六日、とうとう習志野へ連行された」。

　（なお、話の中の『銃を構えた労働服の男』とは兵士のことであろう）。

3. 帰国者の証言に基づく明晰な調査

　1923年10月から11月初めにかけて、日本から上海港へ、関東大震災時の受難生存者が、**博愛丸**（10/6着、449名）、**長順丸**（10/14着、524）、**千歳丸**（10/11着、738名）、**山城丸**（10/12着63名）、**春洋丸**（11/8着107名）にて帰国した。彼らは、宿舎の四明公所に集められた。特に、東京・横浜方面への出稼ぎ労働者を多く出していた温州、処（青田）州の同郷会は、挙って出迎えた。しかし、帰国者には避難の際とは思えない傷害を受けた人々が多いことで、港は、騒然となった。元凶の中国人迫害・虐殺事件について、的確に説明できる人物が、山城丸で労働者に混じって帰国していた。王兆澄氏（留学生、東大農学部）である。彼は、東京江東区大島町に、王希天とともに中華僑日共済会を組織し、中国人労働者の援護活動をしていた。王兆澄氏は、官憲による拘束を危惧して、監視・妨害を潜って、やっと帰国できた。彼は、上海

入港後に、立場を公表して記者会見を行い、震災時に於ける中国人の受難、同志の王希天の行方不明を伝え、帰国者を対象に犠牲の実相を聞き取り調査していきたいと訴えた。

そして、前日（10/11）入港した**千歳丸**には大島町事件で唯一人生き残った**黄子蓮**の姿もあった。証言のために記者たちの前に現れた黄子蓮は、頭部に重傷を負った悲惨な姿であった。

習志野収容所を出て帰国の途に就く中国人二千名。（内務省社会局「大正震災誌写真帖」1925.2.28）

「九月三日の昼頃、八丁目の宿舎に大勢の軍隊、警察、青年団、浪人（在郷軍人）たちがやってきて、『金を持っている奴は国に帰してやるから付いて来い』と言って174人を連れ出し、近くの空き地に来ると、『地震だ！伏せろ！』と言って全員を伏せさせ、手にした棍棒・鳶口・鶴嘴などで殴り殺した。私（黄子蓮）は、殴られて気を失ったので、死んだと捨て置かれた。夜中に痛みの為に目を覚まし、死体の中を這い、蓮池の側で一昼夜を過ごし、五日に、七丁目の駐在によって小松川署へ送られ、さらに習志野収容所に送られて、10月にやっと今、帰国した」。

さて、**王兆澄**氏は、宿舎の四明公所に滞在を続けて、**陳協豊**ら各州の協力者16名と共に調査グループを組んだ。主に習志野収容所から送致された帰国者た

芝浦港から神戸港へ向かう長崎丸（鉄道省連絡船）。避難民750名の内、138名が中国人だった。神戸から、山城丸に乗り換えて上海港へと帰国した。（1923.9.20）

182

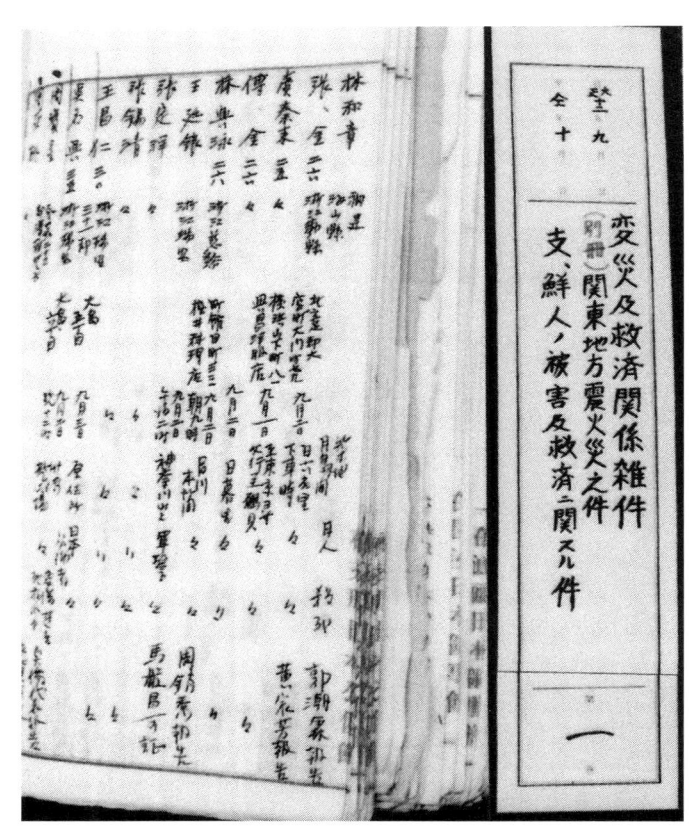

ちの聞き取りを記録した。この記録を、現地の各新聞社は、「日人惨殺華工之鉄證」として掲載した。

上海に始まる報道は、情報資料の提供も訴えながら、全国的な真相究明の世論を喚起していく。「中華新報社説」（仁木氏邦訳）を次に、一部分掲載する。

「たとえ、ことごとく自警団の暴行であったとしても、日本当局は責任を負わなくてはならない。しかも、王兆澄氏の報告の表によれば、軍隊・

「日本震災惨殺華僑案1〜5」第一冊。（台湾中央研究所蔵。横浜開港資料館複写蔵）。名簿と関係文献。

警察の手によったものがかなりある。震災の戒厳は暴民を取り締まるにある。もし、被害労働者が殺人・放火をしたということが無ければ、軍禁を侵したことにはならない筈である。なぜ、これを殺したのか」。

「……日本の新聞の最近の記事では、震災中の無数の暴行がだんだん暴露されてきた。その中、日本官吏の最も不名誉なものは往々にして殺人の後、これを隠蔽している。憲兵甘粕がほしいままに大杉栄夫妻及び、その七歳の甥を殺して、その死体を隠したように。……また亀戸地方で、労働党14人を殺して、軍警また死体を隠し、その家人に告げなかったのも同様である」。

「……日本軍警の度重なる隠蔽を見れば、華僑事件の隠蔽もうなづけるのである。吾人は誠意を以て日本国民に訴える。日本文明の名誉のために、中日国

民の感情の為に、人道と法規の為に、世論の力を以て東京当局を鞭撻し、速やかにこの事件を発表し法によって責任者を追求し、以て怨恨を慰め、公道を明らかにされんことを。日本国民の令名が少数暴力者の為に汚されることのないことを希うのである。1923.10.17）」。

　さて、関東大震災時における中国人の死傷者総数はいかほどになったのか。基本となった 11/30 に発表された**王兆澄**氏らの調査 420 人（9 名の重なりがあったので実数は 411 人）を基本に、温州知事の調査数、在日公使館調査数を追加した。中国外交部が、それらを整理して公式の資料とした（1924.2.25）。日本政府へも提示した被害者総数 566 人（死者 474 人、行方不明 11 人、負傷者 81 人）である。

（3）　戒厳軍に暗殺された王希天氏

1. 愛国者にして、労働者の支えであった

王希天（中華僑日共済会代表）

　王希天（1896 ～ 1923）は、吉林省長春出身で、日本へ留学し、一高予科から八高に学び、更に米国留学予定であった。母国中国への貢献の為に、留学している学生たちは、同志としての絆が固く、生活・勉学を支え合った。東京の**中華 YMCA**（キリスト教青年会）幹事となり、在日中国人の生活相談を進めてきた。また、シベリア出兵の際の日中軍事密約反対運動、五・四抗日運動支援などに取り組み、日本軍部から反日の要注意人物とされていた。

　王希天は、仲間の王兆澄（留学生、東大農学部）らとともに、中国人労働者の労働条件・生活保障をすすめるために、**中華僑日共済会**を、多数の同胞が居住する大島町に設立した（1922.9.21）。診療、生活援護、日本語学習から、仕事の斡旋、

前列右から周恩来、王希天。1918年春。

賃金・待遇での労使交渉まで支えたのである。

とくに、大島町に居住していた中国人労働者は、工場の下請けで荷運びをする者が多かった。その請負を采配する雇い主は、賃金や労働時間などで約束を守ろうとせず、労働者たちは僑日共済会に助けを求めた。かくて、中國労働者にとっては心強い味方であったが、日本側の雇い主と官憲側からは、争議を煽る労働運動家として、邪魔な存在であった。

2. 軍・官憲は、暗殺しながら「行方不明」と誤魔化した

九月九日午前八時、王希天氏は、早稲田鶴巻町の友人宅から、自転車で、大島町の**中華僑日共済会**へと向かったところで、連絡が取れず所在不明となった。仲間の**王兆澄**たちが、連日の如く王希天の足取りを訪ね歩き、知人からの情報も集めた結果、王希天は、「9/9 〜 9/10 まで、亀戸憲兵司令部（郵便局横）に拘留されていた」（王輝明は、亀戸憲兵司令部に拘束されたが、午後四時、そこで拘留されている王希天と会った）。「9/10 夜から亀戸警察署に移されて拘留された」（伍銘鐘は、亀戸憲兵司令部に拘束され、王希天と話す。18 時半ごろ、王希天と一緒に、亀戸警察署へと押送された。）。「9/12、午前三時ごろ、兵士二名が王希天を縄で縛りあげて亀戸警察署から連れ出した」（周敏書は、9/11 に亀戸警察署に拘禁され、王希天の拘留されていたことを 9/12 午前三時まで確認している）ことが判明した。以後、亀戸警察署でも、習志野収容所でも、王希天の存在は確認できなかった。

一方、中国では、**大島町虐殺事件**など、東京・横浜方面の中国人虐殺については、多くの証言に支えられて具体的な被害の実相が明らかとなってきた。**王希天**「行方不明」が日本の新聞でも報道されだした。そこで、中国は、日本政府に対して、大震災時の中国人虐殺事件と同時に、王希天事件を加えて、真相を問う事とした。施履本代理公使から、伊集院彦吉外務大臣へ真相解明を要請する書簡を手交した（1923.10.20）。次に日本の回答を踏まえて、調査団を送り、交渉を行う予定であった。

すでに、日本政府側は、帰国した**王兆澄氏**（大島町で王希天とともに、**僑日共済会を組織していた**）が、上海で、大島町事件、王希天問題を訴えていることを把握していた。中国現地の領事からは、次々と外務省へ、中国側がどこまで真相に迫ってきているかを電信で伝えてきていた。大島町事件には、戒厳軍に自警団が加わっていた。自警団による「誤殺」主張の弁明ができるだろうが、

あまりにも被害者の人数が多すぎる。王希天問題には、軍隊と警察だけが、王希天を拘束していた。最後に王希天を拘束して連れ出した兵士も特定されているようである。急ぎ、殺害の事実を比定できる手立てを講じなければならない。戒厳司令部参謀・警視庁官房主事が連携し、それぞれに対応を為した。「王希天問題」についての日本側の見解と対応は公には次の通りであった。

■「戒厳司令部覚書　王希天の件、左記の通り」大正12（1928）年10月13日。「佐々木大尉は、亀戸税務署に中隊本部を置き、鮮人及び支那人を習志野に汽車輸送を為すに当たり、その受領及び運輸の業務に従事中、九月十一日午前十一時頃、巡査が王希天以下十名の支那人を護送し来たりたるにより、之を受け取りたるに、巡査の一名が、『王希天は排日支那人の巨頭なれば注意せられたし』と告げたる」「王希天を直に習志野に送るは危険なりと思惟し、翌朝早く野戦重砲兵第三旅団司令部に同行するを適当と認め、……」「翌十二日午前三時、亀戸警察署より王希天を受領し、……同行の途中種々取調べを為したる処、王希天は、相当の教育もあり、元支那の名望家にて在京の支那人中に知られており、何ら危険なき者と認めたるにより……同日午前四時三十分頃、前記会社（東洋モスリン株式会社）西北方約千mの電車線路付近に於いて、同人を放還したるに東方小松川町方面に向かい立ち去りたり。」

■各警察署長・分署長殿「刑秘第一七三号秘」大正12（1923）年10月20日、木下刑事部長。正力官房主事。「支那人所在捜査に関する件指示。　元神田区北神保町十一番地　中国基督教青年会、僑日共済会長　支那人王

発行禁止とされた「読売新聞」（1923.11.7）

支那人誤殺の責

次に遺憾なるは支那人誤殺事件で現に支那からは王氏を調査委員として特派して居るは支那が日本の司法警察権を信頼しないさいふときになり獨立國法治國の體面を侮辱するものである外務大臣は之に對して如何なる答辯を與へられたのであるか、甘粕事件に對しては軍法會議を開いて居るが此の支那人誤殺事件に對しては支那側の要求たる誤殺の地點に關し三箇月の久しきに亘り何等調査したることなく假りに調査したりさするも之を發表せざるは何故であるか

さて港震殺事件に對し我國民は血を湧かしたに拘らず支那人誤殺件に對して不可解の措置を執るは決して大國民の態度に非ずと見ねを切る

「三カ月の久しきに渡り、何ら調査せず、発表せず……」（「東京朝日新聞」1923.12.16）

希天　当二十八年。」。「……九月十二日早朝、亀戸署より千葉県下習志野収容所に移送すべく軍隊に引き渡したるに、軍隊に於いては特殊保護を加うる必要なき者と認め、放還したるに、その後所在不明となりたるものにつき、その署内居住または止宿の有無取調べ結果、刑事部長宛至急報告せらるべし」。

　軍も警察も、拘束していた王希天を釈放すると立ち去ったが、その後は知らず、所在不明であるとする。そして、警察としても捜索に協力するので、所在を発見すれば連絡されたしと念が入った捜査願いをお膳立てした。とにかく事件・事故とも判らず『行方不明』と言う事で、軍隊・警察共に「王希天」に対する責任はないという手筈が整えられていたわけである。

　さて、中国からの真相究明の要請にどう答えるべきか。担当の五大臣が急遽集められた（1923.11.7）。五大臣とは、山本権兵衛総理、後藤新平内務相、伊集院彦吉外務相、平沼騏一郎司法相、田中義一陸相である。後藤内務相から、中国からの「虐殺への究明と抗議」に対しては、「調査をしたが、虐殺の事実も、王希天の行方も判明しない」と、無責任にも真相の隠蔽を行うことを日本政府の方針と確認した。また、日本側で真相を追及するような報道は取り締まる。本日の「読売新聞」の王希天関連の記事は削除・発行禁止としたことも告げた。こうして、真相を隠蔽して中国側の主張・事実の提示を否定することを、日本政府の公式見解として、中国側へも伝達された（1923.11.7）。日本政府が、真相の究明どころか、隠蔽する無責任さに、中国は、不信感を強め、抗議の意も含めて、王正廷使節団を派遣して実態を調査し、交渉を行なった（1923.12.7～）。

また、国会審議でも、この問題は取り上げられた。中国側が、抗議と調査の使節団を送り込んできたのは、日本側が中国人の犠牲に対して誠意を以て対応せず、さらに、何か月もの間、調査もせず、発表もせず、外交関係に不信を招いたからだと、政府批判が行われた。

次の節で述べるが、軍と警察との連絡役を担当した将校が、このような対応を、戒厳軍と警察がとるようにと、全てを根回しした。戦後、その担当した将校が、これを告発したので軍と警察が一体となった隠蔽工作が暴露されるのである。

（4）　今や、軍隊の犯罪だったと露呈している

1. 大島町事件；戒厳軍「全部殺害、支那労働者の説」

戦後、大島町事件等、戒厳軍が、関東大震災時に朝鮮人・中国人の虐殺事件に直接関わった事を記録した史料が、研究者によって、一点だけではあるが発見されて公開された。「関東戒厳司令部詳報」に挟まれた「**震災警備の為兵器を使用せる事件調査表**」である。これは、（松尾章一監修「関東大震災　政府陸海軍関係史料　陸軍関係史料」日本経済評論社）に掲載されている。その公記録コピーから、事例として、**野戦重砲第一連隊が九月三日だけで238名の朝鮮人を虐殺**した大島事件の箇所を引用する。（当時の公文書を正確に抜粋引用したため、「鮮人」「支那人」との不適切言辞をそのままにしたことに留意されたい）。

「戒厳令」下、軍が出動しての殺戮は、「**衛戍勤務令**」により、「適切、罪科無し」で、むしろ功績とされた。すなわち、「第十二条　**兵器を用ゆるにあらざれば鎮圧するの手段なき時**」が適用された。したがって、司法省管轄の検察庁・警察署が摘発する一般の殺事件の対象にはされない。戒厳司令部へ、傘下の部隊から行動報告が内部資料として上げられることとなる。軍隊でも、警察でも、内部資料が閲覧公開されることはない。閲覧公開資料に、たまたま挟まっていたのであろう。何故なら、同様の内容の資料は、他に一点とて発見されていないからである。

■九月三日午後三時頃。大島八丁目付近。軍関係者は、野戦重砲第一連隊第二中隊69名と、第十四騎兵11名。（殺害した）朝鮮人約二百名で氏名不詳。「**群衆及び警官四、五十名が約二百名の鮮人団を率い来たり。その始末協議中に、**

騎兵卒三名が朝鮮人首領三名を銃把をもって殴打せるを動機とし、鮮人は、群衆及び警官と争闘を起こし、軍隊はこれを防止せんとしか、鮮人は全部殺害せられたり」「本鮮人団は、支那労働者なりとの説あるも、軍隊側は、朝鮮人と確信し居たるものなり」。（この大島町付近での殺戮には、朝鮮人だけでなく、多数の中國人が被害にあったことが判明している）。

2. 王希天暗殺；戒厳軍の旅団・連隊の裁可による

a. 久保野一等卒の「日記」

久保野茂次一等卒の「日記」
1923.9〜11

欺瞞を糾す。なぜなら、事件から五十年後、当時の軍関係者からの貴重な内部告発があった。「毎日新聞」（1975.8.28 夕刊）と「赤旗」（翌日版）が、「**王希天事件真相に手がかり、兵士の日記公開**」とスクープした。千葉県市川市の**野戦重砲兵第一連隊**所属一等卒であった**久保野茂次**の「日記」（1923.9.1 〜 11.29）である。「日記」全文は、関東大震災50周年朝鮮人犠牲者追悼行事実行委員会「関東大震災と朝鮮人虐殺」現代史出版会（1975.9.25）に収録されている。久保野一等卒が所属した連隊は、9/3より、小松川、大島町、亀戸町方面に出動し、「不逞」として朝鮮人を惨殺する在郷軍人・消防隊所為を目の当たりにした。

特に、9/2、「**岩波少尉、兵を指揮し、（小松川にて）朝鮮人二百名を殺す**」のところでは、虐殺への批判を記す。さて、久保野一等卒らは、東洋モスリン会社を宿舎として亀戸停留所前に集結し、**検束された中国人・朝鮮人の受領場（亀戸税務署）から、彼らを津田沼憲兵隊まで護送して、そこから習志野収容所へ引き渡す役目をしていた**。ここで、久保野一等卒は、王希天と出会ったのである。「日記」から抜粋しよう。

■「十月十八日。（「**東京日日新聞**」記事「**在日支人を導き社会人育成に努めた、事業半ばに行方不明、前途有為の王希天君**」切り抜きを貼付け）。本日の日日新聞に、王希天氏の消息について、その後、警視庁の調査する処では、同氏は軍隊の手から、十日、亀戸署に引き渡し、**十二日早朝、同署では習志野に**

護送する為、さらに軍隊の手により引き渡したが、軍隊では、『保護の必要なし』と認め釈放し、これとともに其の旨亀戸署に報告した。」「王希天は、支那人の為に、習志野に護送されても心配はないということを、漢文を書して、我が支那鮮人受領所に掲示された。支那人として王希天を知らぬ者はなかった。**税務署にゆき、衛兵に、「将校が殺してしまった」という事を聞いた。**

■「十月十九日。或る者（添書きに、高橋春三氏）より聞いた。**中隊長**（佐々木大尉）初めとして、**王希天君**を誘い、『お前の国の同胞が騒いでいるから訓戒を与えてくれ』と言うて連れ出し、逆井橋のところの鉄橋の所に指しかかりしに、待機していた**垣内中尉**が来たり、『君ら何処へ行く』と、六中隊の将校の一隊に言い、『まぁ一服でも』と休み、（王希天の）**背より肩にかけ斬りかけた。そして、彼の、顔面及び手足などを斬り細かくサキテ、服は焼き捨ててしまい、携帯の十円七十銭の金と万年筆は取ってしまった。**そして、殺したことは将校間に秘密にしてあり、殺害の歩哨に立たせられた兵により逐一聞いた。」

■「十一月二十八日。（中隊長殿の講話）最後に震災の際、兵隊がたくさんの朝鮮人を殺害した其のことにつきては、夢にも一切語ってはならないと、固く断わられた。それについては、**中隊長殿が殺せし支那人に有名なる者ある**ので、非常に恐れて、兵隊の口を止めていると一同は察した」。（久保野一等卒は、12月をもって除隊と決まっ

久保野茂次一等卒の「日記」（1923.9〜11）　王希天を知らぬ者はなかった。「税務署の衛兵に、将校が殺してしまったという事を聞いた」。

晩年の垣内八州夫中尉（当時、野戦重砲兵第三旅団所属）

ていたため、稀有な体験を客観的に記述できたのであろう）。

b. 遠藤中将の「日記」

　久保野茂次「日記」から、それが事実であることを実証したジャーナリストの著作がある。田原洋「**関東大震災と王希天事件**」三一書房（1982.8.31）である。調査の圧巻は、王希天を惨殺に関わった当事者たちとの対峙である。まず、王希天惨殺の後始末（軍は無関係とする）を行った、**遠藤三郎**（元陸軍中将、航空兵器総局長官）からの聞き取りである。王希天惨殺は、**第一師団野戦重砲兵第三旅団**（旅団長金子直少将）幹部が関わっていた。関東大震災時に、遠藤大尉は、野戦重砲兵第三旅団の**第一連隊**第三中隊長であり、金子旅団長室に親しく出入りしていた。一方で、金子旅団長は、**中岡弥高大佐（野戦重砲兵第三旅団第七連隊長）**と、**佐々木兵吉**大尉（その第一連隊第六中隊長）から、王希天を「反日支那人の巨頭」「危険な社会主義者」として密かに処断したいとの申し出を受けた。結果は、密かにどころか、軍の関与が疑われる報道もあり、遠藤大尉は、野戦重砲兵第三旅団を王希天惨殺とは無関係として隠匿する命令を旅団長より受けた。そこで、警視庁**正力松太郎官房主事**との間で、「王希天は釈放後に行方不明にて、軍・警察共に無関係」との辻褄合わせに合意した。

　また、田原氏は、王希天を直接に斬り殺した**垣内八州夫中尉**（当時、野戦重

張玉彪「関東大震災中国人虐殺之図」2020年。中央右は王希天斬殺場面である。

砲兵第三旅団所属、後に対馬要塞司令官）と面談した。垣内氏は、「私は、**後ろから一刀あびせただけです。**」「佐々木中隊長は、上から命令を受けておったと思います。あとで、王希天が人望家であったと聞いて驚きました。**可愛そうなことをした**」。「こうして、私（田原）は、王希天虐殺犯人の自供と反省の弁を聞くことができた」。

3．「仁に仇をなす」誤りを重ねるのか

a．中国は、誠意ある震災救援を行った

　中国は、日本が大震災（1923.9.1）により未曾有の被害を受けたことに対して、政府・民衆こぞって、深い同情と善隣友好の立場から、最大限の支援活動を展開した。当時、日本は、第一次世界大戦を機に、中国に進出して、権益をほしいままにし（対中華二十一か条要求）、中国民衆の反日抗議の運動（五・四運動）が都市部を中心に広がっていた。日本への支援活動が積極的に湧きあがる状況ではなかった。しかし、中国は、隣人の不幸を喜ばずと、怨讐を超えて仁を以て対応したのである。

中国から代表慰問使葉慎齊一行。
（1923.9.12神戸港）

　大総統は、早くも九月四日、日本への貿易統制を緩和し、代理大使を慰問使節として派遣することを決定した。新聞社も、それまでの日本批判の論調を止めて、義捐活動を積極的に呼びかけた。九月十日、葉慎齊慰問使節は、義援金79萬242円59銭を携えて、救護船新銘号に、小麦二万袋・米六千袋・木炭千六百荷、ミルク・肉の缶詰を山積みして、外国からの救護船一番乗りであった。慰問使節とともに、紅十字医療団が同行し、避難所に診療所を設けて医療活動に献身した。

　ところが、渡日中国人が震災避難民として上海に帰国してから、震災時の中国人虐殺事件の真相が次第に明らかにされてきた。中国側としては、親善の行

中国から救護に駆け付けた紅十字社の医療団16名。（「写真新聞創刊号」大坂写真新聞社1923.11.1)

為が裏切られたような困惑から、黙して語らずの日本政府に対して、不信の念と怒りが高じた。避難民の証言を報道した新聞各社は、中国政府として、日本に対して真相究明の要請を行うべきであるとの世論を喚起することに尽した。

対して日本政府はどうであったか。ただ、軍隊、警察が犯した犯罪の責任追及を免れるために真相を隠蔽することに汲々とした。真相究明と言う当然の責務を追求されたことに、国内では、言論・報道を弾圧し、中国に対しては、要請を門前払いして外交関係を打ち壊した。五大臣会議にて、伊集院外相が、（隠蔽を方針とすれば）「中国は疑惑と反感を強め、排日の動きを強めるだろう」と結果を予期した通りとなる。

b．わずかな死傷者?と賠償金の不履行

1923年12月3日、中国から、震災時に於ける中国人虐殺の実相を調査・確認するために、特派使節王正廷一行が来日した。それに先立ち、宗教者などの調査員の俞顕庭牧師一行が長崎に寄港し、上京した（1923.11.12)。施代理公使とも協議し、大島事件の現場、目撃者（木戸四郎）などを訪ねる。さらに、外務省、内務省警保局も訪れ、情報を確認している。特派使節王正廷一行に対しても、日本外務省は、王希天は釈放後に行方不明、大島町事件についても多数虐殺の真相は不明である、との主張を政府側の見解として繰り返した。王正廷一行は、留学生、商業会議所、国会議員などとの茶話会を持ち、王希天追悼会実行委員会のメンバーとの交流を最後に帰国した。

日本政府は、中国人被害者について、中国側の主張と対比して、1923年12月現段階の結論を公示した。これは、国会での「質問主意書」への「答弁書」として公開されたもので、中国政府にも示した政府見解である。即ち、次の如し。

＜支那人誤殺事件に関する質問主意書＞大正 12 年 11 月 15 日　（爵位省略）

　内閣総理大臣山本権兵衛殿、外務大臣伊集院彦吉殿、内務大臣後藤新平殿

　提出者　仙波太郎ほか賛成者 30 名

　今回の大震火災の際、本邦在留支那人誤殺に関し、我が政府は、前後二回に亘り、毎回、**四名若しくは五名、総て十余名なりと公表したるに対し**、支那公使館は、**留学生十七名、商人二十六名、労働者二十五名、総計六十八名なりと公表し**、彼我の調査に著しき懸隔あり。事変後三カ月有余を経過したる今日に於いて、我が政府は、尚調査を完了するに至らず為に、支那政府よりは前後数回調査員を派

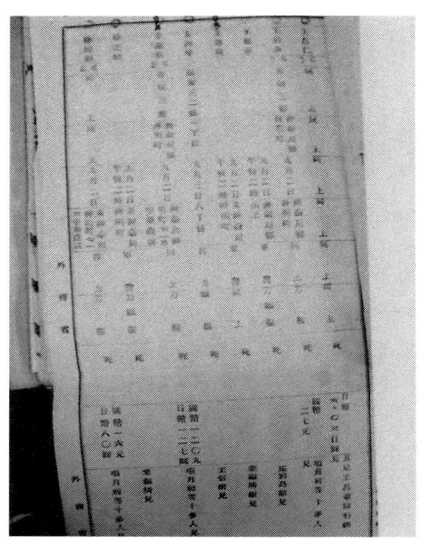

「中国留日人民被害調査表」1924.2.25

遣せしむるに至り、あまつさえ支那国民に非常の反感を抱かしめつつあり。此の如きは、彼我の親善輯睦を全うする由縁にあらずと信ず。故に政府は、

一、此の際、公明正大に事実と被害数とを中外に公表し、内外人の疑を解くの意思なきや。

二、若し、混雑の際、調査不可能の点ありて、正確の数を公表するに難しとせば、寧ろ此の際、我より進んで速やかに支那公使館の報告を是認するの雅量坦懐を示されたきものと信ず。政府の所見如何。

三、遭難者を生せし事件につき、我が政府より、遺憾の意を表せられたりとのことなるが、なお進んで速やかに相当の賑恤金を贈与し、彼我国民間の感情を融和する策に出ずる意思なきや。　　　　　　　　右、質問に及び候。

＜支那人誤殺事件に関する質問書に対する答弁書＞

一、今次、震火災の際、本邦人が誤って支那人を殺傷したる事件に付いては、当局に於いて厳重調査の結果、犯情判明したるものは加害者を起訴するとともに、随時、支那政府に当該事実を通報し、且つその大要を公表せり。而して今日まで判明せる分は、**被害支那人致死者三名、負傷者七名也**。なお政府は、今後鋭意調査を継続し、判明したる事実は随時公表すべし。

二、在本邦支那公使館に於いて、質問主意書記載の通り、被害支那人の数を

　　公表したること、事実なりとせば、右は同館限りの調査に係るものなるべ
　　く、従って政府としては之を是認し得るべき限りにあらず。
　三、政府は……被害事実については、目下引き続き調査中なるを以て、此の
　　際、**賑恤金**に関し何ら所見を表明するを得ず。
　　　　　　　　　　　大正十二年十二月　　日　　　　　内務大臣。外務大臣。

　さて、上記を読んで気付かれたと思うが、日本政府が中国人被害者として認
めて、公表し、中国公使にも通告しているのは、目下起訴されている場合である。
加害者・被害者が明白に特定されて起訴できた場合である。それには、大島町
事件の中國人被害者は誰一人も、「行方不明」とされた王希天も、日本政府は
是認していないのである。では、日本政府が是認しているのは、どの事件なのか。
「Ⅲ．虐殺犠牲者数は如何に把握されたのか」の「3.司法当局による自警団に
対する捜査・立件の記録」に、「朝鮮人として誤殺」の中国人被害者、死亡4人、
負傷6人、計10人とある。論述紙数の関係で、事件の場所だけを記述する。
東京府下邑久町死亡1人。東京市小石川区死亡2人、負傷1人。神奈川県足
柄下区吉原村死亡2人、負傷1人。と起訴されているが、問題は東京市小石
川区である。中国公使館の調査では、死亡20余人、負傷20余人と多数である。
　（吉河光貞「関東大震災の治安回顧」法務府特別審査局 1949.9）
　そもそも、大島町事件の如く、場所が特定されて、目撃者がいる場合、警視庁・
検察庁が捜査・起訴するつもりであれば、何処の自警団で、その構成も、軍隊
も何処の連隊かもわかっているから、加害者の特定は可能である。戒厳軍や官
憲警察の殺戮は摘発できないと、初めから除外し、その戒厳軍や警察と一緒に
行動した自警団も摘発できないとしているのである。そんな治外法権な例外を
設定した状況では、日本政府として、「引き続き調査し、判明すれば公表する」
と大見得を切っても、摘発して公判にかけることができそうな自警団はもう限
界であった。摘発できないとみなす自警団は、警察・軍隊に協力して、朝鮮人・
中国人を迫害したのだから、彼ら自警団を摘発すれば警察・軍隊は己の首を絞
めることとなるのであった。
　かくて、日本政府は、一旦は否定していた**賑恤金**を認めて外交関係の行き詰
まりを打開する案に飛び付くこととなった。時の清浦圭吾内閣は、次の加藤高
明内閣に政権を引き継ぐ終末を迎え、この日中懸案の課題に解決の糸口をつ
けておきたかった。清浦内閣は、「**支那人傷害事件慰籍金二十万円**」の責任支
出を決定した（1924.5.27）。一方、交渉相手となる中国側の北京政権も、各

地の軍閥間の争闘があり、政権のまとまりが不安定で、事態の一歩前進になるこの**慰籍金**に同意することとなった。**慰籍金**の配当は中国側の自由だが、「日本からの謝罪・犯人検挙はしない」という条件で、折衝は芳沢公使にまかされた。ところが、加藤新内閣の外相幣原喜重郎からの訓令は無く、日中関係は戦時への対立が続発されて、具体的折衝ができない中で、慰籍金の

九月、中国からの遺族・関係者を中心に殉難者の追悼が行われる。

件は外交課題から放置されてしまった。

　戦後に於ける軍・官憲の内部史料に基づく研究者の調査により、大島町と王希天の虐殺事件の真相は明らかとなった。これらの戒厳軍・官憲・警察の犯罪を隠蔽し、中国人犠牲者の命の尊厳を傷つけてきた罪科を放任している日本の国家責任は、重大である。一日も早く、国民の前に罪科を告白して、贖罪の行動をとらねばならない。現在も、日本政府は、でたらめな「王希天は行方不明である」との戦前の公式見解を取り消していない。

　日本政府が決定した「**支那人傷害事件慰籍金二十万円**」（1924.5.27）の責任支出は、決定は友好であるにもかかわらず、今日まで実行されていない。当時の軍国日本の政権でも、その意義を「支那政府調査の結果、果たして数百人の被害者在りとせば、まことに同情に堪えざる次第なるを以て、帝国政府は善隣の交誼に顧み、特に慰藉料として金二十万円を支出し、その処分は之を支那政府に一任すべし」と述べていた。

　現在、「1923年関東大震災下で虐殺された中国人受難者遺族聯合会」は、日本政府に対して、次の要請を行なっている。

1. 　日本政府は、必ず国家としての責任を負い、この歴史事実を認め、1923年関東大震災時に虐殺された旅日中国人労働者、行商人、及び彼らの遺族に謝罪すること。
2. 1924年に日本政府が決定した賠償方針に基づき、現在の国際慣例、物価水準、受難者人数に見合った修正を加えたうえ、賠償を実施すること」

日本政府は、この要請に真摯に応える責務がある。著者が支持する所以である。

C. 日本政府は、公約と責務を守らねばならない

日本政府は、「支那人傷害事件慰籍金二十万円」（1924.5.27）の責任支出を決定した。その意義は、「支那政府調査の結果、果たして数百人の被害者在りとせば、まことに同情に堪えざる次第なるを以て、帝国政府は善隣の交誼に顧み、特に慰籍料として金二十万円を支出し、その処分は之を支那政府に一任すべし」と友好の立場であった。大震災の被災への援助として、中国から義援金を支援された日本として、見劣りがする金額ではあるが、善隣友好の立場ではあった。しかし、施行への努力はなされず、戦時に日本政府は放置し、戦後の今日に至るも日本政府は公約決定を施行していない。

さて、更なる日本政府の責任放棄を追記して糺しておきたい。中国政府から、具体的な被害者名簿を提示されて、日本政府は、中国人被害について「引き続き調査し、判明すれば公表し、中国へ通知する」ことを公約した。この責務を、日本政府は果たすための努力をしてこなかったし、今日の政府も放棄している。過去の政権の公約・条約を、今日の政権が引き継ぐことは国家の存立と関わる当然の国際慣例である。

臺灣生れの工夫
五人殺し事件
神奈川縣警察部の活動

（橫濱デン話）神奈川縣警察部刑事課の山口警部は、数日前より小田原署に出張命令より入名某と喧嘩の上附近の殿家まで追ひ立てたのでスワ鮮人襲來と村民が獲物を持つて集まり來たので鮮人は行方を晦ましたが風説は隣接町村まで飛んで各村民總出で大騒ぎの殺中眞相と

十六日
横濱地方裁判所から瀬川検事出張して假傷害を引致し來つて取調同中の處

三百名
の村民が護物を持つて集まり來た

「台湾工夫、五人殺し事件」「9/3、自警団は、台湾人工夫八名に、三名を殺し、二名に重傷を負わせた。」（「読売新聞」1923.11.18）

熱海で殺されたのは
臺灣人でないと判る
神奈川縣警察部で調べ
加害者八名を收監す

（小田原通信）相州湯河原温泉場附近古奥村地内の熱海線軌道に於て同地自警團警にジシン當時の九月四日午後一時半頃

惨殺された臺灣人陳寬田（三〇）抗玉緑（二九）陳招勝（三六）の死體は同月六日小田原署の小野警部が出張検視の上火葬に附し加害者の検挙を期して今日に至った所右被害者は竟は〇〇人で一行十九人中の一人が神戸から便船で歸國したので又も神奈川縣警察部で詳細取調べの結果左の八名は

令状を執行されて十八日横濱刑務所に護送された
▲吉澤村向笠近治（三〇）坂本徳太郎（二八）小澤藤蔵（三〇）中じま卯之助（二五）力石友蔵（二八）
▲土肥村大野助作（一七）二見文平（二五）二見金治（二七）

「殺されたのは、台湾人でない。実は中国人。加害者八名を収監する」（「読売新聞」1923.11.21）

　ここで、これまでの記述に於いて、日本が植民地化した「台湾」の位置づけを欠落してきたことを指摘する。日清戦争後に、台湾は日本に割譲されたため、中国の領土と共に、住民の中国人までも日本領・日本人とされた。日本の支配によって、台湾の中国人は、台湾人＝付加された日本人として、支配される従属民族とされた。大韓帝国の独立国家を破砕された朝鮮民族と、清帝国から割譲された台湾に居住した中国民族との、両者の差異は、日本の差別的統治に利用された。

　右に示した二つの新聞記事を見てほしい。9/4、神奈川県湯河原温泉付近の熱海鉄道工事に従事していた中国人労働者が、自警団に襲撃された「台湾人惨殺事件である」。11/18記事は、「台湾人」＝「日本人」とされた被害者で、二か月余に渡って加害者の調査・検挙もほったらかしにされたままだったこと

が分かる。 11/21 記事は、中国政府からの被害者名簿に記された中国人と明らかになった。あわてて、調査・検挙をする気になって調査して、すぐに加害者も検挙したというのである。新聞でジャーナリストは報道したが、日本政府として、公式発表して、中国政府へ通告してはいないのである。なお、「台湾人」として位置付けられた場合、朝鮮人と同様に、寄るべき国家の無い日本の植民地住民、すなわち、付加された「日本人」として、差別的扱いを受けた。この視点からの調査をしなければならない。

Ⅹ．社会主義者・労働運動家の拘束と虐殺

（1）　亀戸事件；警察署内で労働運動家たちが殺害された

1. 労働運動家も「主義者」として拘束された

　大震災後、東京市亀戸警察署には、「朝鮮人が放火・暴動」とのデマを理由にして、何百人もの朝鮮人や何十人もの中国人が続々と検束された。あふれて、近くの亀戸第一小学校校舎へも収容したほどであった。

　そこへ、九月三日、労働運動家・社会主義者ということで、川合義虎、平沢計七たち、十名の日本人が検束されてきた。彼らは、**南葛労働会**など労働組合運動を進める活動家だったが、官憲から治安を乱す恐れがある**要視察人**とされ

亀戸警察署に駆け付けた、被害者の家族と関係者たち。
（1923.11.10）「日本共産党の60年」

ていた。同日、警察官の指示に従わなかったとして自警団員四名も拘留された。これら 14 名の日本人については、亀戸警察署に拘留されたことが、関係者・家族が弁護士も立てて告発・究明し、報道関係者も周知していた。

　家族・関係者が、亀戸警察署に面会・釈放を求めても、「帰したはずだ」と突っぱねられてきた。報道機関にも、「戒厳令」下として官憲が、「社会主義者と関わる重大事件として、秘密裏に捜査中」として、報道を抑圧してきた。

　また、朝鮮人虐殺については、大部分は、自警団による行き過ぎた暴挙であっ

たとし、軍・官憲警察は、「不穏の行動をとった不逞な？」一部の朝鮮人をやむを得ず鎮圧した場合もあったが、大部分の「順良な」朝鮮人の保護に努めて収容していると弁明してきた。

2.　騒擾罪をでっちあげられ、労働運動家は虐殺された

さて、報道解禁（1923.10.20）がなされてから一月近く遅れて、亀戸警察署長、警視庁官房主事が、記者会見して、「拘留した十四名について」正式発表をした。当時、報道された新聞記事の内容を一部引用する。

■警視庁、内務省警保局は、一切掲載禁止を命じて許さなかったところ、十月二十日午後三時、警視庁より一部解除された。「亀戸署に検束中の十四人、銃剣で殺さる。その中に暴行自警団が四名。9月5日の払暁。」「あの場合やむを得ぬ。留置者の凶暴の状を古森署長語る。」「亀戸事件に対し、警視庁正力官房主事曰く『検束されていた数は770余名で、騒擾甚だしく制止しきれぬので、軍隊の応援を依頼……革命歌を高唱し、○○（鮮人）襲来等の言を流布し、制止しきれぬ為、衛戌勤務規定により、（軍隊が）労働者十名と自警団四名を、四日夜、遂に突き殺した。しかし、警官は手を下していない。』」「殺された人々。何れも熱心な労働運動者。平沢計七、河合義虎、北島吉造、近藤広造、山岸寛司、佐藤欣治、鈴木直一、吉村光治、加藤高諄、中筋宇八」。（「東京日日新聞」1923.11.11）

「亀戸事件犠牲者之碑」浄心寺（亀戸四丁目、1970.9.4建立）

川合義虎（共産党員、共産青年同盟初代委員長）を中心に、北島吉造、山岸寛司、吉村光治らは、労働者と共に暮らし、日常生活に社会主義を生かそうと努力していた。その為、警察権力から、常々弾圧の機会を狙われていたのである。

また、戦後、発見された戒厳軍内部史料「震災

**警備の為兵器を使用せる
事件調査表」（「関東大震
災　政府陸海軍関係史料
　陸軍関係史料」日本経
済評論社）には、亀戸警
察署からの要請で出兵し
た、習志野第十三騎兵連
隊が、九月五日に平沢計
七、川合義虎らを殺害し**た事件が記述されてい
る。その箇所を、次に引
用する。（なお、殺害した

台座に犠牲者の名前がある。

兵士たちは『衛戍勤務令』により罪科を問われない）。

　■「九月五日午前三時頃、亀戸警察署構内にて、騎兵Ａ中尉指揮下に、川合義虎、山岸実司、北島吉蔵、加藤高壽、平沢計七、佐藤欣治、吉村光治、近藤広蔵、中高宇八、他一名を刺殺した。」「上記、川合外、十名は、……不穏の言動ありしため、亀戸署に検束中、収容中の鮮人と相呼応し……警官の命に服従セザルのみならず、他の拘禁者を扇動するを以って、軍隊の応援を求め同人らを房外に隔離……不穏の挙動、他の七百余名の収容者に波及する状態を呈したるにより、Ａ中尉は……下士卒に命じ、全部これを刺殺せしめたり。」「**死体は、震災死亡者数百名屍体とともに火葬したり。**」。

　警察と軍が、うまく打ち合わせたようであるが、「**震災死亡者**」が、**古森署長の「百名ばかり」と軍の記録の「数百名」では倍ほど違う。**この「**震災死亡者**」とは、虐殺された朝鮮人・中国人の死体であることが公然の事実として明らかになったのは、戦後になってからである。戦前は、軍・官憲に対して疑義や批判を為す者は、すなわち天皇制国家・軍国主義の日本の治安を乱す者として弾圧された。戦後の民主主義憲法・社会になってから、押さえつけられていた関係者・目撃者（まだ、殆ど全員が生存していた）による証言が公表されたことで明らかにされたのである。

3．凄惨な虐殺は目撃された

■「**平沢君の靴**」正岡高一の供述（聴取、弁護士の松谷与二郎、山崎今朝弥）

「九月三日の夜。平沢君が夜警から帰ってきたのは、十時近い刻限であった。そしてしばらく休んで話しているところへ制服巡査が五、六人来た。『すまんが一寸警察まで来てください』『はい』と、彼は静かに答えて立ち上がると、おとなしく付いていった。」「四日の朝。**自分は、三、四人の巡査が荷車に石油と薪を積んで引いていくのと出会った**。その内、友人の丸山君を通じて顔なじみの清一巡査がいたので、二人は言葉を交わした。『石油と薪を積んでどこへ行くのです』『殺した人間を焼きに行くのだよ』『殺した人間……』『昨夜は、人殺しで徹夜までさせられちゃった。**三百二十人も殺した**。外国人が亀戸管内に視察に来るので、今日急いで焼いてしまうのだよ』『皆、鮮人ですか』『中には七、八人、社会主義者も入っているよ』『主義者も……』『つくづく巡査の商売が嫌になった』『そんなに大勢の人間をどこで殺したんです』『小松川へ行く方だ』」「清一巡査に教えられた場所に行ったとき、……そこは、**大島町八丁目の大島鋳物工場横の蓮田を埋め立てた場所であった。そこに、二、三百人の朝鮮人、支那人らしい死骸が投げ出されていた**。」「その時、私は、いつも平沢君が履いていた一足の靴が寂しそうに地上に転げているのを見た。平沢君は殺された。自分はこう信じてしまった。」。(「種まき雑記」1924年)

■「地獄の亀戸署」立花春吉の供述(聴取、松谷弁護士事務所)

「……身の危険を感じたので、私は、九月三日、亀戸署に保護を願い出た。四日朝、便所に行ったら、入口に兵士が立ち番をしていた。そこに、七、八人の死骸や首なし死体に筵が掛けてあった。また、横手の演舞場には血を浴びた**朝鮮人が三百人くらい縛られていたし**、その外の軒の下に**五、六十人の支那人**が悲しそうな顔をして座っていた。四日夜は、凄惨と不安に満ちていた。銃声はポンポン聞こえて、翌朝まで続いた。」「シンとして物音ひとつ聞こえない。ただ一人の朝鮮人が悲しい声を上げて泣いていた。『自分が殺されるのは、国に妻子を置いてきた罪だろうか。私の貯金はどうなるのだろう。』。この恨み言は、寂しく、悲しく、聞くに忍び難いものがあった。」

「翌日、立ち番の巡査が言った。『夕べ、**鮮人16名、日本人七、八名殺された**。鮮人ばかり殺すのでない。悪いことをすれば日本人も殺す。』」「その時、ふと私は、**南葛労働組合の川合という言葉を聞きつけた**。三人ばかりの巡査が立ち話をしているのだ。『やられたな』と、私は急に自分の身が恐ろしくなった。」「五日、便所へ行く道で、日本人らしい三十五、六歳の男が二人裸にされて、手を縛られているのを見た。一人は頭に傷があり、一人は半死半生の状態であった。**その夜また数十人殺された**。銃と剣とで。『嫌な音だね。ズブウと言うよ。』窓

から覗いて見た老巡査が、妙な
アクセントで他の二人の巡査に
話していた。」。(「種まき雑記」
1924 年)

■「虐殺、凄惨を極める」江
口渙 (「関東大震災と社会主義
者・朝鮮人の大量虐殺」1963 年)

(このように、官憲側は、首
をはねたりした惨殺死体の様子
や、多数の朝鮮人・中国人の殺

「北島のは、上向きにした首を横から撮ったもので、
鼻筋の整った高い鼻がまっすぐ天を向いていた」。

戮状況が明らかになることを恐れたのである。遺体・遺骨を追悼する労働組合
葬儀などで、事が大きくなることを予想して妨害したのである。ところが、惨
殺が隠蔽された死体の様子は撮影されていた。)

「殺したのは、主に**習志野の騎兵十三連隊の将兵と憲兵**だった。初めは銃殺
にしたが、銃声が外まで聞こえるので、後では一人ひとり銃剣で突き殺した。
……何十人か束にしては、次々に**荒川放水路の四ツ木橋**の下までトラックで運
んで行った。そこで、新しくできた**軽機関銃**の効果を試験するために、標的に
使ってなぎ倒した。……この中に朝鮮人と間違われて殺された亀戸の自警団員
が四、五人いた。それに憤慨した自警団は、**放水路に転がしてある屍体を、片っ
端から撮って歩いて、後の証拠にした。**その中に、はしなくも**平沢計七と北島
吉蔵**の首が出てきたのだ。」「十二月末に近い日であった。私は、平沢と北島の
写真を労働運動社で、近藤憲二から見せてもらった。

平沢の首は正面を向いて土の上に立っていた。特徴のある左右へだらりと垂
れ下がった鼻髭と、半分つむった切れ長の目は、生前に二度しか会っていない
私が見ても、紛うことなき平沢だった。……**北島のは、上向きにした首を横か
ら撮ったもので、鼻筋の整った高い鼻がまっすぐに天を向いていた。**」

4．荒川河川敷の虐殺死体は、掘り出され隠蔽された

また、弁護士を立てて、遺体の引き渡しを求めて、亀戸警察署へやってき
た遺族たちに対して、古森繁高署長は「管内の変死者や焼死・溺死者百余
名と一緒に焼いてしまって、遺体の判別はできない」と当初は開き直った
(1923.11.13)。

この亀戸警察署長と遺族とのやり取りは、次の「骨」と題した遺族の供述に詳しい。

■「骨」南喜一（吉村光治君の実兄）の供述から（聴取、東海林武蔵）

「九月十五日頃、光治が殺されたらしい風説を聞いたので、いよいよその事実否を訊ねた。『事実です。遺族の方がわからないので、今まで通知しなかったのです。』『そんな馬鹿なことはない』と、私は言った。巡査が光治の家や私の家を知っている筈だ。それに、拘引された後も、若い者だと物騒だと言うので、父が三度まで来ている。そして、一度目と三度目には、帰した。途中でうろうろしているだろう。と鼻先であしらわれ、二度目の時は、怒鳴りつけられて帰ってきている。』「殺したのは私の責任です。巡査にそう言わせたのも私の命令です。」と、署長は泣かんばかりに託びた。「骨をどうしてくれる。」と、私は言った。「骨は、荒川放水路の四ッ木橋の少し下流で焼いたから、自由に拾ってくださいい。」「あすこには機関銃が据え付けてあって、朝鮮人が数百人殺されたことは周知のことだから、誰の骨かわかるものですか。」『明日（十一日）午前十時までに来てくれ。その日は分かっているので、その場所へ案内するから』というので、私は、労働組合の者ではないが、他の殺された人の遺骨のことも考えられたので、南葛労働会の本部に出かけて行った。そして、翌日、みんなで警察に骨拾いに行くことにした。『翌日は無駄であった。『今、骨のことで本庁に聞きに行っている。どうせわからない骨を拾ってみたところで、力抜けして引き返した。どうせわからない骨を拾ってみたところで、仕方がないとあきらめたのだ。』

（「種まき雑記」1924年）。

さて、次の新聞記事に見るように、まだ、11/13 午前の時点では、かなりの死体は埋められたままで、掘り出されていなかったことが分かる。官憲側は、遺族・関係者が立ち会い、死体を掘り出す予定の11/13 当日前、十二日の夜に、あわてて特定の十四人分の死体を掘り出して焼却して、十四個の骨箱を用意したのである。

■「骨拾いの交渉から亀戸警察署に新しい疑惑」「署長は、『骨は荒川放水路にあるから必要な者は取りに来ても良いと言ったことはある』。（布施弁護士から）『大勢の死体と一緒に焼かれたという事ですが幾人くらいですか』。（古森署長は）『百名くらいはあったと思うが、当署で刺殺されたのは十四名で、

龜戸警察署内で刺殺され平澤計七
他十三名の遺骨引取りに關し十三

龜戸署に
骨函を叩き付け
遺族憤慨して引還す
四十名の憲兵警官銃劍で警戒し
遺族等現場から追拂はる

憤慨した遺族等
警視廳に押寄す
労働課長に龜戸署の不當を難ず
けふ更に總監と會見

又も荒川放水路で
死體發掘の怪行爲
警官隊が變装して秘密に三ヶ所

▲埋めた現場

多数の警察官、雇人が総がかりで、12日から14日の三日間、荒川河川敷の三か所から、数多の屍体を掘り出しては、何処かの焼き場へ運び去った。「国民新聞」（1923.11.15)。

遺族らは、遺族の立ち合いを許さずに死体が焼却処分されたことに抗議した。「国民新聞（1923.11.14)。

武装した憲兵、警官が、遺族らを追い払い、数多の死体が掘り出された。「国民新聞」1923.11.13)。

他は管内における変死者とか焼死・溺死者です。」

　■「自ら疑いを招く亀戸署。十四の死体を掘り出して焼いた形跡。（十三日受け取るになって）先回りをして、警官が張り番。残虐を語る現場の異臭。」「平沢氏らの遺骨を埋めた場所は、……荒川放水路四木橋から川下に半町ばかり下った大堤防の下で、既に亀戸署から三十名ばかりの警官が厳重に警戒し、佇立を許さない。」「前夜、掘り返した跡、歴然として焼け残りの木片、……石油缶やモッコなども残り、異様な臭気もあって、当時の惨状を想像するに十分

古森亀戸警察署長は、「平沢計七、川合義虎ら14名の刺殺体を百余名の変死者とともに、荒川河岸にて焼却した」と述べた（1923.11.10)。（「東京日日新聞」1923.11.15)

だった。」（「東京日日新聞」1923.11.15）。

　遺骨の遺族への引き渡しは、警察側による嘘と証拠隠滅の所業であった。遺族の立ち合いを許さない形で、誰の骨ともわからない骨箱を、遺族に対して「持って帰れ」と誤魔化す所為であった。荒川放水路河川敷に埋められた、数百人の朝鮮人の屍体も、それに混入して埋められた平沢計七ら労働運動家の屍体も、警察側が、遺族や労働組合関係者、報道陣を排除して、一方的に始末した。河川敷の三か所から何度かに渡って死体を掘り出しては、その場で焼却したり、何処かの火葬場へ運び去ったのである。経過を整理しておこう。

① 当初、九月五日払暁に殺害された平沢計七ら日本人の死体は、殺害の隠蔽のために身元が分からぬよう衣類を剥がされ、首をはねられたりした。「百余人、また数百人」の朝鮮人死体と共に、荒川放水路河川敷に埋められていた。

② 11/12 に、遺体の引き取りに遺族や関係者が立ちあって、明日（11/13）に、遺骨を掘り出すことに、亀戸警察署と申し合わせた。ところが、警察側は、前日（11.12）に急遽、死体を掘り出して焼却し、死体の判別ができぬようにした。

③ 数多の屍体すべてを掘り出して焼却するために、11/12 から 11/14 にかけて、亀戸・寺島の警察署、憲兵隊や雇人が総がかりで、死体を掘り出し続けた。一部はその場で焼却したが、大部分の屍体は、何度かに渡って、何処かの焼き場へ移送した。それを知って、駆け付けた遺族や関係者は回向の為にとして、花束、線香を持参して、立ち入ろうとした。しかし、警察官から、「公務執行妨害」「検束するぞ！」と脅されて、現場から追い払われた。

④ 古森警察署長の**「百余名の変死者・焼死者・溺死者」**とは嘘である。いくつもの目撃証言から、亀戸警察署内や、埋められた現地（荒川放水路大島町四ツ木橋川下の大堤防の下）にて惨殺された**「数百名の朝鮮人・中国人の死体である」**ことは明らかである。

⑤ （1982.9.2 〜 4）「関東大震災時に虐殺された朝鮮人の遺骨を発掘し、慰霊する会」が、朝鮮人惨殺死体を慰霊するため、荒川放水路大島町四ツ木橋川下を発掘した。しかし、すでに官憲が証拠隠滅のために死体を掘り出し焼却してしまった後である。しかも、最も多くの死体が埋められたと予想される大堤防の付近は、行政から発掘の許可が下りず、この時の発掘によっては、殺戮された朝鮮人たちの死体の残余があっても、それを求め

11/13、荒川放水路河川敷で、警察側が数多の屍体を掘り出している現場。写真は、警察関係以外の立ち入りを阻止している警察側の要員である。(「報知新聞」1923.11.14)

亀戸事件犠牲者弔う南葛労働組合の人々 (1923.11)
小西四郎編「明治百年の歴史上下編」講談社 (1968.4.10)

ることはできなかったのである。

（2）　甘粕事件；社会主義者大杉栄、伊藤野枝らの虐殺

1. 官憲・軍部は、民主運動、社会主義を敵視した

　1910年、政府官憲は、明治天皇「暗殺」をでっち上げた**大逆事件**では、次々と社会主義者と見なしたものを検挙し、翌年、**幸徳秋水**（1871 ～ 1911）ら10名を死刑に処した。そして、**米騒動**（1918）、**三・一独立運動**（1919）にみる民衆運動の決起があった。特に、関東大震災の前年（1922）は、**新婦人協会、日本労働総同盟、日本農民組合、朝鮮労働同盟会、全国水平社、日本共産党**などが結成され、民主主義・社会主義や、農民・労働運動が高揚し、官憲は弾圧に躍起となっていた。

　関東大震災を機に、戒厳軍・官憲警察は社会主義者を直接攻撃した。亀戸警察署は、軍と謀って管轄地域の**南葛労働組合などの社会主義者**を検束して惨殺した（亀戸事件）。また、9/3 夜、**市谷刑務所**に、憲兵小隊を引き連れた憲兵将校が押し掛け、「獄中の社会主義者を全部引き渡せ」と要求した。所長は、「此処の入獄者は、司法大臣から命令で自分が預かっているのだ。司法大臣の許可がない限り戒厳軍と雖も引き渡すことはできない」と拒否し、やむなく憲兵将校は引き揚げた。当時、**市谷刑務所**には、その年六月に日本共産党が検挙され、**堺利彦、徳田球一、渡辺政之輔、猪俣津南雄**らが繋がれていたが、辛くも難を逃れたのである。

大杉栄の墓碑文（1976）。「大杉栄は……日露開戦に際し非戦論に共鳴して社会主義者となる。……関東大震災に遭遇して妻の伊藤野枝、甥の橘宗一と共に、軍憲の為に虐殺せられ...荒畑寒村撰」静岡市沓谷霊園。

　次に狙われた犠牲者は、著名な社会主義者**大杉栄**（1885 ～ 1923）であった。大杉栄（翻訳家）は、日露戦争時に反戦論に共鳴して幸徳秋水らの**平民社**に出入りし、社会主義運動に参画した。大杉は、ダーウィン「進化論」、ファーブル「昆虫記」を翻訳紹介した文化人でもあった。

　1923年、大杉は、社会主義

運動の国際化を求めてドイツでの集会に参加するため密出国して、途中、パリに入った。パリのメーデー集会にて、大杉は得意のフランス語で演説をぶった。一騒動となり、密入国者として検挙・収監され、日本に強制送還された。七月、神戸港に上陸し、東京に着いた大杉は、報道陣に囲まれ、社会主義のシンボル的存在であった。大杉栄は、淀橋柏木で妻・**伊藤野枝**と暮らしていた。**伊藤野枝**（1895 ～ 1923）は、家・夫への従属とされる嫁の立場を否定し、自由恋愛を求めた。「青鞜」に集い、女性解放運動を進めた。

帰国した大杉栄を出迎えた妻野枝と長女。「報知新聞」1923.9.25

2．憲兵が、大杉栄、伊藤野枝を拉致・惨殺した

　9/16、**大杉栄、伊藤野枝**は、大杉の妹（橘あやめ）の子ども・橘宗一（六歳）を連れて、自宅近くの果物屋に立ち寄った。そこを**淀橋警察署刑事**の手引きで張り込んでいた**憲兵将校甘粕正彦大尉ら憲兵**が、大杉栄らを取り囲んだ。甘粕大尉らは、有無を言わせず、大杉栄ら三名を拘束して、麹町区大手町の憲兵分隊へ連れ込んだ。甘粕大尉らは、その夜の内に、大杉栄ら三名を惨殺した。大杉らの死体は、証拠隠滅のため、衣類も所持品も取り去ったが、隊門が閉ざされていたため、舎内の古井戸跡に放り込み、瓦礫と共に埋め隠した。これで、甘粕大尉らは、殺害事件を隠蔽できたと思いこんだであろう。

　しかし、大杉栄は、有名人として知られて、自宅への人の出入りも多かった。知人より大杉栄ら行方不明の連絡を受けた**山崎今朝弥**弁護士は、警視庁に捜索願を提出した。また、**橘宗一**は、米国籍もあり、母・橘あやめから米国領事館を通しての捜索も申請された。さらに、9/16 当日、大杉夫妻が連行されてきたのを、ちょうど憲兵隊に検束されていた**津田光造（作家）**が釈放されて出てくる際に目撃していた。各紙新聞記者も、大杉栄らの行方と軍・官憲との関わりを調べ始めて

甘粕正彦大尉
「報知新聞」1923.9.25

いた。警視庁、内務省警保局から、「大杉栄らを憲兵隊が拘束」と連絡され、陸軍省、戒厳司令部が初めて事態を感知し、憲兵隊を問いつめて、甘粕大尉らの犯行が現認された。9/19、**甘粕大尉らは、収監された**。ほぼ同時に、新聞各社が察知し報道する動きに、陸軍省は、事件について隠蔽できず、早々の釈明を余儀なくされた。（江口渙「関東大震災と社会主義者・朝鮮人の大量虐殺」1963.9.4）

3．殺害者甘粕大尉を「憂国の士」と称える軍法会議

9/20、陸軍省発表がなされた。東京憲兵隊渋谷・麹町分隊長の**甘粕正彦大尉**、及び東京憲兵隊本部付の**森慶次郎曹長**ら二名は、「**職務上不法行為**」があり、第一師団軍法会議に送致された。監督不届きとして、**福田雅太郎戒厳司令官**を更迭、**小泉六一憲兵司令官と小山介蔵東京憲兵隊長**を停職処分とする。

ここに、事件は、軍・官憲の中枢との関わりは遮断され甘粕大尉等の個人責任とされた。その発表に合わせて、**内務省警保局は、陸軍省発表のみに限定して報道を許可するとして、各新聞社独自の本件に関する記事を差止めとした。**以後、軍・官憲は、司法権を牛耳る軍法会議にて大杉栄ら惨殺事件を軍部・官

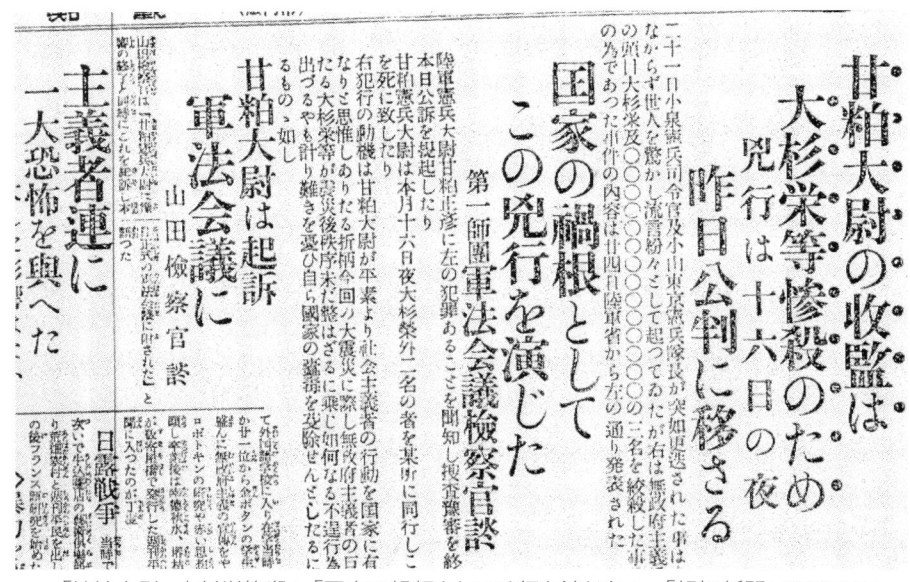

「甘粕大尉、大杉栄惨殺」「国家の禍根として凶行を演じた」。「報知新聞」1923.9.25

憲に有利な方向へ処理していくのである。

　その公判に於ける審議の方向は、**第一師団軍法会議検察官**発表（9/24）で明らかである。すなわち、「甘粕憲兵大尉は、本月 16 日夜、**大杉栄他二名の者**を某所に同行し、これを死に致したり。……無政府主義者の巨頭たる大杉栄らが、震災秩序未だ整わざるに乗じ、いかなる不逞行為に出ずるやも計り難きを憂い、自ら**国家の蠹毒を艾徐したる**に在る」。

憂国軍人天草大尉

　このように、被害者大杉栄を「国賊」にし、加害者甘粕大尉らを「憂国の国士」として裁断し位置付ける軍法会議であった。この甘粕正彦大尉を護国の英雄として祀り上げた、「天草大尉」榎本法令館（1924.1.1）なる書籍がある。軍法会議に於ける甘粕大尉の陳述を引用している。「国家のため必要と考えた、大事を決した理由。私は平素から読書を致し社会主義者の書物を読みましたが、現在日本の社会状態が完全であるとは思い

軍法会議第一回公判（1923.10.8、第一師団青山軍法会議新館）。右起立した手前が甘粕憲兵大尉、その奥が森憲兵曹長。「歴史写真関東大震大火記念号第二巻」1923.11.1

ませぬが○○主義者が唱ふるごとき状態になるのは望むべき事でなく、中でも大○○は無政府主義を唱え頗る危険な人物でありますから、災害に乗じ軍隊が撤退したなら如何なる不逞行為に出づるやも知れざるを以て、速やかに同人を殺害するのが適当であると考えました。」。

　翌年末の判決で、甘粕大尉は懲役十年、森曹長は懲役三年、その他の関係者は無罪であった（1924.12.8）。そして、甘粕正彦は、大正天皇御大喪（1927.2.7）の恩赦にて、わずか二年余で釈放された。やがて、満州事変にて捏造された傀儡「満州帝国」にて暗躍する甘粕の姿があった。

（3）　朴・金子大逆事件；狙われた朝鮮人の社会主義者

1. 特高警察に「要視察」とされた独立運動家・社会主義者

朴烈（準植）は、かねてから、独立運動家・社会主義者として、官憲特高警察から朝鮮人の要視察人物とされていた。世田谷警察署に、大震災勃発の1923.9/3、「保護」の名目で、妻・金子文子とともに、検束された。すぐに、「住居不定者」（家主に賃貸契約を止めさせた）として検束期間を延期し、さらに、「戒厳令」下の「治安維持令」違反として長期拘留とした。

亀戸事件の平沢計

「震災中の混乱に乗じ、帝都で大官の暗殺」「主犯朴烈、金重漢。共犯金子文子、新山初代、小川武」（「大阪朝日新聞」1923.10.20）

七、川合義虎らや、新聞でも活躍が報道された**大杉栄**と違って、**朴烈・金子文子**は、社会主義活動を始めたばかりの若者であった。簡潔に、朴烈と金子文子とが社会主義に傾倒して、同志、そして夫婦となった経過を述べよう。まず、**朴烈**（1902〜1950以降不明）は、没落両班の家庭に育ちながらも、官立京城高等普通学校師範科に進んだ。1919年の三・一独立運動に参加し、「朝鮮独立新聞」配布を進めた。官憲からの弾圧を避けて、東京に生活を移す。**鄭泰成、金若水**らと共に「苦学生同友会」結成（1920）、「黒濤会」結成（1921）をした。次に、**金子文子**（1903〜1926）は、母の実家に入籍され、親類の養女として朝鮮で暮らす（1912）。三・一独立運動とも出合う（1919）。東京に移り、住み込みで、女中、新聞店、印刷屋で働く（1920〜21）。下宿して、岩崎おでん屋で働き（1921）、正則英語学校に学ぶ。新山初代、朴烈らと出会う（1922）。

　かくて、朴烈と金子文子は、**黒濤社、不逞社**を担い、「太い鮮人」を刊行し、無政府主義の黒友会を組織した。特に、朴烈が、1922年**新潟県中津川朝鮮人虐殺事件**（「読売新聞」が初めて告発）の真相究明に取り組んだことから、朝鮮人労働者虐待の実態を知り、労働運動と社会主義を結びつけて、自らの思想と行動を、仲間と幅広く連帯した活動へ向かわせることとなった。朴烈たちが、現地調査に向かうこととなった「読売新聞」の告発記事を引用しよう。

＜信濃川を頻々に流れ下る朝鮮人の虐殺死体＞

　目撃者は、恐れおののきながら今の世に有り得ない次の物語をした。「地獄谷と言うのは、妻有秋成村大字穴藤（けっとう）という作業地で、ここには千二百名の工夫がいて、内六百名は鮮人です。初め、雇い入れる時は、朝鮮からのは一人四十円前貸し、一か月六十九円の決めですが、山に入ったが最後、

信濃川支流の中津川第一水力発電所。その工事は、大倉組、大林組が元請業者であった。その傘下に数十の業者が労働者を集めて作業をした。騙された労働者（多くは朝鮮人）の飯場は「監獄部屋」で、苦役・虐待を強いられ、抵抗・逃亡者は虐殺された。

規定の八時間労働どころか、夜の八、九時頃まで、風呂にも入れず、牛や馬のように追い使う。仕事と言えば、食事を除けば一分も休まずに、トロッコ押し、土掘り、岩石破壊から、土工、材木担ぎまでやるのだから、心臓は悪くなる、体は極端に弱る。……逃走者に対する処罰、それは両手を後ろに縛りあげて、三、四人の見張り番（一名、決死隊と呼んで、匕首や短銃を懐にしている）が、杉の樹に吊し上げて、棍棒で打つ、殴る……恐ろしいことには、よくこの山中で、逃げ出した鮮人の腐乱した惨死体が発見される。私の聞いただけでも、川の下流だけでさえ、死因不明の鮮人七、八名の死骸が漂着しています。恐らく、働かぬと言っては虐められ、逃げ出したからと言っては嬲り殺しにされたのではあるまいか」。（「読売新聞」1922.7.29）

　すぐに、「東亜日報」が特派員を送り、現地ルポを連載した。マスコミ、政治家、労働運動家、社会主義者が、「信濃川虐殺真相調査会」を組織して、現地調査を実施した。調査会が主催して、朝鮮人と日本人の合同で、「新潟県朝鮮人労働者虐殺問題演説会」が開催された（1922.9.7 東京神田青年会館）。日本人弁士は、山道襄一議員（憲政会）、中野正剛（革新倶楽部）、堺利彦、大杉栄、仲濱鐵、小松近江、松本淳三ほか。朝鮮人弁士は、鄭海雲、羅景錫、金鐘範、李康夏、朴烈、鄭泰成ほか。特高警察朝鮮担当（鮮高）が、朴烈らを要視察人としてブラックリストアップすることとなった。

2．デマ「朝鮮人・主義者が暴動」のスケープゴートにされた

　さて、関東大震災に出くわした官憲にとっては、朴烈は、「社会主義者と不逞朝鮮人が暴動を起こした」とのデマの典型的モデルに仕立て上げる対象として、絶好のスケープゴートであった。「共犯」関係先として、朝鮮人が多く集まった「現社会社」「黒濤社」「黒友会」「不逞社」などを捜索し、要視察人だった金重漢（雪野英一）と妻・新山初代、申炎汝、徐相一、洪鎮佑、李允熙ら 14 名を次々と拘束した。そして、「朝鮮人虐殺事件」の報道について解禁とした 1923 年 10 月 20 日、官憲側から各新聞社へ「不逞朝鮮人の秘密結社大検挙」の情報を振りまいた。受けて、各新聞社は、「不逞な主義者の朝鮮人たち」として大々的にキャンペーンした。

　何とか翌年 2 月 15 日、検事局は、朴烈・金子文子・金重漢ら三名を「爆発物取締規則違反」で起訴し、他の者は不起訴とした。「皇太子御成婚の儀に、爆弾で襲撃」との大逆罪に仕立て上げる為の工作がおこなわれていく。すなわ

ち、「刑法第七十三条；天皇・大皇太后・皇太后・皇后・皇太子、又は皇太孫に対し危害を加え、又は加えんとしたる者は死刑に処す」。爆弾を入手して皇太子、政府高官を殺害せんとしたでっち上げである。

取り調べ中の朴烈・金子文子の獄中結婚記念写真 1925.5.2

　尋問にまともに応えない朴烈に替えて、金子文子に執拗な攻撃がなされる。しかし、爆弾その物も無く、襲撃の計画・準備の実態などは無く、官憲検察側が都合よく想起し、でっち上げた冤罪であった。担当の立松検事は、朴烈に、金子の調書も明らかにし、二人が抱き合って写真まで撮る懐柔策をとった。予審に於ける陳述から適当に言葉を継ぎ合わせ、天皇・皇族への反発を煽り立てながら、大逆罪へと誘導した。かくて、**大逆罪**で、朴烈、金子文子は起訴された（1924.7.17）。

3. 法廷陳述で、天皇制軍国主義を批判した

　大逆罪は、一回限りの審判で、死刑である。覚悟した朴烈・金子文子は、予審と公判の法廷を、自らの朝鮮独立！天皇制否定！理想の社会！を主張する機会とした。検事・判事は、金子文子を日本人と見て減刑を餌に、天皇の臣民として「改悛」・転向を迫ったが、金子文子は拒絶した。**法廷でも、金子文子は、朝鮮の独立を支持し、天皇制国家を批判した。**金子文子は、朝鮮に居住し、三・一独立運動を目撃している。金子文子は予審で述べる。「朝鮮の独立騒擾の光景を目撃して、私すら権力への反逆気分が起こり、朝鮮の方のなさる独立運動を思うとき、他人のこととは思い得ぬほどの感激が胸に湧きます」（1924.1.23予審陳述、「自叙伝」）。

　「すべての人間は、人間であるという、ただ一つの資格によって**人間としての生活の権利を、完全に、かつ平等に享受すべき**」「概念に過ぎない君主に、……鏡だとか刀だとか玉だとか（三種の神器）という物を、神の授けた物として祭りあげて、しかつめらしい礼拝を捧げて、完全に一般民衆を欺瞞している」「（天皇が神様であるなら、この神様の保護の下、）戦争の折りに、日本の兵士は一人も死なざるべく、日本の飛行機は一つも落ちない筈……（**天皇は）人民と全く同一であり、平等であるべき筈のもの**であることを証拠立てるにあまり

に充分ではありませぬか」（1925.5.14 予審陳述）。実証が無く、本人の陳述だけに基づいて、稀有な**大逆罪**を一審だけで立証しなければならない。検察側も、刑務所側も、厳しくあるいは懐柔を以て思想転向を迫った。しかし最早、死刑を覚悟している朴、金子二人の態度は揺るがなかった。金子文子は、遺書代わりの最後の記録「自叙伝」を公表するよう求めた。朴烈は、金子文子と正式に結婚して、記念写真を撮って母へ送った（これが優遇し過ぎの怪写真？とされた）。法廷では韓国語で陳述して、通訳させた。

　また、第一回公判では、罪人服でなく差し入れの韓服で出廷した（大審院1926.2.26）。

　かくて、1926.3.25、結審となり、大審院（牧野菊之助裁判長）は、**朴烈・金子文子を大逆罪**として死刑を宣告した。金子文子は、両手をあげて「万歳！」を叫んだとされる。ところが、十日後（1926.4.5）、天皇の御裁可を受けた格別の「恩赦」により、朴烈・金子文子二人を無期懲役に減刑した。この恩赦がなされた経過は次の通りである。

　3/25、大審院死刑判決の直後、検事総長小山松吉は、司法大臣江木翼に「恩赦申立書」を提出し、これを受けて江木は、翌3/26、首相若槻礼次郎へ「恩赦の儀に付き上奏」した。若槻は、臨時閣議を経て摂政殿下に上奏した。朝鮮総督斎藤実とも懇談した。新聞発表での記者会見に当たっては、小山検事総長の「恩赦申立書」の趣旨を踏まえた談話をおこなった。すなわち「申立書」によれば、「被告らは、皇室に対して何らの怨恨を有せず。ただ自己の経歴環境に鑑み権力者に対する反逆的な復讐を為さんと欲し……皇室に対し危害を加えることは、必ずしもその唯一の目的にあらざりしものの如し」「外より爆弾輸入の計画をなしたるも、遂にこれを得るに至らざる中、事、発覚したるものにして……確定する処なかりしものなる」「その行為に於いても、朴は主にして、金子は従たる関係にあるを以て、金子はその情状酌量の余地あり」「金子文子に対して恩赦を施す以上は、朴準植（烈）に対しても……恩赦を与え、皇室からの一視同仁の徳沢を中外に宣旨する」。だから、記者会見に於いて、政府官憲の要人談話は、一視同仁の皇恩を及ぼしたものとして、朝鮮統治に反映すべき政治的配慮として、利用したことを物語る。

　金子文子は、「恩赦を拒否する」として減刑の書状を破り、栃木刑務所獄中で自死し、23歳の生涯を閉じた（1926.7.23）。弁護士布施辰治は、「やっぱり日本人だと嘲笑されないよう、朴烈より峻烈な拒絶態度を敢えてとった」と記す。そして、布施は、金子文子の遺骨を朴烈の故郷（慶尚北道聞慶）の墓所

へ届け、朴烈より先に墓で眠ることとなった。（鈴木裕子「金子文子」梨の木社。山田昭次「金子文子」影書房）

　先述した、戒厳令を受けた埼玉県の布令に「不逞鮮人の妄動之有、またその間、過激思想を有する徒これに和し、以て彼らの目的を達せんとする趣」とあるように、政府は、朝鮮人の独立運動と革命の勃発を恐れていた。大正デモクラシーの高揚期である。四年前、朝鮮全土に湧き上がった三・一独立運動、日本内地の

朴烈と金子文子は、大審院に、罪人服ではなく、差し入れの韓服で出廷した。山田昭次「金子文子」影書房（1996.12.5）

米騒動と内閣の総辞職は、つい最近の出来事で、いずれも軍隊の出動で鎮圧したばかりである。未曾有の大震災に人心は動揺し、政府はその対策・責任を問われる。官憲・軍部は、戒厳令下に治安対策として、朝鮮人の拘束・社会主義者の抹殺を企てた。流言蜚語の野放しによって、戒厳令は「鮮人殺しても差し支えなしの布告出づ」ととらえられ（東京日々新聞）、東京・神奈川、関東一円に於いて、朝鮮人に対する大虐殺の惨事を引き起こした。在京の諸外国公使からは、朝鮮人虐殺への抗議がなされ、朝鮮本土を初め、諸外国からの調査団も派遣されてきた。

　その際、官憲が、「不逞鮮人」の根拠としてでっち上げたのが、「朴烈大逆事件」である。不逞社を組織していた朴烈は、早くも九月三日に保護拘束を名目に淀橋警察署に収容された。続いて、不逞社の朝鮮人十四名が逮捕され、十月二十日、全員が治安警察法違反で起訴された。この二十日に、何と、朝鮮人虐殺に関する報道差し止め規制が解除されたことは偶然ではなかろう。朴烈、金子文子は、官憲・軍部が仕立てたデマ「朝鮮人・社会主義者が暴動を起こした」を取り繕うためのスケープゴートとされたのである。

　大正 14（1925）年 3 月 25 日、朴烈ら二人は死刑判決を受けた。無期となり、22 年 2 カ月後、日本敗戦後の 1945 年 10 月 27 日、政治犯朴烈は、秋田刑務所大館支所から釈放された。朴烈は、朝鮮人連盟・新朝鮮建設同盟・居留民団

の役職を経て、韓国へ帰国した。朝鮮戦争で北朝鮮軍がソウル占拠の際（1950）、平壌へ移って後、行方は知れない。金子文子の、獄中での歌を記して結びとしよう。

「亡き友の霊に捧ぐる我が誓　思い出深し九月一日」。

「色赤き脚絆の紐を引き締めて　我遅れまじ同志の歩みに」。

「暗き夜に山吹咲きぬあざやかに　獄に我が見る夢の如くに」。

XI . 新たに見据える虐殺事件の真相

（1）　習志野連隊が朝鮮人を自警団に渡して殺させた

1．虐殺された死者は何千人、拘束は一万六千余人

　関東大震災時当初に広められたデマ「朝鮮人が放火し、井戸に毒を入れた」「朝鮮人が暴動」は信じられた。その「不逞行為や暴動」を鎮圧するために軍隊が出動し、警察・軍隊が朝鮮人を検束しているとされ、これに協力するため、住民は自警団を組織して朝鮮人と対峙すべしというのが、大震災当初の治安状況となった。「朝鮮人が暴動」のデマは、官憲警察自身が警報を行い、自警団の組織をうながした。周辺地域の住民へは、避難民たちが、駅頭や落ち行く先々で、「朝鮮人が火付けで大火事にした」「朝鮮人と軍隊が戦っている」などと流言を事実の如く広めた。唯一のマスコミであった新聞も、九月前半、朝鮮人を「不逞」「悪」とするデマ記事を連日の如く流布したのである。

　戒厳令下数日のうちに、東京、横浜を始め、関東一円に、戒厳軍が配置され、応援警官隊で強化した警察により、万全の治安体制が布かれた。対峙し鎮圧すべき、「暴動を起こした」朝鮮人も、「放火し、井戸に毒を入れた」朝鮮人も、一人とて居らず、一件とて起訴・公判に伏せられた者はなかったのである。事態の結末は、軍隊・警察・自警団によって虐殺された何千余人にのぼる無実の朝鮮人の屍体であった。また、各警察署、各役所、軍隊に、予防拘束され、生死の不安で一杯だった朝鮮人たちであった。関東一円で、一万六千余人（東京11,907人、神奈川2,266人、埼玉641人、群馬611人、千葉210人、茨城106人、栃木547人）に及んだ。（吉河光貞「関東大震災の治安回顧」法務府特別審査局1949.9）。

　急遽、官憲・戒厳軍は、朝鮮人を「不逞」として敵視した取締りを改めた。「朝鮮人の大部分は順良にして、圧迫してはならない」「朝鮮人は保護して、順良か、『不逞』かの検分は、警察・軍隊の権限で行う」「自警団は武装を解き、警察の認定と指揮下とする」。この指揮の変更は、上意下達の徹底した官憲・軍部でも手間取った。「朝鮮人は『不逞』ではなかったので、武装を解け」とされた自警団は、対敵を取り

外され立場を失い、不満のために反発し、「警察には任せておけない」と朝鮮人を襲撃する暴挙さえ行った。

　さて、各地警察署、軍隊に拘束された一万六千余人の朝鮮人たちは、大部分が、「保護管轄」の名の下に、臨時に設営された陸海軍関係、警視庁、朝鮮総督府などが管轄する収容所に移された。

2.「村で収容所の朝鮮人を殺した」証言は事実であった

　ここで述べるのは、朝鮮人たちを迫害・虐殺から守って「保護」する収容所を管轄する千葉県習志野連隊が、あろうことか、周辺の村々に、収容所から十余人の朝鮮人を引っ張り出して、「不逞朝鮮人だから始末せよ」と通告して、村の自警団の役割として殺害させたという事件である。千葉県習志野連隊の高津廠舎は、関東大震災時に、各地で戒厳軍・各警察署に拘束された朝鮮人、中国人が、送り込まれて保護される最大規模の収容所であった。朝鮮人 2,873 名、中国人 1,666 名（「東京朝日新聞」1923.9.30）。

　この事件を調査した千葉県に於ける関東大震災朝鮮人犠牲者追悼・調査実行委員会（吉川清代表）は、「関東大震災と朝鮮人（習志野騎兵連隊とその周辺）」（1979.9.1）、「いわれなく殺された人びと」青木書店（1983.9.1）にまとめた。そして、同実行委員会の平形千恵子が「関東大震災八十周年記念集会」（2003.8.31）にて、「**朝鮮人犠牲者の遺骨掘り起こしと慰霊碑の建立**」を報告した。私は、これらの同実行委員会の取り組みを参考にして、要旨を述べる。詳細は、上記文献をお読みいただきたい。周辺の村で朝鮮人虐殺の事実が明確にされ、犠牲者の葬祭も行われた。地元の住民も加わって、追悼の行事が行われているのは、現在、八千代市の大和田新田、萱田、高津の三地区である。調査を始める核心となった証言、記録を引用する。

　■阿部こうの証言（当時、小学校三年生、大和田新田村）大竹米子氏調査

　「当時、大和田新田は四十三戸、ほとんど農家で、日清戦争頃養蚕が導入され、昭和初期の恐慌まで桑畑が多かった。一日の夜はまだ火事が見えなかったのよ。二日の夜になったらもう怖くて寝られなかった。三日ごろになってくると、東京方面から歩いてきた人たちが、いろいろなニュースを伝えてくれるわけです。井戸に薬を投げるので蓋をしてください。という振れが回るわけよ。この辺はみんな井戸だから水が飲めなくなったら大変だから蓋をして。ところが、そんなに毎日は面倒くさくて、四、五日でもうはぁとっちゃったね。ものすごい流言蜚語が飛びましたよ。

　それからいつだったか。日は正確でないが、十日前後、十五日くらいか。大和

田新田に三人の朝鮮人が来るから貰いに来いという触れがまわったのよ。このあたりは全部三人、みんな三人ずつ。大和田新田、大和田、萱田、どこもかしこもみんな三人ずつ。多いところで四人くらいいったかしら。もらいにいった場所はことによると習志野原まで行ったか、それはわからない。……」「手は後ろ手に、足はやっと歩けるくらいに一メートル位離して足と足とを縛ってあった。麻縄で巻いてあった。一番年長者が四十二、三。三十六、七。二十七、八の人がいたかな。三人来たの。夕方の三時頃か四時ごろかな。道路の突き当りに座らされて。……女たちが、自分らは見てないんだから、親父さんの喋るのを聞いて、何処の家の親父がやったそうだ。……一刀のもとにずばっとやったなら苦労させないで死んだかもしれないけれ

「震災時の朝鮮人虐殺。きょう記念日、悲惨な新事実。軍が農家に下請けさせた。くれてやる来い!習志野で調査、タブー越え、証言次々」（1979.9.1「千葉日報」）

ど、下手な刀で下手にやったから、死ねないで苦労したという話は聞いた。……」「バラ園入口と書いてある所から百メートルくらい入った所に村地所がある。そこで、夜の九時から十時頃にね。……その連中の埋めるところが無くて、そこへ埋めたのです。」

　現在、殺害された現場（大和田新田の一本松）のあたりに、「無縁仏之墓」が建立されて慰霊がなされている。死体が埋められた場所が不明で、遺骨が発見できないために遺骨は埋葬されていないが、八千代市で、最初に建立された朝鮮人犠牲者慰

「無縁仏之碑」八千代市で最初に建立された朝鮮人犠牲者慰霊碑である。（八千代市大和田新田一本松）

霊碑である。

■**君塚国治**（77歳）の証言（萱田村、当時22、3歳。当事者）大竹米子氏調査（1977.10）

「乱暴して困るというのを（三人）、つまり八千代で各警防団でもらってきたわけなんだよね。此の下の墓寺へ一晩泊めて、次の日にみんなで協議した。……なんしろあの当時だから、暴れて困るたちの悪いのを連れてきたんだから、生かしておくわけにはいかん。もらってきた部落の者が処分しなければいかん。ちょうどうちの従兄の奴が来たのでその責任者になって、朝鮮をね、連れて歩くという。」「朝鮮の奴は、何としても鉄砲で撃ってくれと言う。そうか、他では、夜の内に三本立てやって、吊るして下から火を燃やしたところもあるらしいね。そんなまねはできない。当人の言う通りに、鉄砲で撃ってやれ。撃つまでが大変だ。話をすれば簡単に言うけれど、同じ人間をひどい目にするんだからね。中にゃ、こういう悪いことをしただからよ、めんどくさいから刀でぶ刺すべというのもあるしね。みんな刀持ってんだからね。そんなこと言わずに、まぁ穴掘って倒れればおちるようにしておいたのです。……とうとう鑑札を受けた鉄砲持ってる人にやっ

「至心供養塔　震災異国人犠牲者」（八千代市萱田　真言宗長福寺1983.3）。地域住民が造営した。

てもらったけどね。」「引き取りに来いというのは、つまり、その早い話、津田沼の警防団の親方やらなんか、また連隊のあれとかね。そういうあれがあって、処分に困るから、みんなにくれるかという事。乱暴やなんかするから、……でも困ったんで、一人暴れればみんなも暴れるという事で、巡査ばかりでなく軍隊も付いていたんだから、軍隊の方から貰ったわけなんだ。」「私も塚をこしらえて、ちゃんと線香をあげてたんだが、覚えが近頃は、あっちもこっちもでどのへんだかわかんなくなったね。空いた所へ、他所の新しい墓ができたでしょう。だから、だいたいの見当はつくけれど、早い話が本当の証拠と言うのは、掘ってみなければ判らないね」。

　1983 年、萱田の住宅開発が進み、証言で、殺害した朝鮮人を埋めたとされる萱田の共同墓地も移転しなければならなくなった。移転工事に、朝鮮人犠牲者の遺体も含むこととされた。証言通り、朝鮮人の死骸三体が掘り出され火葬の後、長福寺（真言宗、萱田下）に埋葬された。長福寺に建立されている慰霊碑は、表に「震災異国人犠牲者　至心供養塔」、裏に「大正十二年九月某日　もみよ墓地改装一同　昭和五十八年三月吉日建立」とある。

■高津村有識者Aの日誌風の記録（1978.6 習志野第四中学郷土史クラブ調査）

　三日　区長の引継ぎをやる。……夜になり、東京大火不逞鮮人の暴動、警戒を要する趣、役場より通知有り。在郷軍人団、青年団やる。

　四日　村中集会両区の要所要所警戒線を張り、区内の安全を期すべく決定。鉄砲刀何れも武器持参也。

　七日　午後四時ごろ、**バラック（習志野収容所）から朝鮮人をくれてやるから取りに来い**と知らせがあったとて、急に集合させ、首謀者に受け取りに行ってもらうことにした。……**夜中に朝鮮人 15 人貰い、各区に配当し**……と共同して**三人引き受け**、お寺の庭に置き、番をしておる。

　八日　また**鮮人を貰いに行く**。九時ごろに至り、二**人貰ってくる。都合五人。**……○○へ穴を掘り、**座らせて首を斬る**ことに決定。

朝鮮人犠牲者を弔う様式・資材も韓国式の普化鐘楼（八千代市高津山観音寺）1985.9.1建立

……穴の中に埋めてしまう。皆疲れたらしく、みな其処此処に寝ている。夜になると、また各持ち場の警戒線に付く。

　九日　今日から、日中は 18 人で警戒し、夜は全部出動することになる。……夜また全部出動。**十二時過ぎ、また朝鮮人一人貰ってきた**と知らせある。これは直に**前の側に穴を掘ってあるので、連れて行って提灯の明かりで斬る。**

　十日　今日は、日中の警戒も廃し、夜だけ各庭で保安組合でやることに決まる。

　十一日　だんだん風聞も無くなる。

　十三日　夜、保安組合員集会、警戒中止と決まる。

　（以上、1923.9 の関係個所の記述だけ引用した。下略）

　実は、高津地区では、朝鮮人六名を殺害し、埋めた場所（八千代市高田なぎの原）に、高津山観音寺の住職が卒塔婆を立て、関係者が密かに供養してきたのである。後程、追悼・調査実行委員会も、供養に参加していく。

　1982 年九月には、高津区民一同として、高津山観音寺にて大施餓鬼会が行われた。このような取り組みを伝え聞いた韓国の人々から、1985 年九月、高津山観音寺へ慰霊の為の普化鐘楼が寄進された。1998 年 9 月、なぎの原の塔婆の下から、朝鮮人犠牲者の死骸六体が掘り出され、警察の検視、斎場での火葬が行われた（1998.10.12）。高津山観音寺住職、高津地区代表、韓国民団代表、朝総連代表、追悼・調査実行委員会代表が立ち会った。

　朝鮮人犠牲者六名の遺骨は、高津山観音寺の新しくつくられた墓碑に埋葬された。墓碑の表は「関東大震災朝鮮人犠牲者慰霊の碑」、裏面には、「八千代市高津区特別委員会代表江野沢隆之」「高津区民一同」「高津山観音寺住職関光禪」「関東大震災朝鮮人犠牲者追悼調査実行委員会代表吉川清」と刻まれている（1999.9.5 建立）。

「関東大震災朝鮮人犠牲者慰霊の碑」（八千代市高津山観音寺1999.9.5建立）

3.「おかしいようなのは、引っ張り出して殺した」

　習志野連隊が、「保護・収容」している朝鮮人の中から引っ張り出して、周辺の村人に殺させた事件を取り上げてきた。村人の方は、下げ渡された朝鮮人は、流言の如く「不逞の行為」、「放火」「井戸に毒を入れる」などして混乱の最中に暴動を起こした」者たちであり、村の自警団の役割として、軍隊に協力して、「不逞」朝鮮人を殺したという認識であった。実態は、「不逞」朝鮮人の流言が公然と流布された九月初め、軍隊・警察・自警団は、朝鮮人と言うだけで、「不逞の輩」「暴徒」として、審議・詮索無しに殺戮したのである。自警団から「放火や井戸に毒をやっただろう」と問い詰められた朝鮮人は、「やっていない」と無実を訴えても取り合ってもらえず、「不逞野郎だ」と打ち据えられた。しかし、警察・検察も、そのような「不逞」行為をした朝鮮人の事件は、結局、一件も摘発できず、立件起訴できなかった。

　では、習志野連隊から、周辺の村に「不逞」朝鮮人として殺すようにと渡された朝鮮人は、どのような人だったのだろうか。それを知るために、追悼・調査実行委員会は、習志野連隊の兵士から次のような証言を得ている。

　■会沢泰氏の証言（当時25歳、習志野騎兵第十四連隊本部書記）三山歴史サークル

　「関東大震災の時、ちょうど私は、連隊本部の書記をしていました。昼休みで、連隊長室の前に歩哨が立っていて、そこで話していた。連隊長は中にいた。そこへグラグラッときた。……大きかったですねえ。四、五十分経ったらねえ、黒い煙、それから木や何かの燃えがら、一番多かったのがアンペラってあるでしょう。砂糖を包んだの、トウキビの皮を編んだの、大きいのがドンドン飛んできましてね。バサンバサンと落っこちるんです。そのころ、軍隊に一本きりしかない電話に、旅団司令部から電話が入って、東京に火災が起きたって言うんですよ。夜の十一時頃でしょうか。週番指令の所へかかって来て、『**なるべく最大限の兵力を用意して東京の救援の準備をしてくれ**』。すぐに連隊長の所へ伝令が飛ぶ」。

　「あっちにもこっちにも道路に電柱が倒れて歩けないんですねえ。そいで随分ぐるぐる回って何処へ行くかをお互いに連絡して石神井に行った。ここらは練習に歩いたんですよ。そこの在郷軍人会と連絡して、各家庭に分散して、**その付近を片付けたりねえ、治安維持ですわ、主に、朝鮮人が暴動を起こすなんちゅうてね。**」

　「私は、石神井に二週間居て引き揚げてきたんですが、そうしたら、朝鮮人はみんなねえ。朝鮮人ばかりじゃないですから、日本人も混じっていた。大震災にあった人たちを習志野の東厩舎、西厩舎へ連れてきて、みんな収容したんです。ところが

朝鮮人がどれで日本人がどれかわからないでしょう。言葉はみんな日本語だしねえ。顔つきがこう、朝鮮人みたいな顔をしてるのは、みんな日本人でもやられちゃったんじゃないですか」。

「救護する目的で連れてきたんですけれども、**朝鮮人が暴動起こしそうだちゅんで、朝鮮人を引っ張り出せという事で引っ張ってきたんですねえ。私の連隊の中でも、16人営倉に入れた**。それが四個連隊あるんですから。おかしいようなのは、みんな連隊に引っ張り出してきては、調査したんです。ねえ、軍隊の中で、そして**おかしいようなのを、ほら、よく言うでしょう。切っちゃったんです**。日本人か朝鮮人か判らないのも居たわけですね。**切った所は、大久保の公民館の裏の墓地でした。そこへ引っ張って行って、そこで斬ったんです**。……私は、切りません。三十人くらいいたでしょうね。ところが、私の連隊ばかりじゃない。他の連隊も、みんなやる」。

「いきなりではなく、（連隊の中で）ある程度調べてね。何しとったんだか、何処にいたんだかを。ちょうどたまたま**その頃に、小松川と言うあそこの橋で、朝鮮人が暴動を起こしたという連絡があったんですねえ。それでこっちの収容所にいれてあるのもみんな、調査を始めたわけです。調査をして、おかしいのを引っ張り出した**。沢山来とったんですけども。**小松川なんかあれですよ。向こうから朝鮮と思われるようなのをまとめて追い出し、こっちから機関銃並べて撃ったんですよ**。橋の上で、もうみんな、それが川の中へバタバタおっこっちゃったわけですねえ」。

「実籾小学校の向こうの捕虜収容所、東廠舎、西廠舎ですね。我々軍隊に居りながら、**そんなのが営倉から引っ張り出されると、切られるんだなあと可哀そうになりましたよ**。私は、二回か、切られるところまで行ってみましたけどね。後は嫌になったから行かなかった。**一晩に三人位いったんじゃないですか**。営倉の中にいる人たちは、呼ばれたきり帰ってこない。変だなくらいに思っていたんじゃないですか」。

（吉川清代表「いわれなく殺された人びと」千葉県に於ける関東大震災朝鮮人犠牲者追悼・調査実行委員会 1983.9.1）

さて、習志野連隊が、収容した朝鮮人の中からどのような朝鮮人をひっぱり出して詮索したかが伺えるだろう。すでに習志野連隊は、出動先の東京に於いて「暴動を起こした不逞」と見なした朝鮮人は「片づけた」のであって、連れてきて収容した朝鮮人は、本来は「救護する目的で連れてきた」と述べている。ところが、「朝鮮人が暴動を起こしそうだ」と思い込んで、「おかしいような（暴動を起こしそうな）」者を次々営倉に放り込み、訊問した挙句、30人ぐらいは密かに殺害したというのである。四個連隊という事ならその四倍を殺害したという事になる。その殺害しようとした朝鮮人の一部を周辺の村を巻き込んで殺害させたのである。

では、軍隊・警察が、引っ張り出す「おかしいような（暴動を起こしそうな）」朝鮮人と見極める目安として参考になったと思われるのは、警視庁の次の通達である。先述の「IV. 流言蜚語と『戒厳令』下の大虐殺」の「(3)強制収容された朝鮮人たち 3. **要視察者に加えて要注意者をブラックリストに**」を読み直していただきたい。

警視庁官房主事正力松太郎からの「**要注意鮮人調査方の件**」である。「今回の事件に関し、鮮人にして内地人より傷害を受け、若しくは他人の殺傷せらるるを見聞したる者」は、反日感情を有し、これからの取締りで最も注意を要する者であるから、調査し**要視察朝鮮人**と登録した者でなくても、今後視察・監視せよと命じた通達である。軍隊が管轄する朝鮮人収容所としては、警視庁特高警察からの「要視察鮮人」名簿や通達を参考に、「要注意鮮人」を詮議して対処したであろう。

なお、会沢氏の証言の中にて、軍隊が、小松川橋にて朝鮮人たちを**機関銃で殺害**したとの出来事がある。先述したが、「亀戸（警察署）事件」にて、森亀戸警察署長が「骨は、荒川放水路の四ツ木橋の少し下流で焼いたから、自由に拾ってください」と述べたのに対して、遺族から「あすこには**機関銃が据え付けて**あって、朝鮮人が数百人殺されたことは周知のことだから、誰の骨かわかるものですか」と言い返した。この小松川橋付近は、四ツ木橋より下流で荒川に架かる橋である。亀戸事件、大島町事件の現場に近く、朝鮮人虐殺の多い荒川河川敷の現場である。

(2)　福田村事件、虐殺された行商人の一行

1.「朝鮮人だけでなく、日本人も殺されたのです」

ここで、**千葉県福田村事件**を挙げる。日本人の行商人一行が、「不逞」鮮人と間違われて惨殺されたと言われる事件である。1923 年 9 月 6 日午前、大八車を引いた行商人の一行十五人が、千葉県福田村の利根川三ツ掘渡しから対岸の茨城へ渡ろうとした。此の一行を、自警団員・村人が取り囲んだ。一行が「日本人だ」と弁明したが、「不逞鮮人だ」「やってしまえ」と襲いかかり、幼児を含む九人を惨殺した。裁判では、日本人を殺害したので、他の朝鮮人殺害と比べて懲役十五年から七年と重かった。朝鮮人を軽んじ差別した判決である。この福田村事件は、千葉県の地元ではタブー視して、当時の公記録に残されてこなかった。

福田村事件がクローズアップされることになったのは、五十六年後の 1979 年 9 月であった。「千葉県における関東大震災と朝鮮人犠牲者、追悼・調査実行委員会」の事務局への電話が発端であった。実行委員会の「関東大震災と朝鮮人　資料集II」

行商の一行が、自警団や村人に取り囲まれた香取神社前（現在の野田市三ツ堀）

発行の新聞記事を読んだという四国香川県出身の○○さんからの問合せであった。「千葉県で殺されたのは、朝鮮人ばかりではありません。日本人も殺されたのです。香川県の、私の叔父さん、おばさん、一緒にいた小さな赤ン坊まで殺されました。その場所を探してください。」との依頼であった。

これが、実行委員会による調査のきっかけとなった。研究基本文献である**吉村光貞「関東大震災と治安回顧」**から、**福田村事件**であることが判明した。此の書籍は、検察官の立場から、関東大震災時に於ける治安状況と、公判にかけられた殺傷事件をまとめた稀有な報告書である。すなわち、該当箇所を引用する。

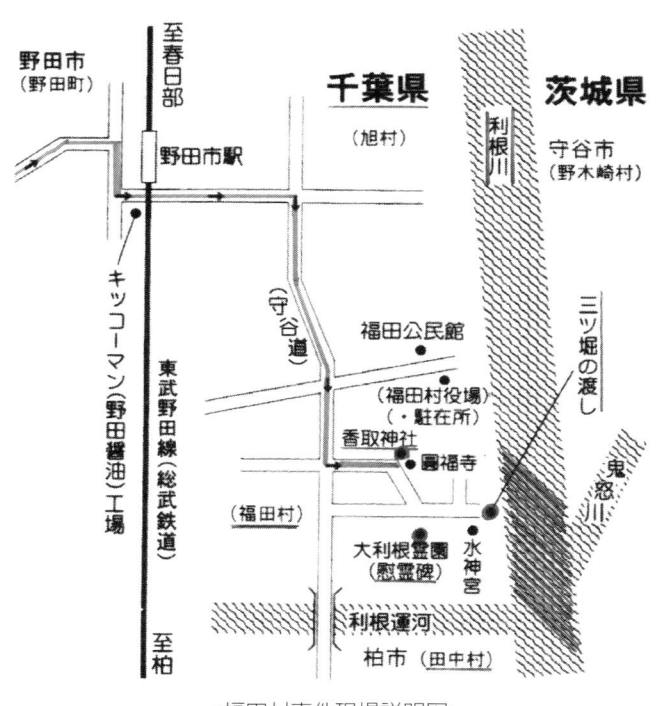

<福田村事件現場説明図>

「千葉県下の騒擾状況、第九、東葛飾郡福田村に於ける騒擾。

九月六日午前十時ごろ、香川県人である高松市帝国病難救薬院の売薬行商団一行が、売薬その他の荷物を車に積み、東葛飾郡野田町方面から茨城県方面に赴くべく、**福田村三つ堀**に差し掛かり、同所**香取神社前**で休憩した。然るに、当時付近に於いて、鮮人の侵入する者あるべし

と警戒に従事していた自警団員がこれを見つけ、鮮人の疑いがあると称して、右売薬行商団員を種々審訊して荷物を検査したところ、四国弁にて言語不可解な点等があった為、右自警団員は全く朝鮮人也と誤信し、警鐘を乱打して急を村内に告げ、または隣村に応援を求めるに至った。

　その結果、数百名の村民は、忽ち武器を手にして同神社前に殺到し、前記売薬行商団を包囲し、『朝鮮人を打ち殺せ』と喧囂（けんごう）し、該行商団員などが百方言葉を尽くして『日本人である』と弁解したに拘わらず、鮮人に対する恐怖と憎悪の念に駆られて平静を失った群衆は、最早右弁解に耳を傾ける違もなく、或いは荒縄で縛り上げ、或いは鳶口・棍棒を振るって殴打暴行し、遂には『利根川に投げ込んでしまえ』と怒号し、香取神社から北方約二丁の距離にある三つ掘渡船場に連れて行き、右行商団員九名を利根川の水中に投げ込み、内八名を溺死せしめたが、他の一名が泳いで利根川を横切り対岸に逃れんとするや、群衆中より船で追跡する者があらわれ、対岸でこれを斬殺し、残った五名の行商団員は、急報に接して駆けつけた巡査等のため、辛くも救助されて僅かに死を免れるなど騒擾を極めた。」。

　（吉河光貞「関東大震災と治安回顧」法務府特別審査局 1949.9。著者蔵）

　この記録は、起訴した事件を検察側の立場でまとめたものである。被告側の主張に基づく、「不逞朝鮮人と思いこんでの誤殺であった」としている。すなわち、「四国弁にて言語不可解な点等があった為、右自警団員は全く朝鮮人也と誤信し」と記述している。「だから、罪を軽くしてほしい」と言う被告側の主張である。被害者側の無念の思いも証言も反映されず、被告側からの証言だけに偏して事件を検察官が記述していることに注意しなければならない。

2. 裁判は、「不逞」朝鮮人の誤殺事件として扱われた

　この千葉県福田村虐殺事件（1923.9.6）が公になったのは、朝鮮人惨殺関係の警察による検挙が公然と始まり、報道規制が緩められた 10 月以降の新聞である。10/20 には、検察局が起訴した事件に限定して、警察による検閲から報道許可とされたことによる。一か月以上も経て、検察側が発表した起訴内容に基づき、新聞も報道した。新聞社は、独自取材に欠けるし、被害者側の出身地香川県での取材調査などはない。詳しく報道されたのは、起訴され公判が始まってからであった。

　各新聞の見出しを見てみよう。「一族九名を自警団が虐殺。対岸に逃れんとする女も、船で追い母子もろとも惨殺す。東葛の惨事」（「報知新聞」1923.10.15）。「薬売り九人を撲殺した。自警団の予審終わる」（「国民新聞」1923．10.29）。「売薬行商人

の一団を惨殺す、**不逞の鮮人と誤って**」(「時事新報」1923.10.31)。「**千葉県下の誤殺事件の公判。罪なき九名の家族を利根川に投じた**」(「東京朝日新聞」1923.11.29)。

いずれも、「不逞**朝鮮人と誤殺**」とする。ただ、殺し方が残虐であっただけに、どの新聞も、「惨殺」「虐殺」と報じている。なお、検挙段階に事件を最初にスクープした「報知新聞」記事は、被害者の出身地を間違って「広島県呉市」としていた。

公判に入ってから、被告の自警団員たちの陳述、弁護士の弁明はいずれも、「不逞な朝鮮人と思って誤殺した」ので、国の為、村を守る為に自警団の役目としてやったこととした。さらなる減刑を求めて、最高の大審院まで、上告した。

ここで、被告となった一人の演説調の陳述を引用する。「△△は、『日本刀を持って出かけると、群衆の中から貴様は見物に来たのかと怒鳴りましたので、ついやったようなわけです』と明瞭に事実を述べ、『私は実際に相手を斬ったのにもかかわらず、予審で三回も否認しましたのは、摂政宮殿下には玄米を召し上がられている際、不逞鮮人のために国家はどうなることかと憂いの餘にやったような次第ですが、監獄に入れられたので癪にさわったから否認したのです』と演説口調で声を震わせながら申し立てた」(「東京日日新聞」1923.11.29)。悔悟の念はなかった。

被告は、福田村と応援に駆け付けた隣村の田中村の自警団員である。両村の村人たちは、公判の日には、減刑せよと、裁判の傍聴に動員がなされた。村ぐるみで、弁護費用・見舞金が各戸から徴収され、留守家庭への援助がなされた。被告たちの留守家庭の農作業も手伝いに入った。1924年、最終判決は懲役十年に二人、懲役八年に一人、懲役六年に一人、懲役三年に三名と七名が有罪となり、服役した。しかし、1927年には、大正天皇崩御の大喪恩赦によって、全員が減刑・釈放された。

3. よみがえった事件は残虐・悲惨そのものであった

関東大震災時に於ける朝鮮人・中国人の虐殺事件で、裁判が実施されたのは、軍や官憲・警察が、朝鮮人を保護・移送中に制止を聞かず、襲撃を行った自警団の場合であった。福田村事件も、警察官や、福田村村長の制止、香川県の行商許可の鑑札という証明がなされていた。被害者側の目撃があった。そして、何よりも戒厳令下では、朝鮮人虐殺の主犯は軍・官憲であったが、日本人への誤殺となると放置はできなかった。実際、軍・官憲が制止してなくとも、日本人への誤殺事件は建て前として一応の捜査・検挙が行われ、公判に処せられたのである。それは、民族差別をしなければ、戒厳令下でなければ、朝鮮人虐殺の場合も捜査・検挙して公判にかけることができたという証左である。

　鮮明になった事件の経過を述べよう。1924 年 9 月 6 日十時頃、**香川県からの売薬行商人の一行 15 人**が、大八車で荷物を運びながら、**千葉県東葛飾郡福田村**にやってきた。村の**三ツ堀渡し場**から利根川を渡り、茨城へ向かおうとした。行商団の親方が、渡しの船頭に、舟を出す交渉に出向いている間、残りの一行は、近くの**香取神社**前や、側の茶店で休憩することにした。親方が船頭と一緒に、荷物や人数を確かめに戻ってきた。何度に分けて船を往復させるかの船賃のことで、親方と船頭は口論になった。そこを付近で警備していた地元の**福田村の自警団員**らが割って入り、行商の一行を取り巻いた。「言葉がおかしい」とか、「鮮人と違うか」などと難癖をつけ始めた。そして、「こいつら鮮人だ」と決めつけられて、半鐘が鳴らされた。やがて、手に手に武器を持って集まってきた群衆は、隣の田中村からの応援も含めると数百名ともなった。

　駆けつけた福田村の駐在巡査も含めて、行商の一行をさらに問責した。「君が代を歌ってみろ」「教育勅語が言えるか」「十五円五十銭と言ってみろ」などとやりとりがなされた。荷物の点検も始めて、親方の持っていた「この鳥の羽でできた扇子は朝鮮の物じゃないか」などと言いだした。親方からは、身元が判明する行商許可鑑札が示された。その結果、駐在巡査は、「この人らは、日本人だ。香川県の行商許可鑑札も持っている。」「許可鑑札をきちんと調べるために、本部の野田警察署に問い合わせる。帰ってくるまで待て。手を出したら駄目だぞ」と離れた。

　その直後、惨劇が起こった。「警察ごと相手にすることない。こいつらは鮮人じゃ、やってしまえ！」と激情を高ぶらせ、行商一行からの「私らは朝鮮人ではない！」との必死の弁明も聞き入れなかった。また「日本人と思われるから殺してはならない」（福田村村長）の意見も、「朝鮮人だ！殺せ！」「利根川に投げ込んでしまえ！」の怒号に打ち消され、鳶口や刀や竹槍で殺されたり、縛られたまま利根川へ投げ込まれた。やっとその場に駆け付けた野田警察署本部の警察部長らが、惨事をなんとか押しとどめた時には、既に九名が惨殺され、残り六名に襲いかかろうとする処で、辛くも六名だけが救助された。

　襲われた行商の一行 15 名と言っても、家族ぐるみで旅をしながらの行商であったから、身重の母親も含めて女子供が大半であった。公判で明るみとなった惨殺場面を報じた新聞記事を引用する。「震災の生んだ鮮人殺し騒擾事件の中でも聞くさえ胸のふさがるのは、千葉県東葛飾郡福田村で行われた讃岐高松市の売薬行商人の一行、K（29）、K妻（29）、長男（6）、長女（3）、M（28）、M妻（23）、長男（2）、N（24）、S（18）の九名が朝鮮人と間違えられて惨殺されたことである。殊に二夫婦を、いたいけな子供を背負ったまま利根川の濁流に投げ殺したなどは、本当とは思われ

ぬほどの悲惨事ではないか。この痛ましい公判が、28日午前10時、千葉地方裁判所で開かれた。被告は、僅か8名ながら、福田、田中両村の有志が多数押しかけて公判廷はたちまち満員になった」（「東京日日新聞」1923.11.29 名前は仮称とした）。「K妻の如きは、長女（3）を抱えたまま、河中に投ぜられ、河中より『子供だけは助けてくれ』と絶叫しつつ対岸の田中村に逃れんとした処を後ろより船で追いかけ、日本刀で肩先を一刀の下に斬殺し、幼児は河中に突き落とした如きは最も悲惨であった」（「報知新聞」1923.10.15）。

　しかし、これほど残虐な福田村虐殺事件だが、福田村（野田市）・田中村（柏市）では公記録に記していない。虐殺された九名の遺体も利根川の濁流に遺棄して流され、追悼もしてこなかった。現地では、虐殺の事実を隠蔽すべきタブーとして扱ってきたのである。地域ナショナリズムが高じる時、よそ者を死に至らしめることをためらう正気は失せていたのである。殺害したのが、紛れも無く日本人と判明しても、「朝鮮人と思いこんだ」「朝鮮人は『不逞な奴だから殺しても正当だ』」などと、頑なな自己弁護のまま、事件を封印してきたのである。

4. 被害者側の生存者の証言が明るみに出る

　1979年9月、香川県の被害者遺族の一人から、「朝鮮人ばかりではありません。日本人も殺されたのです。私の叔父さん、叔母さん、一緒にいた小さな赤ん坊まで殺されました」との告発がなされた。それを受けて、千葉県の平形千恵子さん、辻野弥生さん、市川正広さん、香川県では石井雍大さん、久保道生さんらを中心に、福田村事件の調査が進められた。千葉県・香川県に、それぞれ真相追求と被害者追悼の為の市民団体も結成された。

　香川県では、被害者遺族を訪ねた際、当時満二歳で惨殺された赤子の位牌裏には、「千葉県東葛飾郡福田村字三ツ堀にて惨殺された」と記されていた。被害者たちの位牌も墓もあるが、墓所に遺骨が納められていない。被害者の遺体は利根川に遺棄されてしまったからである。また、辛うじて助かった生存者の一人は、惨劇の様子を記して、仏壇に

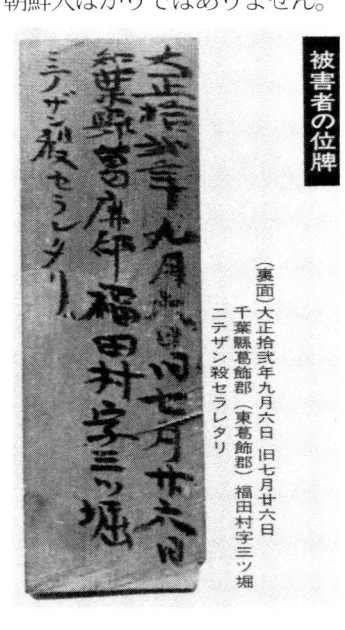

被害者の位牌

大正拾弐年九月六日　旧七月廿六日
紀州野葛屋件　福田村字三ツ堀
ニテザン殺セラレタリ

（裏面）大正拾弐年九月六日　旧七月廿六日
千葉縣葛飾郡（東葛飾郡）　福田村字三ツ堀
ニテザン殺セラレタリ

しまっていた。地元担当の丸亀市の検察官の指示で作った手記であった。検察局側が起訴の裏付けに活用するつもりだったのであろう。しかし公判では、被害者側の生存者は証言する機会は与えられなかった。公判に提出されなかった手記だが、事件現場の様子が赤裸々に記されている。

手記二ページ

（大勢の消防組や青年会）が来て、荷物を調べた後で、この人は日本人じゃと言う人もあり、また鮮人じゃと言う人もありて、巡査とある人が、『それならば野田の警察署へ照会してみる』と言うて、照会をした。その上、巡査は『これはいよいよ日本人であるから、一時野田へ帰してくれ』と言うた。それでも、青年会、消防組は、『これは鮮人じゃ』と言うて、警察如き者を相手にすること無い、やってしまえと言うておったが……（下略）

手記一ページ

野田を立ちて福田村三ッ堀の渡し場。二町位手前で、寺と宮のある鳥居の側で、休みておりたる所へ、福田村の駐在巡査が先に立ちて、後は青年会、消防（組）、在郷軍人が十人位来て、寺の鐘を突いた。最初は、巡査が、君らは何処ぞと言うて、持参の品物や鑑札を調べると言うたから……（下略）

七ページ　　　　　　　　六ページ

234

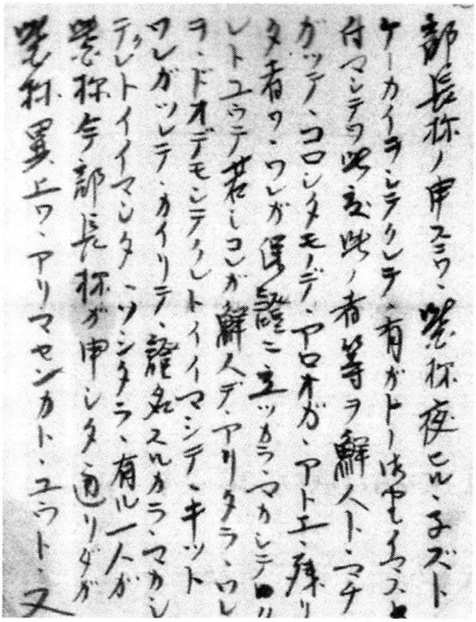

　部長様の申すには、「皆様、夜も昼も寝ずに警戒をしてくれてありがとうございます。付きましては、此度この者らを鮮人と間違って殺したものであろうが、後に残った者は吾が保証に立つから任してくれ」と言うて、「もし、これが鮮人であったら、吾をどうでもしてくれ」と言いました。「きっと吾が連れて帰りて証明するから任してくれ」と言いました。そしたら、ある一人が、「皆様、今部長様が申した通りだが、皆様、異存はありませんか」と言うと、また

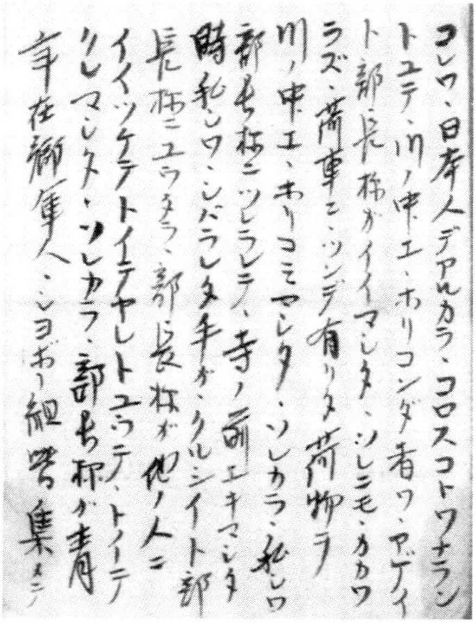

　「これは日本人であるから殺すことはならん」と言うて、「川の中へ放り込んだ者を上げい」と、(野田警察署の)部長様が言いました。それにも拘らず、荷車に積んであった荷物を川の中へ放り込みました。……わたしは、「縛られた手が苦しい」と部長様に言うたら、部長様が他の人に言いつけて、「解いてやれ」と言って、解いてくれました。それから、部長様が、青年会、在郷軍人、消防組のみんなを集めて、

　野田警察署から本部長が駆け付けるのが遅れたら、残りの六人も含めて行商人の一行15人すべてが虐殺される処であった。本部長が、なだめて鎮めるのに「鮮人と間違って殺したのであろう」と言っていることからも分かることがある。自警団員たちは、「不逞」朝鮮人と決めつければ、惨殺しても、「罪科を問われない」「大した

罪にならない」と思いこみ、「やってしまえ」と襲いかかったのである。

5. 部落・民族・排外の差別が交錯した虐殺事件

　犠牲となった香川県の売薬行商の一行は、被差別部落の人たちである事が判明した。香川県の農村は、地主支配が大きく、小作が殆どで自作農が少なかった。農村ではあるが、自作農どころか小作も引き受けさせてもらえずに、行商を生業とした人たちがあった。香川県の被差別部落の人々にとって、出稼ぎする行商は、必然の生業となっていた。古紙、古着、金物のリサイクル業も生業となった。ただ、当時、出稼ぎ先では、行商人を、「よそ者」「用心すべき者」「そんな仕事」として、差別する実態があった。そのため、行商を生業とする人たちは、真っ当な仕事として続けるために、各府県の審査を通して行商許可鑑札を受けた。

　特に、食品、薬品など、命にかかわる商品は審査が厳しくされていた。香川県の売薬行商は盛んであり、扱った「千金丹」「養胃丸」などは、富山の「反魂丹」、伊勢の「万金丹」などと並んで著名であった。その販売の仕方は、効能第一に「陸海軍御用薬」と、堂々と宣伝販売して、世間を賑わし、世事の記録に残されるほどであった。売薬業の行商許可鑑札を受けた者は、決して如何わしい薬売りではなかったが、世間にはびこる行商人に対する「よそ者」「如何わしい」との排外意識に差別されたのである。関東大震災の最中に、「不審者」「不逞鮮人」と決めつけられて殺害された。そこには、よそ者の行商人への排他的な差別も加わったであろう。

　虐殺の第一のきっかけは、**植民地支配に抵抗する朝鮮人**を「不逞」として迫害した**民族差別**があった。震災時の混乱に付け込んで、独立を求める朝鮮人が日本の支配に反逆して

香川県の売薬行商人が配った宣伝チラシ

福田村事件追悼慰霊碑（2003.9.6建立。円福寺、千葉県野田市三ツ堀。）

暴動を起こしたと決めつけて、「不逞ぇ奴だ。見つけたら殺せ」とした虐殺であった。

かくて、福田村事件の真相の解明と追悼碑建立を進める運動が、**福田村事件を心に刻む会（千葉県）**」「**千葉福田村事件真相調査会（香川県）**」に結集する人々によって進められてきた。事件当時五歳だった福田村の新村勝雄氏（元野田市長）が、「心に刻む会」設立総会で、「被害に遭われた香川の方々に心からお詫び申し上げます。事件の真相究明は、今を生きる私たちの役目。地元の一人として最大限の努力をしたい」と決意を述べた（2000．7）。

関東大震災・福田村事件八十年には、野田市円福寺大利根霊園に建立した追悼慰霊碑の除幕式・追悼集会が開催された（2003．9．6）。今も関東大震災の虐殺の真相を知り追悼する運動は広がり続く、二度と過ちを繰り返させないために。2014 年、歌手**中川五郎氏**は、「**1923 年、福田村の虐殺**」をつくった。過去の事件を題材として、今の日本の姿を問いかける歌声が民衆の心に木霊した。関東大震災朝鮮人・中国人大虐殺百周忌を迎えた 2023 年。追悼大会（8/31）、追悼式典（9/1）は、過去最大の数千人の結集がなされた。そして、9/1 を期して、映画「福田村事件」の上映が開始された。映画「福田村事件」は、ドキュメンタリーではなく劇映画である。当然、創作・フィクションが脚色される。しかし、実際に起こった事件をタイトルにしているだけに、事実と経過を正確にとらえて事件の本質を歪める内容になってはならない。また、一過性でなく今日の人権問題である民族差別・部落差別が関連するだけに、その差別と偏見を助長してはならない。次に映画への批判を記述し、映画を観た人・観る人の感動と認識を深める一助としたい。

（3）　映画「福田村事件」を批判する

1. 民族差別に、よそ者排除・部落差別が加わった事件

先述の「**福田村事件**」を題材にした劇映画が作成されることを知ったのは、三年

前の新聞記事であった。「福田村事件、100 年後の教訓」「**森達也**さん、劇映画化へ」の見出しで、「1923 年の関東大震災の直後、流言飛語をもとに朝鮮人虐殺が相次ぐなか、日本人が犠牲になる事件も起きた。**香川県の被差別部落出身の行商団 9 人が千葉県で自警団に殺された。**ドキュメンタリー作品で知られる映画監督の森達也さん（64）が、この福田村事件

香取神社内から。行商人一行は、鳥居前で六人、向こうの茶店で九人が休憩した。向こうの道を左へ進むと利根川の三つ掘渡船場である。

を題材に初めての劇映画づくりに挑む。震災から 100 年となる 2023 年の公開を目指している」（2020.12.21「朝日新聞」夕刊）。

　「福田村事件」の真相は、1980 年代に、千葉県の平形千恵子さん・辻野弥生さん・市川正広さん、香川県の石井雍大さん・久保道生さんたちが、事件や裁判を報道した当時の新聞記事、法務府特別審査局記録を手掛かりに、被害者遺族や関係者を訪ねて聞き取り調査をして次第に解明してきた。千葉県・香川県にそれぞれ市民団体が結成され、2003 年 9 月には、慰霊碑を建立し、事件の教訓を伝える取り組みが続けられてきた。

　さて、「福田村事件」の公判記録は非開示の為、事件の唯一の公記録と言えるものは、すでに何度か引用した**吉河光貞**（法務府特別審査局長）の著述「「**関東大震災と治安回顧**」（法務府特別審査局 1949. 9）である。該当箇所を抜き書きする。

　「千葉県下の騒擾状況、第九、東葛飾郡**福田村に於ける騒擾**。九月六日午前十時ごろ、香川県人である高松市帝国病難救薬院の売薬行商団一行が、売薬その他の荷物を車に積み、東葛飾郡野田町方面から茨城県方面に赴くべく、**福田村三つ掘**に差し掛かり、同所**香取神社前**で休憩した。然るに、当時付近に於いて、鮮人の侵入する者あるべしと警戒に従事していた自警団員がこれを見つけ、鮮人の疑いがあると称して、右売薬行商団員を種々審訊して荷物を検査したところ、四国弁にて言語不可解な点等があった為、右自警団員は全く朝鮮人也と誤信し、警鐘を乱打して急を村内に告げ、または隣村に応援を求めるに至った。その結果、数百名の村民は、忽ち武器を

手にして同神社前に殺到し、前記売薬行商団を包囲し、『鮮人を打ち殺せ』と喧囂し、該行商団員などが百方言葉を尽くして『日本人である』と弁解したに拘わらず、鮮人に対する恐怖と憎悪の念に駆られて平静を失った群衆は、最早右弁解に耳を傾ける遑もなく、或いは荒縄で縛り上げ、或いは鳶口・棍棒を振るって殴打暴行し、遂には『利根川に投げ込んでしまえ』と怒号し、香取神社から北方約二丁の距離にある三つ掘渡船場に連れて行き、右行商団員九名を利根川の水中に投げ込み、内八名を溺死せしめたが、他の一名が泳いで利根川を横切り対岸に逃れんとするや、群衆中より船で追跡する者があらわれ、対岸でこれを斬殺し、残った五名の行商団員は、急報に接して駆けつけた巡査等のため、辛くも救助されて僅かに死を免れるなど騒擾を極めた。」。

　「毎日新聞」（夕刊2023.9.6）は、特集ワイドで、「福田村事件百年（担当　上東麻子）」を取り上げた。「地元の惨劇、伝えていかねば」「千葉、香川　市民が真相究明」「朝鮮人差別、よそ者排除、部落差別が交錯。国に踊らされた群衆」との見出しで、事件の真相究明の経過と追悼、事件の教訓を特集した。その記事に掲載された関係者の重要な言葉を引用しよう。

　■野田市長鈴木有氏「被害にあわれた方々に対し、謹んで哀悼の誠を捧げたいと思います」（歴代市長で初めての弔意）。

　■久保道生氏「福田村の人が特別に残忍だったわけではない。当時、デマの拡散には国が関わり、取締りを命じて、それに群衆が踊らされた。どこでも起き得た事件。そういう意味では、国家による犯罪だった」。■市川正広氏「地元の人間として事件を知ってしまったからには、犠牲者の名誉と尊厳を回復したい。事件は、朝鮮人差別、見知らぬよそ者排除、部落差別問題と言う複合的な要因によって起きた。事件の教訓を語り継ぐ活動に市も積極的に関わってほしい」。■石井雍大氏「差別や偏見は単に人権を侵すことに留まらず、それが拡大していくと、つまるところ、遂には人間そのものを抹殺してしまう」

　上述した各氏の言葉からは、実際の出来事であり、二度と繰り返してはならない「福田村事件」を通して、後事の師とすべき教訓が伝わる。そして必ず、映画「福田村事件」製作者側として、監督森達也氏が映画化した趣旨を聞き知った後に、映画を鑑賞し、批評すべきである。

　■「虐殺は、集団の力学だけでなく、きっかけが必要。それは二転三転した国の通達と、流言飛語の真偽を確かめず『不逞鮮人』への警戒をあおった新聞でした」。（2023.7.14「朝日新聞」夕刊）

　■「福田村事件は、非常時にデマに流されて集団化すると、たやすく人を殺して

しまう危うさを伝えている。加害者も被害者も日本人だが、何が両者を分けたのか
を考えたい。こんな時代だからこそ同じ過ちを繰り返さないため、加害をしっかり
描きたい」。(2020.12.21「朝日新聞」夕刊)

　■「いずれの虐殺も構造は同じで、キーワードは組織または集団。普段は穏やか
で普通の人が、集団になると凶悪なことをしてしまう。今作でも、加害者側に重点
を置いて描くよう意識した。被害者側に重点を置くと、加害者が単なるモンスター
になってしまう」「(なぜ集団になると凶悪になるのか。)同質な者でまとまり集団化
が進むと、自分たちと異質な者を排除するようになる。不安や恐怖が強まり、『やら
れる前にやれ』という論理が立ち上がる。これは朝鮮人虐殺だけではなく、世界中
の戦争で同じことが言える。こうした負の歴史や失敗を記憶することは大事なこと
だ」。「デモクラシーやリベラルというものは、いわば理論だ。人間が本来持ってい
るものでなく、近代化で人権意識に目覚め、差別はいけないと気づく。しかし、理
論は、不安や恐怖というエモーション(感情、情緒)に弱い。今作でも、必死に暴
力を止めようとする人たちが登場するが、エモーションに負けてしまう」。(2023.8.26
「毎日新聞」)

　私・久保井は、森監督の映画製作の趣旨に賛同するが、内容には批判すべきこと
がある。趣旨にも、補正しておきたい。「人権意識」「差別はいけない」ということは、
エモーションに負ける理論ではない。人間が、人間社会と言う集団に於いて、「人間
が人間らしく生きたい」「人間が生命を守りたい」基盤・生存そのものであって、す
べてのエモーションも理論も、此処から生じると考える。デマではあったが、「不逞」
朝鮮人の襲来と言う極度の非常事態に、敵(「不逞」朝鮮人)に対峙する武装自警団
を結成した時点から村人のエモーション感情は高揚し村落集団は改変し、村落は自
警団を核にした集団行動をとる。その行動は、自分たちの命を守るためには、「放火・
殺人をする」と見なした「不逞」朝鮮人や反対意見(朝鮮人を擁護)の者、よそ者
で仲間と見なせない者を敵視し見下し、その命を奪うことも是としたのである。

　さて、ドキュメントを劇映画に仕立てる際、脚色・内容で留意すべきことがある。
映画化に当たって、ドキュメントをヒントや素材にしたというものでなく、ドキュ
メントの名称「福田村事件」を真正面に据える限り、事実と経過を正確にとらえて、
事件の本質を歪める内容にしてはならない。さらに、「福田村事件」が、一過性の過
去でなく、今日の人権問題である民族差別・部落差別が関連して生じただけに、そ
の差別と偏見を助長しないようにしなければならないことは言うまでもない。また、
事件とは無関係であったハンセン病問題を創作・設定した限り、「悲惨な症状」「浮浪」
の姿を強調するだけでなく、観客に正しい認識を提供する演出をすべきであった。

2. 映画「福田村事件」を観た人、観る人へ

＜構成・設定に対して＞

①　軍国主義が強まる中、福田村の村人の日常を戦争との関わりで描くために、日清戦争旅順虐殺、シベリア出兵での戦死、留守家族の女たち、三・一独立運動の提岩里教会虐殺事件、在郷軍人の活動が題材にされた。ところが、創作脚色された三件もの女たちからの主体的な不倫行為を絡ませる伏線が長時間すぎて、本質追求がぼやけてしまっている。

②　福田村の村人に襲撃・殺害される売薬行商の一行が、被差別部落出身であることを明示するために、あからさまに強調したり、「蔑称エタ」が使われたり、突拍子も無く「水平社宣言」のナレーションが流されたり、「被差別部落＝異質」とする間違った演出を行った。

③　被差別部落出身の売薬行商一行が、「如何わしい」薬販売をしたり、関わって取り上げた四国遍路やハンセン病者を、被差別部落出身者が差別する設定をした。しかも、映画で、人権認識が深い設定の支配人新助が、その欺瞞と差別行為をするといった矛盾した演出である。

＜場面・内容に対して＞（映画「福田村事件」公式パンフレットの「脚本」参考）

①香川・長い橋の上　行商一行が故郷から旅立つ。テロップで「香川（讃岐）○○」と出自を示す。➡既に森監督が映画化の為に取材している段階から、新聞・雑誌・テレビ報道で、○○の地名は出ていたが、スクリーンに映し出されるとインパクトが大きい。地元香川県の映画館では、観客がこの場面で一瞬ざわめき、「○○か！」との囁きがあったとのことである。次は、「○○の誰？」とさえ探る動きも出てきている。ネットワークが進んだ今日なりに、部落問題への理解は、「出自を暴くことではない」との教示をなして思慮を求める始末が必要である。

なお、事件勃発当時の百年前の各新聞社総て、「売薬行商の鑑札を許可された業者組合」の事務所地名・業者名を記載するが、行商人の出自などは報道していない。公判になっても、司法省は、事件発生地の住所は明示するが、被害者の住所について報道機関に公表しない。

修正できるのなら、テロップで、「田畑が無く、小作もさせてもらえない者たちにとって、行商に出かけるのは大切な稼ぎであった」との一言を載せたい。行商に出かけなければならなかった、農村の被差別部落の社会的立場が説明できるからである。

山伏姿で薬の街頭販売（映画「福田村事件」公式パンフレット」太秦株式会社2023.9.1）

②**関西地方・ある村の広場　（花簪を刺したユキノが三味線で「金毘羅船々」を弾き、唄っている。新助、金剛杖片手に怪しげな山伏のいでたちで、朗々と口上を述べ始める）「わしは御覧の通りの山伏！　これらの薬、万能に効く特効薬じゃ。……すぐには手に入らんもんをまとめて放り込んだよ〜く効く薬じゃ。さあ、売りきれん内に買いりょり買いりょり」。（集まった村人たちに言葉巧みに商品を売る行商団。正露丸・千金丹などの薬類、鉛筆・墨・草履、諸々……）。**

➡️映画では、脚本通りに「怪しげな山伏のいでたちで」、香具師が販売するが如き口上で薬を販売する。これでは、いかがわしい薬を売る「不正行商人」の風体である。被差別部落出身の売薬行商人は、このような商売をしていたのかと差別を助長する。香川県の売薬と言えば、「千金丹」「養胃丸」である。せっかく、映画化の取材で、「千金丹」の名前を把握していた。香川の千金丹は、伊勢の萬金丹、富山の反魂丹と並び称された。「千金丹売り」の売薬行商

カバンを提げた格好だけはしているのである。香川県の高松、金刀比羅（琴平）町に製剤所があった。

石井研堂「明治事物の起源」ちくま文庫に、「千金丹売り子にて、現に東京神田小川町に止宿する者四百二十人ほどであるという記事があるほどその数多く、全国の津々浦々まで行き渡り、子どもの遊戯にもこれをまねるほどな

傘に宣伝の「千金丹」を大書（琴平町立歴史民俗資料館）。

り」とある。私・久保井の実家は、琴平町内で呉服屋を営んでいたご近所関係で、「千金丹の引き札」類を所蔵する。「陸軍御用達、本願寺御用、金刀比羅宮御用達」「暑気気付け、熱さまし、痛病・腹痛の妙薬」とある。山伏のいでたちなどしなくても、真正直に堂々と宣伝販売できたのである。「千金丹」を前面に出しておけば、ユキノさんの「金毘羅船々」に合わせて、「千金丹」などと大書した白い洋傘を広げて（映画では番傘を広げているが、売薬名がない。書き忘れたのか？「千金丹」「征露丸」と薬名があればよかった）、ビラを配り、効能の口上を述べた、実際に行われた宣伝販売が演出できたのである。また、大阪の「忠勇**征露丸**」も卸値で仕入れることができて、売薬品目に加えることができた。とにかく取材陣の努力不足である。因みに映画の口上の「買いりより買いりより」は何処の方言なのか？　讃岐弁では「買うてっか」「買うてっか」である。

③**橋の下**　（信義を従えた新助、手慣れた口上。聞いているのは、片腕の者、松葉杖、失明者、口や鼻が歪んだ者、顔面が爛れている人たち）。新助「讃岐と言うたら四国、四国言うたらお遍路さん。お遍路さんの殆どがあんたらと同なし不治の病。神さんにすがりたい、仏さんにすがりたい。ほんだけんど、あんたらは行きとうてもお遍路する銭がない」「ほんで、わしらが讃岐から出向いてきたんじゃ。弘法大師さんが見つけてくれた、この丸薬が、世にも恐ろしいあんたらの病を救ってくれる」。（お茶の実くらいの黒い丸薬を高々と見せびらかす）。新助「無しんなった手ぇや足は生えてはこんけど、腫れは引く。爛れは治る。曲がった鼻や口は元に戻る。目ぇが見えるようになった者もおるぞ」。失明者「ほ、本当か」。新助「わしは嘘は言わん。おう信義、あとなんぼ残っとるぞ」。………新助「三つじゃ。あと三つ。ええか、今度わしらがここへ来るんは一年も先の事じゃ。あんたらそれまで待てるんな。寒い寒い冬を越せるんな。非業なようじゃが、わしゃぁこん中から三人の命しか救えへん。誰じゃ、さあ誰じゃ。死にとうない者は誰じゃ。さあ、買いまへ、買いまへ」。（我先にと、なけなしの銭を握りしめ、新助に命乞いをする群れ）

　➡　症状を露骨に誇張しすぎてハンセン病者への偏見を助長している。浮浪していたハンセン病者は患部を包帯・布で隠していた。また「**お遍路さんの殆どがあんたらと同なし不治の病**」とは、実際の遍路の実態を歪めている。被差別部落出身の行商人が、橋の下まで出かけて、浮浪に追い込まれている貧しいハンセン病者たちの病苦に付け込んで、「**弘法大師さんが見つけてくれた、この丸薬**」などと騙して偽薬を売りつける。実に悪質な「不正行商人」の所業である。この創作された場面設定は、被差別部落出身者、行商人、ハンセン病者に対する誤った認識を与え、差別

を助長するだけである。映画製作側の人権認識の欠如を批判する。

　④宿への帰り道（夕）（二人が軽くなった荷物を背に飄々と歩いている）。……新助「相見互いで身を寄せおうとするけんど、誰やってしまいには、我だけが助かりたいんや」……新助「あんな薬がライに効くか。あんなもんがホンマに効くんったら、誰ちゃ遍路やかしせえへんが」。信義「ほんなら…あの人らを騙したんか」。……新助「わしらみたいなモンはのう、もっと弱いモンから銭取り上げんと生きていけんのじゃが。悲しいのう」。（拝礼の音と共に二人連れの巡礼がやって来る）。新助「せめてもの罪滅ぼしじゃ」。（衣嚢から笹の葉に入った麦飯の握り飯を取り出し、恭しく差し出す。受け取った『同行二人』の指はくっついて曲がっていた）。
　➡　新助から握り飯を施行された、「『同行二人』の指はくっついて曲がっていた」とハンセン病者であると演出する。巡礼二人の「同行二人」と記名の装束は、四国遍路をしている者の巡礼装束である。四国から離れたこの場所では間違いである。
　著しく問題なのは、被差別部落出身の新助に「**わしらみたいなモンはのう、もっと弱いモンから銭取り上げんと生きていけんのじゃが。悲しいのう**」との台詞を言わせた演出である。映画では、売薬行商一行の者が被差別部落出身であることを強調するためか、「水平社宣言」を唱えるが、その真髄を正しく位置付けていない。「**差別されてきた私たちこそ、人権の大切を知っている。私たちから率先してすべての人間の尊厳を大切にし、そのような人間社会にしていこう**」と宣言したものである。取り囲む村人に、新助が「**朝鮮人なら殺してええんか**」と問責したのも道理である。ところが、「もっと弱い者（ハンセン病者）」に対しては、人間扱いせずに「**銭を取り上げる**」所業を日々の商いで是認して、少年に見習わせるという人物設定は、矛盾している。

　⑤**千葉県境の道**　　（だいぶ腹がせり出したイシ、玉のような汗を拭く）……彌市「無事に育ったら、男でも女子でもええわあ」。朝明「どっちみち、あの村じゃ、死ぬまで幸せやかしなれんわなあ」。厚「死んだら、お浄土に行けるが」。喜之助「そこでも戒名でエタとバレる」。新助「エタは死んでもエタじゃ」。ユキノ「そんなほっこげな事があるもんな。幸せになるために、みんなこうやって汗流しとんやろがい」。（全員、無言。それぞれの想いを噛みしめている）。
　➡　部落問題知識のイロハである「解放令」から説明しなければならぬとは残念である。「解放令」とは、太政官布告第六十一号「**エタ・ヒニンの称を廃せられ、自今身分職業とも平民同様たるべきこと**」（1871.8.28）との布令である。以来、法制

度に於いても被差別部落出身者を賤称「エタ」と呼称することは禁止されたのである。況や、被差別部落出身者が自分から自分たちのことを絶対に口が裂けても「エタ」とは言わない。「**エタは死んでもエタじゃ**」と言う台詞は、差別者側の発する言葉で適切ではない。1871〜73年に、地租、徴兵など明治新政反対一揆が西日本を中心に勃発するが、「解放令」も反対一揆の対象とされ、一揆勢は（香川県でも）被差別部落へ押し寄せ、竹槍を突きつけて「エタ」呼称・身分を強要した。抵抗すれば、村は焼き討ち・殺傷されたのである。命がけでエタの賤称を拒否してきたのである。「水平社宣言」の中に「エタ」の用語が使われているから、使用してもいいなどと勘違いする場合がある。「解放令」から五十年を経ても、未だに差別されている立場・主体を明確にして、被差別の自覚として、「エタ」「差別の賤称」「差別造語」で賤視・差別されている部落（集落）・我々はということで使用したのである。だから、**全国水平社創立大会**（1922.3.3）では、「水平社宣言」とともに、「**吾々に対して、エタ及び△△部落民などの言行によって侮辱の意志を表示したる時は徹底的糾弾を為す**」と決議しているのである。なお、「**戒名でエタとバレる**」との台詞であるが、差別戒名のことが取り上げられ、各被差別部落にも周知され問題となったのは、戦後、1980年代であり、1923年当時に一般に知れ渡ってはいない。また、行商人は浄土真宗との設定であるから、「戒名」は間違いで「法名」である。なお、「死んでも差別される」として、早くから改善が求められてきたのは、檀家・墓所を別段とされた差別である。戦後の部落解放運動でやっと改善された場合もある。

⑥千葉日日新聞　福田村・若勢宿・表

　テロップ「九月四日」。（見出しと記事）……「野獣の如き鮮人暴動。魔手、帝都から地方へ、強盗強姦掠奪殺人が彼等の目的」。……（武装して終結している。……在郷軍人会、青年団、消防組たち。……長谷川、「千葉日日新聞」を読んでいる）。石原「ついに新聞も書いたなぁ」。長谷川「（重く）……ああ」。大橋「鮮人の野郎、好き勝手やりやがって」。……（田向が来て、勢いよく「戒厳令」を広げる）。田向「（明るく）千葉にも戒厳令が出たぞ」。……岩田「よ〜し、これで、天下晴れての人殺しだ」。田向「早まるな。ほれ、軍隊、憲兵、警察官の許可なく通行人を誰何してはならん。許可なく一般人民は武器または凶器を携帯してもならん。そう書いてある」。石原「ほんな馬鹿な」（とひったくって読み、がっくりと肩を落とす）。田向「解散だ」。長谷川「（内心ほっとしているが）じゃあ、どうやってこの村を守れば……」。田向「（上機嫌）何かあれば半鐘を鳴らせばいい。その時は、みな駆けつけてくれ」。長谷川「……」。（一同どうしていいかわからない）。

➡️　映画の状況設定が事実と異なる。「朝鮮人が暴動、軍隊と戦闘、放火し、井戸に毒を投げ入れ」などの流言・デマは 9/2 より連日、新聞報道されていた。千葉県だけでも、軍隊・自警団による惨殺事件（9/2 〜 9/6）は、29 件（自警団が 22 件）起こしている。自警団による殺害で、福田村が属した（事件が伝わってくる近辺の）東葛飾郡内で 16 件である。此の緊迫した状況を踏まえていたからこそ、直ちに武装した数百人の者が集まり、事件を引き起こしたのである。田中村とも相談せずに、福田村の田向村長だけの「解散だ」などの提案が受け入れられる筈がないのである。しかも、自警団に関する通達もデッチアゲである。東京府から神奈川県一円に「戒厳令」を施行しつつ、福田雅太郎戒厳司令官「告諭」は、次のように自警団の結成と協力を要請した。すなわち、「**本職隷下の軍隊及び諸機関は全力を尽くして警備救護救恤に従事しつつあるも、此の際、地方諸団体及び一般人士もまた、極力自衛協同の実を発揮して災害の防止に努められんことを望む**」（1923.9.3）。此の戒厳令が、翌四日に、埼玉県・千葉県にも適用拡大された。ところが映画では、この四日に、次のごとき「告諭」か「指示」が出されたとされる。**田向「早まるな。ほれ、軍隊、憲兵、警察官の許可なく通行人を誰何してはならん。許可なく一般人民は武器または凶器を携帯してもならん。そう書いてある」。石原「ほんな馬鹿な」（とひったくって読み、がっくりと肩を落とす）。田向「解散だ」**。これは、事実と異なる。劇映画と言えども、「告諭」「通達」を、首都東京よりも早く地方の福田村に、デッチアゲてはいけない。**東京市**に於いて、応援を得て強化された警察部隊と戒厳軍が、首都を完全管轄して検問を開始したのは、九月五日である。同時に、政府・官憲警察から、無秩序な「暴走」が見られ始めた自警団に対して、「大多数の朝鮮人は順良である」であり、「みだりにこれを迫害し、暴行を加えてはならない」と注意して、自警団を軍部・官憲警察の認可と指揮下に組み入れ、武装も許可を得ることとした「告諭」「通達」を出したのも九月五日、六日である。

⑦**野田旅館大部屋（夜）　信義「（小声で）敬一さん」。敬一「なんや」。信義「前におじゅっさんが言うておいでたんやけど、わしらのご先祖様は朝鮮から渡ってきた云うて、ホンマなんな」。敬一「ああ、わしはホンマやと思う」。信義「え！ ほんだら、天皇陛下様も朝鮮人なんか？」。彌市「アホゲな事言うな。天皇陛下は神さんぞ」。**

➡️　映画では、被差別部落の成立伝説として朝鮮人源流説を出して、寺の住職、敬一という知識人に肯定させる。天皇陛下は天上からの降臨だが、被差別部落の先祖は、朝鮮からの帰化人とか、神功皇后の朝鮮侵攻での俘虜の系譜を持つ人たちが、近世に被差別身分とされたとする差別的伝承である。日本が朝鮮・中国へと侵攻す

るにつれ、朝鮮人蔑視とともに部落への偏見を助長する荒唐無稽な噂話にすぎぬ説で、歴史的、学術的にも根拠がないとして否定されている。被差別部落の成立、差別の起源については、学術的に整理されているが、1923年当時も、現在も、世間一般に、被差別部落の成立や差別の起源について正しく認識されているとは言えず、誤った知識を広げただけとなる恐れがある。

　実際に、関東大震災時に、「朝鮮人と水平社の者が結託して暴動を起こしている」との流言が盛んにおこなわれたと報道されている。この流言を流した埼玉県の自警団に対して、地元の水平社が糾弾する事件も起こった。全国水平社幹部が上京して対処した。警視庁特高警察では、関東大震災時の要視察団体として全国水平社を監視したのである。

　⑧**香取神社**　……**倉蔵「ホントにあの人たちが日本人だったらどうすんだよ！おめえら、日本人殺すことになんだぞ！」。………新助「朝鮮人なら殺してええんか」。……（赤ん坊背負ったままのトミだ。トミ、新助の前に立つと、手をあげる。その手に、鳶口。トミ、鳶口をいきなり新助の脳天に振り下ろす。新助、血しぶきを上げながら、崩れ落ちる）。**

　➡️　「朝鮮人なら殺してええんか」という詰問は、「同じ人間である朝鮮人を差別して殺そうとしている過ちに気付かないのか」と突き付けたものであろう。しかし、自警団の先頭に立つ者にとって、「（朝鮮人は、地震に打ちのめされている日本人を襲撃する）『不逞の輩』」であった。「朝鮮人なら殺してええんか」という言葉も、「朝鮮人も日本人も同じ人間だ」との問いかけではなく、「俺たちが朝鮮人だったら、殺すのか、殺せるのか」という開き直りととらえたであろう。しかも、そのように朝鮮人を擁護しているのは、よそ者の行商人たちで、「朝鮮人同様にやっつけろ」と自らを奮い立たして襲いかかったのが、事実である。映画では、自警団でなく、トミが、「朝鮮人が夫を殺した」と憎悪が高ぶり情緒が不安定になって、「朝鮮人を擁護する新助に、憎き朝鮮人の姿を重ねて」、鳶口の一撃で凄惨な殺害事件の発端とする。トミの夫が、「朝鮮人に殺された」とはデマで、夫は生きて帰る。トミは逮捕されず、男たち八名が殺人犯として起訴される。

　この映画の設定は、結局、実際に殺人を犯した男たちを弁護して、事件の真相を闇へと包む役割を果たす。実際に起訴された男たちが、殺人事件すべての罪科を、村の為に村を代表して引き受けたとして、福田村・田中村では、起訴された男たちとその家族を村ぐるみで支援した。裁判の傍聴席は、動員されて詰めかけた村人たちで一杯だった。多くの村人がどう関わったか、その真相を、福田村・田中村では、

誰も語らずタブーとされ、村史にも記されず、勿論被害者への弔いなどされなかったのである。事件の真相を調査するきっかけは、五十六年後、香川県の行商団の遺族から問い合わせがあったからである。

　⑨**唐突な暗闇、テロップ**　（……この事件では、福田村4人、田中村4人が逮捕され、懲役3年、6年、8年、10年の実刑が言い渡された。しかし、昭和天皇即位の恩赦で8人は3年後に釈放された。行商団の遺体は、利根川に遺棄されたと言われている。10人の遺体は故郷には帰れなかった）
　➡「昭和天皇即位の恩赦で8人は」は間違いで、「**大正天皇大喪の恩赦で7人は**」である。一人は、**執行猶予**とされていた。

3. 映画「福田村事件」上映にどう対処すべきか

　映画「福田村事件」は、2023年9月より全国上映がなされている。いくら劇映画であっても、実際に千葉県福田村で起きた虐殺事件というドキュメントを題名・題材にしている限り、事実が歪められて観客が誤認することになってはならない。加害者・被害者の子孫、そして地元関係者への配慮もなされねばならない。

　また、自警団を中心とする村人たちが虐殺事件を引き起こした背景には、関東大震災時に於ける「不逞」朝鮮人暴動のデマと戒厳軍・官憲の支配施策、香川県から関東にまで出稼ぎにきた被差別部落出身の売薬行商人一行の犠牲と言う、民族差別・部落差別・行商人（よそ者）への排除という人権問題が軍・官憲の施策と関わって存在する。これらの課題を抱えた福田村事件は、映画化が困難と危ぶまれてきたし、また反対に映画化に取り組んだことへの期待もあった。映画化の趣旨を訴えて、クラウドファンディングと寄付で賄い、俳優・制作陣を揃えた自主製作映画である。特に、森達也監督が強調した、被害者側への視点にだけに偏せず、加害者側への視点を重視して、「なぜ彼らが事件を引き起こしてしまったのか」を描きたいとする趣旨は評価したい。そして、完成した映画は、趣旨を貫き、支援者に応える内容でなければならない。

　簡潔に批評をまとめよう。映画は、軍国化を強化する政府の施策の影響を、加害者側の福田村と言う農村の日常から描こうと努力している。在郷軍人会、日清戦争での旅順虐殺、シベリア出兵、留守家族と言う設定を通して盛り沢山である。内務省警保局長の電文・通達や、亀戸警察署事件など、政府・官憲警察が関東大震災時にとった施策が設定されているが、慌ただしい演出で観客は理解困難だろう。

　しかし、被害者側の状況を伝える設定・場面が弱い。朝鮮人の立場についても、地元千葉県で働く朝鮮人労働者（例えば北総鉄道工事）は登場しない。朝鮮飴売りだけである（因みに、映画の朝鮮飴の実物、間違っています）。せっかく、三・一独立運動の提岩里教会虐殺事件を設定しながらも、智一の胸に秘めた傷として、彼一人が記憶した植民地への支配・朝鮮人の圧政として封印された。新聞記者の楓が、虐殺事件の後、語った決意、「書きます。……新聞が、……私が、朝鮮人の暴動をデマだって書かなかったから、朝鮮人が一杯殺されたんです。この人たちまで。……」。楓の言葉に、智一の成すべきことが重なる。惨劇を目撃した後に、ラストシーンの小船で、妻の静子に背を向けず、静子も突き放さずに、二人で語り合う智一。私は、「死出の旅」とは思わず、一抹の救いを感じた。この演出を褒めよう。

　被害者側として、売薬行商一行の場面のところで、部落差別の実態を演出しようとしたため、どうしても無理となり、間違いや差別を助長する場面を演出したのである。「水平社宣言」が、場面と全く食い違って、唐突に唱えられる。既に、述べたように、如何わしい山伏姿での薬の街頭販売、ハンセン病者に偽薬を売りつける、自分たちを「エタ」と自称させる、先祖は朝鮮民族とするなど、かえって部落差別を助長する。私が、映画への批判を個に止めずに公に問うべきとしたのは、実に此処にある。

　すでに映画「福田村事件」は完成して、全国で上映が進められている。映画を観た方、観る方へ、考えてもらうために、「賞賛の感想」だけでなく、提起したような「批判の感想」も伝えたい。特に、クラウドファンディングと寄付を行った映画を必ず鑑賞するはずの人たちへは、絶対伝えるべきである。今回の私が記述した内容をビラにしても良い。長すぎるなら、「2. 映画『福田村事件』を観る人、見た人へ」の部分だけでもビラにしても良い。当然、映画製作者側が、「事実を歪め、差別を助長している」責任を認識して、ビラを作成して、映画館にて配布する、クラウドファンディングと寄付をされた方へ配布するなどすべきである。また、感想文集なりを作成して批判について掲載しても良い。そのためには、製作者側に、申し入れなど働きかけをしなければならない。今後の状況によるが、私個人でなく、同意・賛同者を集めて、「映画『福田村事件』から考える会」などの名称で働きかける方が良いかもしれない。

　なお、映画の上映反対などは考えてもいないし、すべきでない。最初に述べたように、森達也監督の映画製作の趣旨には賛成である。映画なり、著作なり、一作品で完全無欠な表現を成し得ることは困難である。過程の一作品である。それも、敬遠しがちな難しい、民族差別と部落差別が複合した「福田村事件」を映画化した取り組みは、賞賛こそすれ、貶めてはならない。

（4）　木本事件、自警団に襲撃された朝鮮人労働者の飯場

　この事件は、関東大震災より二年五か月後に、三重県熊野の木本町で起こった朝鮮人労働者の虐殺事件である。それは、関東大震災時と同様の構図で虐殺が行われた。すなわち、流言「朝鮮人が木本町民に仕返しに押し掛けてくる」に対して、警察署長・町長は、自警団の結成を指示し、いきなり朝鮮人労働者に襲いかかった。差別し、支配従属させる対象として、朝鮮人を殺傷したのである。

1. 木本隧道、「我が町の栄えゆく一歩」

　今日の三重県熊野市の中心をなす木本町は、戦前、熊野灘に面して海上交通は至便であったが、陸路は、不便で険しかった。木本町の北隣の大泊村との陸路は、数時間がかりで鬼が城岩壁の海岸を大きく回り込む道か、険しい松本峠（標高 135m）を越える伊勢路の難所であった。大泊村へと越えねば、伊勢、津、名古屋方面とは結ばれなかった。

　1925 年、木本町民が熱望してきた松本峠を貫ぬく道路トンネルで大泊村と結ぶ木本隧道工事（1925.1.8 〜 1926.6.9）が開始されることとなった。数時間かかった険しい峠道を楽々歩いて数十分、車なら十分足らずで結ばれることとなる。朗報を伝えた地元紙「紀南新報」を引用しよう。「先陣をたまわった**鮮人工夫七十名**。地方労働者も加わり、工夫二百余人に達せん。隧道工事始まる。交通の恵みを受くることの少ない紀南地方、特に木本地方民が多年激望しつつあった県道木本・新鹿線の木本泊間隧道は、県に於いても地方民の真情を容れて十四年度に於いて工事を為すことになった……京都市の矢野組が工事を請負い、……木本側隧道入り口の岩の谷に於いて荘厳なる地鎮祭及び起工式を執行して、最初のハンマーを打ち込んだ。……いよいよ十五日、第一着に**朝鮮人を主とした工夫が数十名到着し**、木本、泊両地に分宿しているが、**日に焼けた気持ちの良い体**で、珍しそうに木本町内をぞろぞろ見て回っているのが、町民の

木本隧道（1926.7竣工記念葉書）

眼を惹いている。右について、矢野組出張所の今安主任は語る。『**朝鮮人工夫は、京都方面の者と江州で、宇治川電気発電所工事に携わった者たちである。……**」。

　そして、翌年、木本隧道は完成して、町を挙げての竣工式が企画された。木本隧道は、延長 509.0m、有効高さ 4.4m、有効幅員 4.24m。当時、道路トンネルとしては、山形県栗子隧道に次ぐ全国二位の規模であった。「木本隧道竣工式は、地方民の喜びを表して盛大に行う」「木本隧道工事は既報の如く本月末までに竣工の予定であるが……木本町の祝賀委員会は、去る九日、種々協議の結果、花自動車、青年の仮装行列、煙火放揚などを為し盛大に祝い……同隧道の開通は、地方民多年の熱望であっただけに、その竣工は地方民の喜びであるから出来える限りの方法で盛大に祝賀式を挙行すべく、具体的決定はさらに全町会議員の協議によって決定する予定である」（「紀南新報」1926.6.12）。木本町民にとって、念願の木本隧道の竣工式では、町内パレードや花火を打ち上げ、盛大な祝賀がなされたようである。式典に参列した地元の小学生たちが、祝歌「**祝えや祝え、開け行く代の恵みを浴びて、木本トンネル竣工したり。祝えや祝え、いよいよ栄えゆく、我が町の文化の光輝く一歩……**」を歌いながら、旗行列を為したと言われる（1926.7.26）。

　しかし、隧道工事の功労者である朝鮮人労働者の姿はなかった。木本町民は、1926 年正月に自警団を結成して、朝鮮人労働者の飯場を襲撃して殺傷し、さらに町内から朝鮮人労働者とその家族六、七十名を町から追い払ったからである。これが、木本事件である。木本町民は、「日に焼けた気持ちの良い体」と報じられて好意的に迎えていた朝鮮人労働者をなぜ襲撃したのであろうか。

　公記録「熊野市史」（1983.3.31 熊野市教育委員会）は、「木本トンネル騒動」と題して、木本事件を記す。朝鮮人労働者側が、「喧嘩の仕返しに集まって不穏な様子」「匕首、棍棒などを振り回して通行人の誰彼を問わず、追っかけ始めた」「殴打して血だらけにした」「包囲して袋だたきにした」など、先に朝鮮人たちが騒擾を起こした。それを鎮圧するために、木本町側は、警察署長・

木本隧道（木本町側入口、1994年撮影）

町長の指令で、消防組・在郷軍人会・青年団で自警団を組織して、警察官とともに、朝鮮人労働者を襲撃したこととする。そして、木本事件について、次のように総括している。「我が国の他民族抑圧の中で惹起した事件であったわけで、我が国の人種的偏見による政策がもたらせたものである」「そのひずみを背負わされたのが我が木本町民であり、木本町民としては**誠に素朴な愛町心の発露であった**のに、中には監獄送りと言う、忌まわしい刑罰を背負わされ、それらの人々については、誠にお気の毒な事であった……」。

このような「熊野市史」の総括は間違っている。他民族への抑圧と偏見が、国家政策であれば、「煽られ」「順応した」兵士・国民が、朝鮮人を殺害しても、「誠に素朴な愛国心・愛町心の発露」として褒め称えられる。そして、罪科を問われれば「誠にお気の毒な事」と不条理扱いとする。殺されることが当然の「犠牲・立場」とされる朝鮮人はたまったものではない。殺された朝鮮人の名前も間違っている。朝鮮人には、人間の尊厳などまったく無視されているのである。

2. 追悼碑から被害者の立場を知る

現在、木本隧道横の高台に、木本事件で殺害された朝鮮人労働者、李基允さん・裵相度さんの追悼碑が建立されている。追悼碑の碑文を読もう。

「1925 年 1 月、三重県が発注した木本トンネルの工事が始められました。この工事には、遠く朝鮮から、もっとも多い時で二百人の朝鮮人が働きに来ていました。工事が終わりに近づいた 1926 年 1 月 2 日、朝鮮人労働者の一人が、些細な喧嘩から日本人に日本刀で斬りつけられました。翌 1 月 3 日、朝鮮人労働者が、それに抗議したところ、木本の住民が労働者の飯場を襲い、立ち向かった李基允氏が殺されました。さらに、木本警察署長の要請を受けて、木本町長が召集した在郷軍人らの手によって裵相度氏が路上で殺されました。その時から三日間、木本町や近隣の村々（現熊野市）の在郷軍人会・消防組、自警団、青年団を中心とする住民は、竹槍、鳶口、銃剣、日本刀、猟銃などを持って、警察官と一緒になって、山やトンネルに避難した朝鮮人を追跡し、捕らえました。

李基允氏と裵相度氏が、朝鮮の故郷で生活できずに、日本に働きに来なければならなかったのも、異郷で殺されたのも、天皇

李基允氏・裵相度氏追悼碑 (1994.11.20除幕、右下奥が木本隧道入り口)

制の下に進められた日本の植民地支配と、そこからつくり出された朝鮮人差別が原因でした。朝鮮人労働者と木本住民の間には、親しい交流も生まれていました。裵相度氏の長女、月淑さんは、当時木本小学校の四年生で、仲の良い友達もできていました。襲撃を受けた時、同じ飯場の日本人労働者の中には、朝鮮人労働者と共に立ち向かった人もいました。

　私たちは、再び故郷に帰ることのできなかった無念の心を僅かでも慰め、二人の虐殺の歴史的原因と、責任を明らかにするための一歩として、この碑を建立しました。1994年10月 三重県木本で虐殺された朝鮮人労働者、李基允氏・裵相度氏の追悼碑を建立する会」

3. 木本事件の経過（地方裁判所「予審決定」1926.5.3を参考）

明治座（映画や演劇を興行した。1926年当時）

木本町の消防組。消防手からも加害者として何人も検挙された。

■1/2、午後十時頃、**明治座**での映画上映が終わる頃、朝鮮人金明九らと、館主岡崎与一とが、「知人に会う、入れろ」「駄目だ」と口論。館員の**森永光夫**が、日本刀を持ちだし、やにわに**金明九**に斬りつけた。胸に十一センチの傷を負わせた。

■1/3、午後四時頃、金明九が傷害された事を知り、朝鮮人労働者らが集まった。

■1/3、夕刻、「朝鮮人労働者たちが襲撃してくる」とのデマが噂される。**木本警察署長**（西村政之助）は、十名ほどの署員では対処できぬと、鵜殿、新宮の警察署に支援を依頼した。同時に、**木本町長**（加田利八）と、**自警団**結成を打ち合わせた。

　半鐘が打ち鳴らされ、極楽寺の鐘も鳴り響き、騒然とな

る中、非常事態が街中に知らされた。**在郷軍人会**（新谷分会長）、**消防組**（粉川春松組長）、**青年団**が集まり、自警団を結成した。

■ 1/3 夕刻、朝鮮人飯場頭の**尹貞鎮**（日本名木村長吉）は、巡査部長（大野増蔵）の説得で、警察署に留置された。

■ 1/3、夕刻、木本町自警団は、西郷川河川敷の朝鮮人労働者の飯場を襲撃した。朝

称名寺　裵相度さんの子供たち（裵敬洪さん、姉の月淑さん）が一晩隠れた。

鮮人労働者の一部を拘束したが、残りは逃げた。飯場仲間の日本人労働者の**高橋萬二郎**（岩手県）、**林林一**（岐阜県）、**杉浦新吉**（三重県東牟婁郡川口村）たちは、朝鮮人労働者を擁護した。

■ 1/3、夜。隣の有井村から自警団に加わった**大平忠一**らは、**李基允**さん（日本名春山清吉）を惨殺した。

■ 1/3、夜。町内に出かけていた飯場小頭の**裵相度**さん（日本名秋山政吉）は、ダイナマイトの爆発音を聞いた警察署長に「事態を鎮めてくる」と告げて現場へ向かった。自警団の、**大川寛一・桃原増市・三宅国一**らに惨殺された。

■ 1/3、夜。木本隧道の中へ逃げ込んだ朝鮮人労働者の一部は、工事用ダイナマイトを投げて抵抗した。自警団側は、猟銃を撃ちこみ、鎮静化させた。

■ 1/3、夜。裵相度さんの子供たち（**裵敬洪**さん、姉の**月淑**さん）は、風呂屋からの帰りに、朝鮮人労働者と町の自警団との衝突を知り、**称名寺**に一晩隠れた。

■ 1/3 夜〜6 夜。近在の村々とも連絡し、朝鮮人労働者五十余名を捕らえた。内二十余名は、傷害を受けており、治療された。また、木本、鵜殿、新宮の留置場に分けて拘束した。労働者の家族は、町役場にも収容した。

■ 1/7。木本自警団を解散した。

■ 1/8 〜 9。在日韓国人団体の**相愛会**は、東京本部、愛知県支部、三重県支部から調査団を派遣した。木本町自警団が朝鮮人労働者を殺傷したのは、朝鮮民族への偏見によるリンチではないかと詰問した。

■ 1/10 〜 14。検察による、拘引、取調べが行われ、朝鮮人側 6 名、自警団側 7 名が、津刑務所へ送致された。

■ 1/16。木本町に残留していた朝鮮人労働者とその家族六、七十名は、鳥羽方面など町外へと追い払われた。

4. 朝鮮人虐殺が「義挙」「町の為」とされた差別

a.「我知らずブルブルと震えていた」（当時、小学生 N さんの作文）

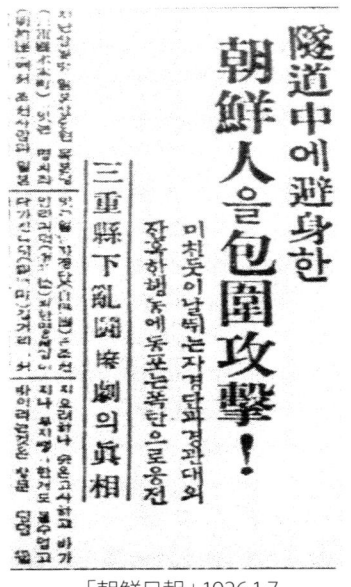

「朝鮮日報」1926.1.7

ダイナマイトを投げてから一時間も経たぬ頃、ワァワァと鬨の声をあげ、剣を持った人、鳶口や棍棒などを持った人々は、下の方から走り来る。上の方からも来た。ちょうど、私の家の前へ来た、朝鮮人か日本人か判らないが、一人で声を上げずにぱったりと倒れてしまった。また、下の方から、「やれ！やれ！」と大きな声を上げて五、六人は、やってきたかと思うと、これまた誰かわからないが、一人、鳶口で頭を殴られたと思うと、すぐ腹ばいになって倒れた。黒山のようになっていた人たちが、前に倒れた人を「この餓鬼ゃ悪いんじゃ」と、しきりに罵りながら、死んで何も知らない人を蹴ったり、殴ったりして、思い思いに「このざまを見よ」と、日頃の恨みでも晴らしたかのように喜び叫んでいる。

それを聞くと、**私はほっと安心した。日本人で無かったので大きな溜息を吐いたが、いくら朝鮮人だからといっても、あまりに惨い死にざまであったと思うと、急に動悸が打って、我知らず「ブルブル」と震えていた。大勢の黒山のような人らは、「ワイワイ」と思い思いの事を云うて騒いで居た。しばらくすると、みんな下の方と上の方へ崩れて行ってしまった。しばらくして、またワイワイがはじまった。軍人が来て、二人の死骸をコモに包んで担いでいった。**

b. 当時の新聞報道は、どうであったか

■「隧道に逃れた朝鮮人を攻撃」（韓国の「朝鮮日報」1926.1.7）
（見出しを邦語訳）「隧道中に逃れた朝鮮人を包囲攻撃」「凶暴に飛びかかる自警団

と警官隊の行動に、同胞はダイナマイトで応戦」「三重県下乱闘惨劇の真相」。

■殺害者を「町のためにやった」と見送る（「紀南新報」1926.1.16）

「涙で送る騒擾犠牲者、大川、桃原、三宅、水谷は、鮮人等八名と、津へ押送」「脇の浜の悲壮な情景」。津刑務所へ押送されることとなった1月14日午後7時、脇の浜の高知丸へと艀舟に乗せられた大川達四名を数百人が見送った。見送人から自警団の四名へ、はなむけとして「鮮人の暴行に対する義侠心だ」「君らは町のためにやったのだ」「後のことは心配するな」などと激励の言葉を送った。

■「路頭に迷う妻子の悲惨」（韓国の「東亜日報」1926.1.10）

（見出しを邦語訳）「幼児をおぶった妊婦」「無惨に殺された夫を想い」「飢餓に苦しみ流浪する身」「三重県惨死者遺族」。（記事中の妻子は、裵相度さんの遺族である）。

また、同様の記事が、「**紀南新報**」（1926.1.9）にも載せられている。「夫が非業の横死から路頭に迷う妻子の悲惨」「内鮮人衝突事件の哀話」「惨殺された鮮人秋山政吉こと**裵相度**には、妻おみやとの間に、長女すが、長男政夫、二女よし子の三児がある上に、妻は目下妊娠中で、夫が図らずも今回非業の横死を遂げたので、途方に暮れ、涙の日を送っておる」。

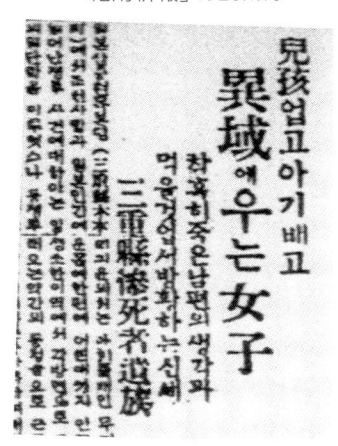

「紀南新報」1926.1.16

「東亜日報」1926.1.10

c. 大震災での朝鮮人差別は根付いていた

1923年9月、関東大震災時に於ける朝鮮人虐殺の要因は何であったか。大震大火災による生命・治安が脅かされる未曾有の不安状況の下、「不逞朝鮮人が、放火し暴動」とのデマを政府が率先して流布した。デマを受けて出動した戒厳軍隊、応援の警官隊、武装した自警団、官民一体の矛先は、朝鮮人を「不逞」「反逆」の「輩」と差別しての虐殺となったのである。

256

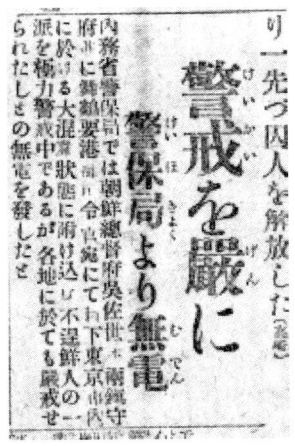

「警戒を厳に、警保局より無電」「不逞鮮人の一派を極力警戒中であるが、各地に於いても厳戒せられたし」（1923.9.4「神戸又新日報」）

今取り上げている木本事件（1926.1）も、「朝鮮人労働者が町を襲う」とのデマをもとに、警察署長・町長が指令して自警団を組織した。自警団は、警官隊とともに、朝鮮人労働者の飯場を襲撃して殺傷したのである。関東大震災より二年数か月後であるが、木本町民の間には、朝鮮人に対する差別意識が根付いていたのである。実は、映画館の喧嘩からの傷害については、仲裁の話が始められていたのであるが、それは吹っ飛んでしまった。半鐘を叩き、すぐさまに「朝鮮人が襲ってくるぞ！戸締りをしろ！」「竹槍を作れ！」「若い者は武器を持って集まれ！」「隣村へ応援を頼め！」「警察も応援を頼め！」「猟銃も用意しろ！」などと準備し、攻撃態勢に入ったのである。喧嘩で傷害を受けた朝鮮人側の反発も、「なだめ」や「和解」など考えず、「不逞」「反逆」と決めつけて、「やってしまえ」と抑え込む姿勢であった。

このように、朝鮮人を、日本人に対して「不逞」「反逆」の企て（町を襲う）をする「輩」と見なす、警察・行政から頼まれた自警団員として朝鮮人を殺傷するのは、町民を守るための「義挙」「正当」とする。関東大震災時の自警団による朝鮮人虐殺を「正当化」「罪科逃れ」の差別理屈である。このような朝鮮人への差別意識は、突然に湧いたものではない。大震大火災ほどの不安状況ではないが、関東大震災時に捏造された「不逞」朝鮮人差別は、関西の三重県の地方民にも根付いており、二年数か月後に現出したのである。

「新愛知」（号外1923.9.4）「不逞鮮人一千名と横浜で戦闘開始」「鮮人の陰謀、震害に乗じて放火」「発電所を襲う鮮人団」。

先述した次のことを思い出していただきたい。1923年9月、内務省警保局長（後藤文夫）からの「朝鮮人が放火・暴動」「朝鮮人対して適切の措置をとりたし」の通達は、全国各知事、陸海軍、朝鮮総督府あてに送信された。そして、九月に、全国の新聞紙上で連日の如く、「朝鮮人が、放火、井戸に毒入れ、暴動を起こし軍隊・警察と争闘」などのデマ記事が真の如く報道された。流言に煽られ、差別意識を増長させたのは、関東地方の日本人だけではないのである。

　また、注目すべきは、何千人もの朝鮮人が虐殺されたが、同時に、何万人もの朝鮮人が、警察・軍隊・自警団によって、拘束され、戒厳令下（1923.9/2 ～ 11/16）の一定期間、強制収容されていた事実である。関東地方の強制収容だけが注目されているが、そうではない。内務省警保局長の通達とともに、朝鮮人の強制拘束・収容は全国的に実施された（23,715 人）。詳しい統計資料は、「Ⅳ、（3）強制収容された朝鮮人たち」に掲載したが、県警察による**愛知県 506 人、三重県 33 人とする朝鮮人の強制収容**は、「不逞」朝鮮人問題を該当の木本町でも身近な出来事として、差別意識が煽られていたことが伺われる。

5.「差別する人の心が啓かれることを祈る」

　表題の言葉は、李基允さん・裵相度さんの墓碑を祀る極楽寺の足立知典住職（第 26 世）が、新しい墓碑に建て替えた際の言葉の結びです。「仏陀の法孫として、この墓石の前で経を読み一人の人間として一輪の花を手向ける時、お二人の尊い命の悲しみ、差別される人の悲しみが癒されることを願う。**差別する人の心が啓かれることを祈る**」（2000.11）。墓碑、追悼碑を建

追悼碑除幕式に、裵相度さんの孫、裵哲庸さんの家族を迎えた。（1994.11.20）

立したことは、慰めに留まらない。朝鮮人のことを「町を襲撃する暴虐を成す者」と偏見・差別で決めつけて虐殺したことの誤りを加害者側が（私も含める日本人の課題として）自覚する。まずは自ずから追悼するであろう。そして、二度と過ちを繰り返さないために歴史に刻み伝えていく。「啓かれる」とは、自覚して誓い、実行していくことと受け止めたい。

無縁墓群から発見されたお二人の墓碑（1988.7）

　木本町の自警団に襲撃され、惨殺された李基允さん・裵相度さんの遺骸は極楽寺境内に投げ込まれて放置された。お二人の雇い主が建てた墓石は、「鮮人」と記し、日本名を捩った二文字の差別戒名であった。誰も供養しないその墓石は、いつしか無縁墓群に埋もれたままとなっていた。

　また、公記録「熊野市史」の木本事件の記述は、朝鮮人への偏見に満ちている。

木本町の自警団員たちが、朝鮮人労働者を襲撃して、お二人（名前も間違っている）を虐殺したことを「誠に素朴な愛町心の発露」などと、「町の為だ」との口実で朝鮮人を殺すのも「誠に素朴に」是認している。「朝鮮人労働者の追悼碑を建立する会」からの書き換え要請にも熊野市側はきちんとした対応をしない。また追悼碑の建立にも、碑文の内容に不一致が生じると、以後

現在、李基允さん・裵相度さんの本名が刻まれた墓碑（2023.11.19極楽寺）

協力どころか協議さえ拒否するなど、熊野市としての行政責任を果たさない態度が問われている。

（5）　水平社と関東大震災

1. 大震災時に於ける水平社の動向

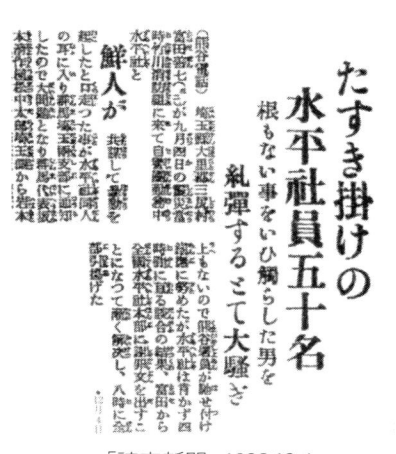

「読売新聞」1923.12.4

　全国水平社（1922.3.3 創立）は、部落民の自主的な運動によって部落解放を実現せんとした。初期に於いて団体幹部でも、天皇制批判の認識は弱かった。水平社の実行決議第一「吾々に対しエタ及び△△部落民などの言行によって侮辱の意思を表示したる時は、徹底的糾弾を為す」。この場合、「解放令」を「天皇の聖旨」として前面に掲げて、「部落差別は天皇の聖旨に逆らう行為」として糾弾を為した。階級的身分的差別の根源である天皇制国家の下で、身分的差別を打破する運動を展開しようとする矛盾であり、限界であった。それでも、部落民による自主的な糾弾、改革を求める行動が展開されていく時、天皇制を支える地域社会、経済界、軍隊、官僚、政府へと向けられていくのが必然の道筋である。

　さて、関東大震災時に於ける水平社をめぐる動向は、その道筋を予兆するもので

あった。先ず、水平社運動の関東に於ける中心となった関東水平社（1923.3.23 創立）による糾弾闘争が新聞報道されている。

「たすき掛けの水平社員五十名。根も無い事を言い触らした男を糾弾するとて大騒ぎ」「埼玉県大里郡三尻村富田善七（32）が、九月四日の震災当時、竹川消防組に来て、自警団勤務中、『水平社と鮮人が共謀して暴動を起こした』と口走ったことが水平社同人の耳に入り、群馬埼玉両支部に通知したので大問題となり、群馬代表**坂本清作・植松中太郎**、埼玉側から**岩本熊吉・成塚孝次郎**が徹底的に糾弾を叫びながら、二日早朝から竹川村に集まり、同人五十名たすきかけで押し掛け、危険この上もないので、熊谷署員が馳せ付け鎮撫に努めたが、水平社は聞かず四時間に渡る談合の結果、**富田から全国水平社本部に謝罪文を出す**ことになって、漸く解決し、八時に全部引き上げた」。（1923.12.4「読売新聞」）。

三月も遅れて察知して 12/2 に行った糾弾だが、ここにある「**水平社と鮮人が共謀して暴動を起こした**」などとのデマは、他にもあったようである。次のような報道がある。「迫害の糾問に水平社代表上京。今朝内相を訪問して当局の責任を訊す」「**震災当時、水平社員と鮮人結託の流言盛んにおこなわれ、『その為、全国水平社員中に迫害を受けた者がある』**という理由で、全国水平社中央執行委員長南梅吉氏は、各地からの代表委員と奈良本部に会して協議した結果、去る十八日南氏だけ上京し……陳情並びに当局の責任を糺す由。一、震災に際し、全国水平社はその救護に当たるべく、**総動員をせんとした時、地方官憲は、これを危険視し警戒したこと**。二、大阪府内務部長に直ちに**六千人の社員が自弁の下に労力提供を申し出た時**、何ら回答を与えなかったこと。三、滋賀県知事の無理解な態度。」(1923.10.23「東京朝日新聞」)。

水平社の南梅吉委員長が、内務省へ申し入れたのは、**水平社が救済援護の為に動員をかけて上京しようとする取り組みが阻止された事への抗議と善処の申し入れ**であった。戒厳令下、入京については一般には禁止として、境界に検問所が設置されていた。特例許可の場合も検閲がなされていた。特に、水平社の場合は要視察団体に位置づけられ、地方での動員段階で阻止されたのである。その理由と詳細は後述

260

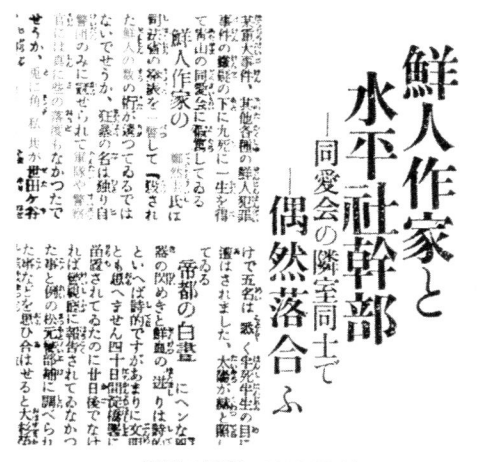

「報知新聞」1923.10.21

する。

なお、南梅吉氏は、関東の仲間との打ち合わせや状況把握にも動いたようである。次のような報道がある。

「鮮人作家と水平社幹部、**同愛会の隣室同士で偶然落合う**」「……九死に一生を得て青山の同愛会に仮寓している鮮人作家の鄭然圭氏は、司法省の発表を一瞥して、『殺された朝鮮人の数の桁が違っているのではないでしょうか。兇暴の名は独り自警団のみに被せられて、軍隊や警察官に真に些かの落ち度もなかったのでしょうか。とにかく、私どもが世田谷で自動車を襲撃された時は、槍、薙刀、鎌・のこぎり・日本刀などあらゆる凶器の洗礼を受けて、一行六名中、不思議に私だけが鉄棒で見舞われただけで、五名は悉く半死半生の目に逢わされました。……』。敷居一つ隔てた隣室には、偶然にも水平社本部の南梅吉、平野小剣両氏が、これまた薄気味悪いほど落ち着いて鄭氏の談を聞いている。南氏は、『水平社問題で上京しているのだが、鮮人事件もすこぶる遺憾なことだと思っている。人類愛を叫んでいる私どもは本当に考えさせられました』と語っていた。生き残った鮮人の消息や真相調査の為、鄭氏を中心として廿日午後八時から朝鮮人の会合が開かれた」。（1923.10.21「報知新聞」）。

冒頭の「**震災当時、水平社員と鮮人結託の流言盛んにおこなわれ**」の件に注目願いたい。これは、水平社、すなわち被差別部落の者に対する偏見の反映であろう。「震災の混乱に乗じて社会変革の為に暴動を起こす」とか、「部落の起源を朝鮮人を祖とする」俗説も影響したかもしれない。次に、水平社の幹部が会合したり、虐殺から逃れた朝鮮人が身を寄せた場所、同愛会（1922.5発足。貴族有馬頼寧会長）に注目したい。天皇制擁護の下での臣民の平等を求める融和団体であったが、「愛に満てる世を望みて」社会の改革を求めた。有馬会長は、農民組合や水平社の運動については社会改革に必然として支持する立場をとった。官憲警察に対しても、水平社を弾圧するのでなく、「善導」するべきとした。水平社同人を排除・敵視はしなかったのである。

2. 官憲警察に要視察団体として扱われていた

　さて、新聞報道にはなかったが、官憲警察側が察知して監察していた水平社の動向がある。政府主導の融和団体・融和事業を批判する水平社は、官憲警察にとって要視察団体と位置付けられていたからである。関東大震災時に於ける官憲警察の対応を見てみよう。次のごとき取締り警戒が行われた。「**要注意人取締り状況**。震災勃発直後、**内務省警保局**に於いては、各種要注意人中、以上の**社会状態を利用し、宣伝運動などの挙に出ずる者**なきやを慮り、**警視総監及び地方長官に通牒を発してこれらの危険人物が災害地に入るを阻止せしめ、また災害地にある者は必要に応じて検束を加え、或いは監視を付し、活動の余地なからしめた**。……而して**警視庁官房特別高等課**によるこれら要注意人検束の状況については、これを詳らかにする確実な資料に乏しい感があるが、大正12年9月30日付大阪時事新聞によれば、九月二日、三日に亘り、右特別高等課においては、近藤憲二、石黒鋭一、加藤一夫その他、市内及び郡部在住の主義者七十余名を一斉に検束し、焼失をまぬがれた各警察署に留置し、……右の外、**水平社本部に在っては、万一の場合宮城警護の為に大挙上京すべき計画**を立て、各地水平社支部にこれが電報を発した事実があった結果、事の行き違いを生ずるを慮り、関係警察官憲に於いては、『両陛下、摂政宮殿下御安泰に亘らせられ、宮城無事にして災地もまた平成に付、毫も懸念すべきこと無き』を諭示し、右**計画、並びに上京を阻止せしめた**」。（吉河光貞「関東大震災の治安回顧」法務府特別審査局（1949.9））

　水平社本部が、関東大震災時に於いて、計画していたことは、官憲警察に察知され、妨害されたのである。もし、水平社本部の計画が実行されたならば、天皇の聖旨に基づき部落解放を進める部落民が大挙動員して上京して、大震災下において、臣民の先頭に立って、天皇・宮城を擁護し、帝都を安寧化させ復興させるために働くという場面が現出したであろう。関東で水平社の活動に共感して、参画してくる部落民は増え、運動の力は増すであろう。避難の人々が集まった皇居前には、水平社の荊冠旗が翻ったであろう。戒厳令下で、治安と施政を牛耳る政府・軍部・官憲警察にとって、「天皇制国家」を認めながらも、自主的な判断・行動をする水平社の入京などは阻止してくるのである。軍部・官憲警察が組織させた自警団さえ、暴走する動きに取締りと従属化を強化している状況であったのだから、自主的に行動する水平社が、大挙してやってくることは脅威でしかなかったのである。

　否、関西からの動員が無理でも、関東水平社が既に組織されていたではないか。

262

少なくても、部落民の相互扶助を進める、救護活動を進めることで、水平社への好感を培い、組織拡大はできるであろう。これに対しても、官憲警察は、阻止する手筈を整えていた。次に示す警視庁官房主事正力松太郎からの「特高秘丙新三号　特殊部落民視察取締に関する件」と称する各署長に対する通牒である。引用を前に、当時、被差別部落民を「特殊部落民」と呼称した間違いを指摘しておく。同じ人間を差別する不当な間違いを糺さずに、何か「特殊」「特異」な要因があると決めつけた差別用語である。差別者への啓発でなく、被差別者に反省・改善を求める主客転倒の侮蔑用語である。

　では、件の通牒を引用する。気付かれたと思うが、通牒で命令を下す先として、水平社が活動しそうな地域を管轄する警察署が十か所選別されている。震火災によって、東京市中心を囲む人口密集地の下町は焼失壊滅であった。此処にあげられた地域は、都市化しつつある郊外で、労働者も多数居住した地域であり、焼失を免れていたため、疎開してくる人々も多かったのである。震災時を利用して、救護その他の計画で水平社に結集させる行動を監視して、集合・団体行動をとるような場合は探り出して、上部に連絡をとり妨害せよという通達である。

特高秘丙新三号　　大正十二年九月十六日
　　　　　　　　正力官房主事
　府中、田無、八王子、青梅、寺島、南千住、日暮里、亀戸、王子、板橋
　　　各署長、分署長殿
　　　　特殊部落民視察取締に関する件
　今次の災害に関し、特殊部落民の郡部へ避難する者、尠からざる模様なるが同部落民団体水平社本部及び各地支部に於いて救護その他の計画の下に此の際を利用し団結の基礎を確立せんとするが如き形勢あり。之等部落民の行動に対しては深甚の注意を払い、荷くも団体的行動若しくは集合等の事実に関しては、事前偵知に努ると共に事の大小となく速報相成り度、此の段及び通牒候也
　（警視庁官房文書課編纂「㊙震火災に関スル告諭諸達示通牒」綴 1923.9）

Ⅻ. 追悼は断裂を紮す架橋となる

（1）　民衆責任の自覚に根ざす追悼を

　戦前、朝鮮人差別の元凶である植民地支配を進める日本政府は、関東大震災時に於ける虐殺の真相を調査して、政府・官憲側の加害責任を問う事を徹底的に弾圧した。そして軍隊・警察の責任だけは回避しながらも、一応の法治国家の体裁だけは取り繕うために、自警団員らを虐殺加害者として検挙・公判に処した。それとて、警察の指示に従わなかった一部の自警団員だけであった。何千人も殺戮した加害者は、軍隊・警察・自警団であった。その内、数百人を殺戮した一部の自警団員だけが検挙され罪科を問われた。公判では、朝鮮人が「不逞の放火や暴動をなした」との流言を信じ込んでの殺戮として、情状酌量の対象となり、起訴された刑罰は軽かったし、執行猶予も多かった。たとえ、実刑とされても大正天皇逝去の恩赦によって減刑・釈放された。このように、朝鮮人の命を軽んじた差別裁判で、朝鮮人大虐殺事件を法律上は一件落着と誤魔化し通したのである。

　付け加えて、政府官憲は、「震災の混乱時に生じた流言で興奮した自警団員の過失による犠牲」ということで、日本人加害者を免責してしまった無責任な追悼儀式で朝鮮人たちを宥めすかそうとした。政府官憲側は、このような追悼集会を擁護し、開催の便宜を図らった。在日朝鮮人の親日融和団体である相愛会が主催した追悼会（1923.12.27）や、親日派の李元錫が設立した朝鮮仏教大会の追悼会である。李元錫が仏教大会を設立した趣旨は、「日本人と朝鮮人との融和を図るには、須らく共通の仏教を基調にすべきである」とした。彼が追悼大会長として根回しして、増上寺で開催した「大震災一周忌追悼大法要」なるものは、政府官憲の名士を招聘しての同情融和・責任逃れの大々的なアリバイ集会であった（1924.8.31）。陸軍軍楽隊の奏楽があり、首相代理を兼ねて篠原外相、東京府知事、衆議院議長、徳川家達侯爵、堀内中将、ドイツ大使らが来賓として列席した。李元錫大会長が述べた悼辞は次のようなものであった。「経に曰く『怨みに報いるに恨みを以てせば、怨み長く尽きず。如かず怨みに報ずるに徳を以てせよ』と。況や震災後直ちに誤解の雲霧跡消えて、朝野内鮮の同胞一致志を等しくして遭難諸氏の参加を悼し本日一周忌の忌辱を迎え、

天災にのがれ乍ら
哀れ人災に斃れた

鮮人の悲痛新し

○…漸やく寶生寺で追悼式

悲痛なる縣下在住鮮人主催追悼會

閉込んで引受け同會の遊要に先立つて午前九時から執行する譯が出來たのだった。會は午前九時寶生寺住職佐藤妙圓師の讀經に始まり濟寧知事、渡邊市長から送られた追悼文の朗讀について李誠七代を初め鮮人の悲痛なる追悼文朗讀あり十時つくなく終了した

禍されて哀れ異境の鬼と消えようといふので不幸の靈を慰め代は一ヶ月前から準備に奔走し始め弔寺に持ち込んだが一言の下にことはられあちらこちらと各寺院にたづねて見たが心よく受けてくれるところは一つも無かったのを神奈川縣大震災法要會が

憔悴だけで李大小百余の追悼會が行はれた中で最もいたましかったのは堀の内寶生寺で行はれた鬭死鮮人追悼會だった不慮の天災は辛うじて免れながら流言の禍され

「哀れ人災にたおれた」（「東京日日新聞」1924.9.2）

……大官名士雲集して親しく供花指香の誠意を布く。諸氏の霊、以て冥すべし」（「国民新聞」1924.9.1）。このような朝鮮人虐殺を招いた責任を問わずに、「追悼集会」を持ったことで事足れり、被害者は「恨むことなく成仏しなさい」とする追悼は、その場しのぎであった。当然、以後、政府官憲側の追悼は立ち消えた。

対して、虐殺された犠牲者の立場に立った追悼会は、無念の死を遂げた犠牲者の同胞たる朝鮮人有志や関係団体が主催し、そこへ日本人が参画する形態であった。当初は、朝鮮人が同胞の惨死を悼み、悲嘆にくれる場であった。参加・協力した日本人も、同情融和的であった。神奈川県横浜市での追悼会の様子が報道されている。「天災に逃れながら、哀れ人災にたおれた。鮮人の悲痛新し。漸く寶生寺で追悼式」「横浜だけで大小百余の追悼会が行われた中で、最も痛ましかったのは、掘の内寶生寺で行われた県下在住朝鮮人団主催の横死鮮人追悼会だった。不慮の天災は辛うじて免れながら、流言に禍されて、哀れ異境の鬼と消え失せた、より不幸の霊を慰めようというので、李誠七氏らは一か月前から準備に奔走し始め……引き受けてくれるところは一つも無かったので、一

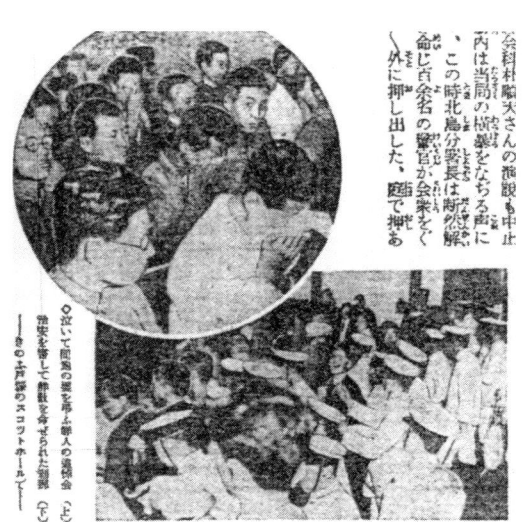

上、涙で弔う。下、解散させる警官隊。（「報知新聞」1924.9.14）

時途方に暮れていたのを、神奈川県大震災法要会が聞き込んで引き受け、同会の法要に先立って午前九時から執行することができたのだった」（1924.9.2「東京日日新聞横浜横須賀版」）。死者の平等往生を役目とする僧侶が、虐殺事件への関わりを忌避し、民族差別で朝鮮人への追悼を拒否したことは許せない。結局、行政主催の震災犠牲者追悼会の前段として一時間分けてもらって、来賓

朴順天さん「恨を晴らせ」（1924.9.14「時事新報」）

として県知事・市長の追悼を受けた後、李誠七総代が追悼文朗読する形となった。官憲・自警団への責任追及などできる筈がなかった。

　本来の追悼会を実施せんと努めた朝鮮人たちは、朝鮮人惨死の実相が、軍隊・警察・自警団が一体となった虐殺行為であることを究明して、朝鮮人への民族差別と官憲・自警団の加害責任を問う抗議集会の体を為していく。官憲警察は、このような朝鮮人による追悼会を包囲監視した。会場にて、参加者が、虐殺の真相を暴いた「残忍な殺戮」「多大の犠牲」「自警団・官憲の責任」を述べようとするや、「発言中止」「集会解散」を命令し、暴力で取り締まった。

　在東京の朝鮮人団体が結集して開催した追悼会を報道した新聞記事を引用する。「早稲田大学スコットホールで開かれた鮮人追悼会は途中で解散。女学生も悲痛な報告。演説は、中止に次ぐ中止」「……演壇には、竹槍に黒地に黒友会と赤く染め抜いた旗を立て掛け、壁一面に学友会、在日本天道教青年会、北星会、學興会、東京朝鮮労働共生会などの寄贈の弔旗十数本が掲げてある。戸塚分署では、淀橋署の応援を得て、北島分署長以下、制私服巡査百余名で物々しい警戒をしていた。……キリスト教青年会禹浩翊君が涙を流して弔文を読めば、場内一千の参会者いずれも声を立てて泣く。……労働共生会の金相哲君、無産青年会の孫宗珍君の弔辞は中途で、隣席の戸塚分署長から中止を命じられた。李根茂君が真状報告をせんと一口二口述べると直ちに中止を命ぜられ、女子大学社会科朴順天さんの演説も中止で、場内は当局の横暴をなじる声に満つ。この時、北島分署長は断然解散を命じ、百余名の警官が会衆をぐんぐん外へ押し出した」（「報知新聞」1924.9.14）。中止させられた李根茂君の報告は、虐殺された人数「三千二百人」と述べた瞬間であった。警察は、隠蔽しようとしている多大の犠牲が暴露されるのを恐れたのである。また、朴順天さ

んが演説中止をさせられたのは、「恨を晴らせ」と復讐の言葉を発した時であった。警察は、朝鮮人が、悲嘆の涙を振るい、虐殺をもたらした元凶である政府官憲へ怒りを向けることを恐れたのである。

　十年もたたずに、天皇制軍国の日本は、「満州」事変から日中戦争、太平洋戦争と十五年戦争と言われる戦時体制下に入った。戦争遂行を第一義として、滅私奉公をせまられ、労働・生活・思想は統制され、挙国一致の翼賛団体・活動以外は集会も禁止された。もちろん、大震災の追悼会は官民ともに自粛当然とされ、実施することなどできなかった。

（2）　虐殺された無念を刻んだ追悼碑・墓碑

1. 本庄事件の朝鮮人犠牲者の追悼碑

　現在、地方自治体の刊行・所蔵文献や、管理する公有地の追悼碑の運営については、ほぼ公開されていると言える。それだけに、内容の検証や、追悼への参画を具体的に取り組める。また、戦後に於いて、政府官憲からの統制を拒否し、報道の中立を確立してきたメディアによる新聞、放送は、「民衆へ事実を報道する」役割を受け持つ。提供される史料・情報は、民衆の認識と活動を支える。

　追悼碑・墓碑について検証しよう。山田昭次氏の調査によれば、関東大震災時に於ける朝鮮人虐殺を弔うものは、戦前に十か所、戦後に十七か所建立されている。戦前十基の場合、官憲側の圧力・拒否により供養することさえ困難であった。何よりも、朝鮮人が異郷の日本の地に、日本人の罪科を問い供養する墓碑・追悼碑を建立することは無理であったし、表に出ることは控えた。従って、十基とも建立は日本人であって、しかも犠牲者が朝鮮人であることを刻んであるのは六基

鮮人之碑（本庄町東台長峰墓地）。「東京日日新聞」1924.9.2

である。その内五基は個人を供養した墓碑であり、虐殺事件の朝鮮人犠牲者を悼む公然とした追悼碑は一基だけであった。

　それは埼玉県本庄事件の追悼碑である。戦前に、きちんとした追悼儀式がなされた、唯一の追悼碑である。その追悼碑は、日本人が建立し、正面の碑銘を「鮮人之碑」と刻銘していたため、戦後に、「差別的表現」として碑石は破棄されて、現在の新しい碑に建て替えられた（1959 年秋）。確かに、「差別的表現」であることは指摘すべきであるが、追悼碑を建立した当時の社会状況での日本人たちの認識を踏まえ、追悼された経過を史実として記録しておくべきである。破棄された元の追悼碑石は、石材店の資材置き場に大破した姿で放置されていたのが見つかり（1985）、同市の文化財収蔵庫に移され、非公開として封印保管されている。

　破棄された従来の追悼碑の裏面碑文は、「大正十三年九月卯日（1924.9.4）、**本庄新聞記者団**、泰平会社演芸部、建石」とある。この追悼碑の建立を呼びかけた責任者は、**新聞記者馬場安吉**氏（「群馬新聞」本庄町局長、「東京日日新聞」通信員）である。馬場安吉氏のことが、朝鮮人虐殺に関連する報道が官憲から解禁された 10/20 付けの「大阪毎日新聞」に記載されている。「埼玉県下、本庄町の大惨事、一挙八十六名を殺す」「流言頻々として伝わり、三日夕べ、汽車で避難してきた朝鮮人六名を多数乗客が車窓より引き出し、同町自警団に引き渡したので、俄かに殺気立ち之を拉致して本庄警察署に連行の途中、殴打負傷せしめた。本庄署では、留置保護を加えると共に、村磯署長は、**新聞記者馬場安吉**氏（東京日日新聞通信員）、在郷軍人分会役員らと共に大道演説をして、極力善良朝鮮人の保護を説き、流言蜚語に惑わされぬように説き、町内をも遊説して人心の鎮撫に努めたが、翌四日朝に至ると……殺到した暴徒の為蹂躙され、警官や消防役員らは衆寡敵せず現場から追い立てられ、たちまち警察内は大修羅場と化し、ただ一人の朝鮮人が辛うじて逃走しただけで八十六人悉く殺害されてしまった」（1923.10.20「大阪毎日新聞号外」）。

　馬場安吉氏は、戒厳令下の報道規制により記事には書けないまでも、せめて説示によってと、竹槍を構えた自警団を前に必死に訴え、朝鮮人の救命・保護に尽力した。それも叶わず、残念にも朝鮮人が殺害されるのを眼前にした。官憲から朝鮮人虐殺を隠蔽する圧力がある中でも、追悼碑建立の活動を行い、追悼を後世に伝え託したのであった。追悼碑の建立と追悼儀式は、次のように報道された。「本庄町新聞記者団主催の横死鮮人供養碑は、一日を以て長峰の墓地に建設したが、四日午後一時から本庄町安養院に於いて、各寺院住職総出で、本庄町官民有志参列して追悼法会を営み、展墓を行う筈…」（1924.9.2「東京日日新聞」）。日本人が、朝鮮人犠牲者を刻銘し弔うために建立した最初の追悼碑であった。以上の経過は、私が主宰するアジ

ア民衆歴史センターが開催した関東大震災戒厳令下の大虐殺の「史料展示会」を取材した毎日放送が、特集「関東大震災、朝鮮人虐殺から学ぶこと」と題して新聞記事や追悼碑の映像とともに放映した（2023.9.9）。

2. 虐殺された朝鮮飴売りの墓碑

具學永（戒名感天愁雨信士）の墓碑。埼玉県寄居町正樹院

埼玉県寄居町正樹院（鹿島正樹住職）に代々守られてきた朝鮮人の墓碑がある。関東大震災時に、隣村の自警団によって虐殺された朝鮮飴売りの具學永さんの墓である。関東大震災百周年の1923年、命日である9月6日に慰霊祭が行われ、地元住民五十余名が参列した。主催した「むくげの会」（木島修代表）では、今後も追悼を続けていくことにしている。具學永さんの墓は、木賃宿で知り合いとなった宮沢菊次郎氏ら日本人たちが具學永さんの死を悼んで建立したものである。墓碑には、本名・戒名・享年二十八歳とともに、故郷の住所（慶尚南道蔚山）も刻銘された。韓国では、絵本「飴売り具學永」（金鐘洙牧師）も刊行され、韓国から追悼に訪れる一行もある。

　虐殺された様子を史料で見てみよう。先述の「大阪朝日新聞号外」に次の記載がある。「寄居署に乱入して留置場の格子外から突き刺す。……寄居町警察署に、かねて留置保護中の朝鮮飴屋、蔚山生まれ金日永（28）を同地自警団員三十余名が竹槍その他の凶器で殺害した。加害者は、隣村用土村自警団員で寄居署長に対し留置中の鮮人を引き渡せと怒号し、署長以署員総出で弁解したが、聞かずやにわに署内に乱入し、留置場に殺到し、格子の間からめったやたらに突き刺し……」。具學永さんの名前を間違っている。

　なお、「隠されていた歴史、関東大震災と埼玉の朝鮮人虐殺事件」調査・追悼実行委員会（1974.7.1）には、当事者からの聞き取りが掲載されている。

■「殺されたのは人の良い飴屋だった」（桜沢村　八木幸太郎79歳）

「やがて大勢で警察内に入り、保護されていた朝鮮人を竹槍で格子の間から突き刺し、その後外に引き出してきましたが、その時はもう死んでいるようでした。殺された朝鮮人は、私と同じ桜沢村の山崎の安宿、ましも屋に長逗留して、近くを飴を売って歩いていた人で……決して人に憎まれたり、悪さをするような人ではありませんでした」

■「漢字で『日本人、罪なきを罰す』と書く」
（寄居町　藤野長太郎73歳）

「当時、寄居には消防分団が八つあり、私は第一分団の班長でもありました。……用土村の人たちが押し掛けてくるかもしれないとは聞いてい

当時の朝鮮飴売りのようす

ましたが、夜詰所で寝ていますと、いきなり竹槍でひっぱたかれて跳び起きました。用土の人たちで、……そこで、用土の人たちとは別に、後からついて警察に行きました」「私は窓の外から見ていたのですが、さすがに留置所の中までは踏み込めませんでして、初めは鳶口で引っ掛けて外に引きずりだそうとしていました。……朝鮮人は、その裏の白紙に自分の血で、『日本人、罪なきを罰する』と書きました。……もちろん、ちゃんとした漢字でした。その後、外から竹槍で突かれ、倒されたところを引きずり出されて庭先でとどめを刺されました」。

3. 片柳事件；遺族まで辿り着いた墓碑

関東大震災時に埼玉県では、内務省警保局長の「不逞朝鮮人暴動」の通達を受け、県内務部長名で、県下町村当局者へ「自警団を組織して警戒対処せよ」と指令した（1923.9.2）。9月3日、片柳村染谷地区（高橋吉三郎区長）でも自警団がつくられ、初めての夜警を行った。そこへ東京方面から避難してきた姜大興氏が出くわして犠牲となった。先述の「大阪毎日新聞号外」（1923.10.20）に次の記事がある。「褒美が欲しい。加害者威張る」「埼玉県北足立郡大宮町在片柳村大字染谷四十五、○○（20）、△△（20）の両名は九月四日午前二時頃、同村見沼用水堤で東京方面から逃れてきた朝鮮人美大興（24）の姿を認め、誰何したが言語充分に通ぜず、かねて村当局よ

り達示の有る不逞朝鮮人だと思いこみ、やにわに殺害して、死骸を用水路に投げ入れたが、右両名は凶行後の四日朝、大宮署に出頭し自分らの行動を述べた上で「ぜひ恩賞に預かりたい」と申し出で、警察は調書を浦和裁判所に送っておいたのでこの事件ばかりは、何ら取調べの必要なく最初から犯人が判っていた」。（記事中、美➡姜の間違い。加害者名を筆者が匿名にした。殺害された場所は、転倒した芋畑である）。政府・県の官憲からの「『不逞』朝鮮人に対処せよ」との指令を信じて実行した村人の状況が伺われる。

　事件の正確を記するため、浦和裁判所判決文から事件の経過を引用する。「鮮人甲が同村大字染谷地内に逃げ入り……里道を逃走中、図らず不逞鮮人の来襲也と聞き伝え其場に駆付け来たりたる被告A及びBの両名と出会いし、Aは槍、Bは日本刀を持って右甲を追跡し、同染谷八雲耕地地内に追い迫り……甲が後方に振り向くやAは前記の槍にてたちまち同人の胸部を突きさし、甲が逃れて付近の生姜畑に入り畑溝に転倒するや、Bは前記の日本刀にて其の左肩辺を斬り付け、同時にAは右槍先にて甲の前頭部辺を殴打したるも、同人は直ちに起き上がり更に十数間を距てる

墓碑正面;朝鮮人姜大興墓

墓碑側面;空朝露如幻禅定門位

同所甘藷畑に逃げ入り再び転倒するや、被告 CDE 等も、また不逞鮮人の襲来也と聞き、其の場駆けつけ来たり同甘藷畑に於いて、D は日本刀を持って甲の右腕辺に、C は日本刀を持ってその臀部辺に、各斬り付け、E は槍を持って其の後頭部辺を突き刺し、其の結果、甲は重傷を負い、救護の為、同郡大宮町萩原病院に収容せられたるも同日午前九時頃死亡するに至りたるもの」。

　こうして、不逞どころか震災避難の朝鮮人を惨殺したことが分かった染谷地区では、自責の念からか、高橋区長を責任者として、曹洞宗常泉寺（さいたま市見沼区染谷 3-242）に墓碑を建て菩提を弔ってきた。墓碑は、正面碑文に「朝鮮人**姜大興**墓」、側面に「空朝露如幻禪定門位」の戒名と「大正十二年九月四日、関東地方大震災ノ節当字に於いて死亡」「染谷一般」の施主名が刻銘されている。

　戦後、日朝協会埼玉県連合会が中心になって、2007 年以来、地域内外の人々にも呼び掛けて、**姜大興**さんの命日（9/4）に追悼会を実施している。この片柳村事件が、NHK の ETV 特集「関東大震災と朝鮮人、悲劇はなぜ起きたか」（2016.9.3）で取り上げられたので、地元以外からの追悼会への参加も増えた。関東大震災百周年（2023）を機に、地元では「**姜大興**さんの想いを刻み未来に生かす集い実行委員会」を結成して、墓碑の横に事件の真相を刻銘した銘板を設置した。

　また、韓国政府大使館から発見された「関東大震災時に虐殺された犠牲者名簿」（2013.11.19）に、**姜大興**さんの名前が記されていることが判明した。実は、身重の妻を待たせて、日本へ出稼ぎに来ていた際に殺戮されたのである。残されていた妻子から役所へ届け出がされていたのである。名簿にある**姜大興**さんの故郷を記す。「韓国慶尚南道咸安郡漆原面柳原里」。遺族を招いての追悼会も計画されているそうである。**姜大興**さんの魂は、故郷の遺族の下に戻れたであろうか。犠牲者を真摯に弔う追悼の取り組みは、日韓両国間の恨の流れを渡る架橋となることは間違いない。

あとがき

　関東大震災時に於ける朝鮮人・中国人虐殺は、官民一体となって為された事件であったことを明らかにしてきた。公判に処せられた加害者の自警団員が弁明（責任逃れ）するのに、「朝鮮人が暴動」との流言蜚語に惑わされての所為とするが、そのような流言蜚語を積極的に煽り立てたのは、官憲（政府・戒厳軍・警察）であった。そもそも民衆に、自警団を組織させ武装群衆化させたのも、官憲である。現在、問題なのは、政府・地方自治体の官憲側の公刊文献には、関東大震災時に於ける朝鮮人・中国人・社会主義者の虐殺に触れた書籍は殆ど見当たらず、稀にあっても、「流言に惑わされた一部の自警団による朝鮮人殺害（虐殺ではない）」事件として、民衆責任だけに転嫁した記述に限定される。

　しかし、先達の努力によって、政府関係機関が所蔵し、保管が義務付けられている文献史料には、朝鮮人虐殺の真相を示し、国家責任を明示する内容のものも数多くあることが発見された。政府は、責任逃れのために、それらの文献史料を非開示扱いにして隠蔽している。そのような政府の姑息な誤魔化しを許さないために、虐殺の真相と官憲の責任を明示した公史料・文献の存在を情宣し、周知の事実として歴史に位置づける取り組みが必要である。地方自治体が保管している関連の公文書で公開された場合もある。本書は、新たに発見された著者所蔵の公史料とともに、これまで各書に分散していた史料・文献を整理して検証・解説を加えて、「史料が証する」として、一冊にまとめたものである。史料は、一部の抜粋掲載である。より詳しく調べる方は、本書を索引代わりとして、原本史料に当たられることをお薦めする。

　また、本書には、写真・絵画、新聞紙面などの史料を豊富に掲載している。注目してほしいのは、虐殺された被害者の写真である。メディア記者が取材にやってくるが、所蔵する写真が「悲惨」「残酷」という事で、不特定多数を対象とする新聞・テレビではとり上げて報道するのは躊躇せざるを得ないとのことである。このままでは、関東大震災時に、官憲が、「惨殺死体を焼却・隠蔽せよ」「惨殺や死体の写真・絵を検閲・破棄させよ」「軍隊・警察の関わりを隠せ」と、虐殺事件を隠蔽工作した事実を手助けすることとなってしまう。本書では、当時の官憲警察が隠蔽工作した、これらの写真原本（警察署が掲載不許可印を押印した写真、焼却処置した警察署を示した写真など）を掲載した。念のために、右に死体焼却がなされた後の写真を掲載しておく。石油缶が放置されていることに注目されたい。

　また、本書の内容の概略を、写真・絵・解説をパネルに仕立て、当時の新聞など

の実物とともに、展示学習できるようにした。その展示会には、関東大震災に関わる内容だけでなく、「日清・日露戦争と韓国『併合』。朝鮮人民の抗日・独立の戦い」のパネル・史料の展示も行うことにしている。かつての軍国日本による朝鮮への侵

現場での死体焼却。墨田区寺田署管轄

略・植民地支配が、それまでの友好・交誼から対立・従属を強いる差別の溝を穿ったからである。「征韓論」による開国、日清・日露戦争・シベリア出兵に際しての朝鮮人民の抗日義兵への殺戮、三・一独立運動に対する流血の弾圧、この一連の侵略時の日本軍の行為に、日本の軍・官憲と、追随したメディアが大々的に流布したのが、「不逞」「暴虐」「反日」「不平」朝鮮人を鎮圧する我が正義の皇軍という構図であった。

　こうして亡国の民とされた朝鮮人への差別が渦巻く日本社会で、関東大震災時の苦しみと不安の中で、同じく震災を受けて避難している朝鮮人への大虐殺が行われた。何千人もの朝鮮人を何万余の日本人が、官憲・民衆一体となって、公然と惨殺するジェノサイドが行われた。当時の日本社会全体の問題である。今日の日本政府は、かつての軍国日本の誤りを是認・迎合して、虐殺事件の真相を隠蔽し歴史を改竄しようとしている。このような策動を許さず、民衆責任をまず自覚することから国家責任を問うために、本書が役立つことを願うものである。

　最後に、出版業界不振の状況の下で、社会貢献の良心を堅持して拙著を刊行して戴いた柘植書房新社の諸氏に、敬意と供にお礼を申し上げる次第である。

引用・参考の文献・資料一覧

<戦　前　>

■警視庁官房文書課編纂「㊙震火災に関スル告論諸達示通牒」綴（1923.9）/■内務省警保局警務課「㊙震災後の警備一班」（1923.9）/■「関東戒厳司令部情報」（1923.9.9）/■関東戒厳司令部「大正震災写真集」（1924.3.5）/■内務省社会局「大正震災誌（上・下）」「大正震災志写真帖」（1926.2.28）/■東京市役所「東京市震災状況概要」（1924.2.13）/■東京帝国大学罹災者情報局「帝都大震火災系統地図」東京日日新聞社（1923.12.27）/■関東戒厳司令部「大正震災写真集」（1924.3.5）/■「THE GREAT EARTHQUAKE OF 1923」THE BUREAU OF SOCIAL AFFAIRS HOME OFFICE JAPAN（内務省社会局 1926.12.20）/■神奈川県「神奈川県震災誌・附録」（1927）/■ポスター「東京憲兵隊設置」（1923.9）/■関東大震災と朝鮮人虐殺に関わる「新聞」の原本。「日刊山形」「山形民報」「神戸又新日報」「大阪毎日新聞」「大阪朝日新聞」「山形新聞」（1923.9 ～ 10）/■樋口紋太「朝鮮人襲来流言の真相」帝都復興協会（1923.10.12）/■一氏義良「実地踏査大震大火の東京」誠文堂書店（1923.9.28）/■黒龍会本部「東京大地震記」黒龍会（1923.10.13）/■信定瀧太郎「写生図解大震記」日本評論社（1923.10.25）/■濱名東一郎「噫東京」交蘭社（1923.11.16）/■「大正大震災大火災」講談社（1923.10.1）/■「関東震災慰問義勇隊記念」修養団京城支部（1923.9）/■「種蒔き雑記……亀戸の殉難者を哀悼するために」種蒔き社（1924.1.20）/■宮武外骨「震災画報 1 ～ 6 巻」半狂堂（1924.2.1）/■川村花菱著・山村耕花画「大正むさしあぶみ」報知新聞社（1924.3.15）/■中島司「震災美談」朝鮮印刷株式会社（1924.7.29）/■あきら「憂国軍人天草大尉」榎本法令館（1924.1.1）/■甘粕正彦「獄中に於ける予の感想」甘粕氏著作刊行会（1927.10.10）/■田山花袋「東京震災記」博文館（1924.4.20）/■震災共同基金会編「十一時五十八分懸賞震災実話集」東京朝日新聞社（1930.3.15）/■第一高等学校国漢文科編「大震の日」六合館（1924.8.20）/■東京市誠之尋常小学校「震災記念号児童文集」（1924.3.25）/■「日本少年第 18 巻第 10 号大震災画報」実業之日本社（1923.10.5）/■■「女性第四巻第四号関東大震災文壇名家遭難記」プラトン社（1923.10.1）/「人と人 10 月号震災号」協調会（1923.10.8）/■「太陽 10 月特集大震災号」東京博文館（1923.10.1）/■「改造大震災号」改造社（1923.10.1）/■「改造十一号」改造社（1923.11.1）/■「震災画譜画家の眼」黎明社（1923.12.25）/■絵巻研究会「大正震災画集」1926.12 より。濱田如洗「大犠牲」、井川洗崖「花柳街の惨状」、近藤紫雲「戒厳令下の萬世橋」、井川洗崖「夜警団」。/■「帝都大震災絵図、震災前、震災後二巻」（1923）/■「関東大震災画巻」

（1923）/■河目悌二「関東大震災朝鮮人虐殺図」国立歴史民俗博物館蔵/■蕗谷虹兒画「絵葉書震災画報Ⅰ、Ⅱ」上方屋平和堂（1923.12）「生き残れる者の嘆き」「絶望」「落陽」「落ち行く人々の群」「戒厳令」「焼野の月」etc/■田畑花山画「帝都震災記念大観」高野印刷所（1923）/■浦野銀次郎「帝都大震災画報、新吉原遊郭仲の町、猛火大旋風之真景」（1923.12.15）/■与謝野晶子詠「帝王の都の灰と言ひし後、行き交う雲も哀れなるかな」。1923.9/■「関東大震災画帳」金尾文淵堂（1923.10.25）「吉原遊郭」「本所被服廠跡」「自警団の一人として働いた」「自警団」など、33図。/■「時事画報　大震災第三号」（1923.9.25）/■大阪朝日新聞「大震災写真画報」（1923.10.7）/■「神奈川県大震災記念写真帳」（1925.4.20）/■大阪朝日新聞「大震災写真画報」1923.10.7）/■国際情報社「関東大震災号」（1923.10.1）/■国際情報社「関東大震災号」（1923.10.10）上記の発売禁止改訂版/■国際情報社「関東大震災号姉妹編、世界の大震と復興」（1923.11.10）/■国際情報社「関東大震回顧号」（1927.9.1）/■東京朝日新聞社「アサヒグラフ特別号関東大震災全記」（1923.10）/■大阪朝日新聞社「大震災写真画報　第一輯」（1923.9.15）/■大阪朝日新聞社「大震災写真画報　第二輯」（1923.9.25）/■大阪朝日新聞社「大震災写真画報　第三輯」（1923.10.7）/■大阪毎日新聞社「関東震災画報　第一輯」（1923.9.15）/■大阪毎日新聞社「関東震災画報　第二輯」（1923.10.1）/■大阪毎日新聞社「関東震災画報第三輯」「関東大震大火全記」（1923.10.28）/■歴史写真会「関東大震大火記念号第一号」（1923.10.1）/■歴史写真会「関東大震大火記念号第二号」（1923.11.1）/■神奈川県「大正十二年九月一日大震災写真帳」（1925.4.20）/■毎日通信社経済調査部「大正大震大火之記念」（1923.12.3）/■吉田初三郎画「関東震災全地域鳥瞰図絵」大阪朝日新聞（1924.9.15）/■横浜市役所市史編纂係「横浜市震災誌第一冊～第五冊」（1926.4.12）/■「大逆犯人朴烈文子の事件に関する政府の責任を糺す」立憲政友会院外団（1926.9.9）/■淵田忠良「明治大正昭和大絵巻」キング附録（1931.1.1）/

　■朝鮮総督府警務局「諺文新聞差押記事輯録（『朝鮮日報』『東亜日報』『中外日報』『時代日報』）全三冊1932年」復刻；新韓書林（1972.9.15）/

＜　戦　　後　＞
　■吉河光貞「関東大震災の治安回顧」法務府特別審査局（1949.9）/■清水幾太郎「流言蜚語」岩波書店（1947.10.30）/■金紅園「朝鮮人狩り」社会書房（1948.3.25）/■韓国李承晩政権調査「日本震災時被殺者名簿及び三・一運動時被殺者名簿」（1952年）/■李珍珪編「関東大震災に於ける朝鮮人虐殺の真相と実態」朝鮮大学校（1963.8.10）/■「関東大震災と亀戸事件」亀戸事件四十周年犠牲者追悼実行委員会（1963.9.4）

276

/ ■「歴史評論（大震災朝鮮人受難四十周年）」（1963.9.1）/ ■日本近代史研究会「日本の歴史19」国文社（1963.9.1）/ ■「写真で見る日韓政治外交秘録」日韓広報センター（日本版 1967.1.15）/ ■ノエル・F・ブッシュ「正午二分前（外人記者の見た関東大震災）」早川書房（1967.8.31）/ ■日朝協会豊島支部「民族の棘……関東大震災と朝鮮人虐殺の記録」（1973.9.1）/ ■小西四郎編「明治百年の歴史上下編」講談社（1968.4.10）/ ■小川益生編「東京消失関東大震災の秘録」廣済堂出版（1973.9.1）/ ■中島陽一郎「関東大震災その実相と歴史的意義」雄山閣（1973.7.20）/ ■「かくされていた歴史（関東大震災と埼玉の朝鮮人虐殺事件）」関東大震災五十周年朝鮮人犠牲者調査・追悼行事実行委員会（1974.7.1）/ ■布施柑治「布施辰治外伝」未来社（1974.12.5）/ ■高橋噴一代表「関東大震災と朝鮮人虐殺」関東大震災五十周年朝鮮人犠牲者調査・追悼行事実行委員会（1975.9.25）/ ■姜徳相「関東大震災」中央公論社（1975.11.25）/ ■「関東大震災と朝鮮人（習志野騎兵連隊とその周辺）」千葉県に於ける関東大震災朝鮮人犠牲者追悼・調査実行委員会（1979.9.1）/ ■桜井優子・五島智子「関東大震災の禍根（茨城・千葉の朝鮮人虐殺事件）」筑波書林（1980.5.15）/ ■田原洋「関東大震災と王希天事件」三一書房（1982.8.31）/ ■現代史の会「関東大震災」草風館（1983.9.1）/ ■吉川清代表「いわれなく殺された人びと」千葉県に於ける関東大震災朝鮮人犠牲者追悼・調査実行委員会（1983.9.1）/ ■「季刊三千里（関東大震災の時代）」（1983.11.1）/ ■朴慶植「天皇制国家と在日朝鮮人」社会評論社（1986.10.30）/ ■姜徳相・琴秉洞「現代史資料6 関東大震災と朝鮮人」みすず書房（1985.10.25）/ ■江馬修「羊の怒る時」影書房（1989.10.9）/ ■熊野市史編纂委員会「熊野市史中巻」熊野市（1983.3.31）/ ■金静美代表「三重県木本で虐殺された朝鮮人労働者の追悼碑を建立する会」会報（1989.4.23以降）/ ■千田夏光「沈黙の風」汐文社（1987.4.10）/ ■裵昭「写真報告 関東大震災と朝鮮人虐殺」影書房（1988.10.7）/ ■琴秉洞編・解説「朝鮮人虐殺関連官庁史料」緑蔭書房（1991.3.15）/ ■大杉栄らの墓前祭実行委員会「自由の前触れ」（1993.9.16）/ ■仁木ふみ子「関東大震災中国人大虐殺」岩波書店（1991.9.10）/ ■「その日の新聞；関東大震災上・下全二巻」大空社（1992.8.27）/ ■「関東大震災69年（毎日グラフ別冊）」毎日新聞社（1992.10.2）/ ■「帝都消滅（週刊アサヒグラフ増大号）」朝日新聞社（1993.9.24）/ ■夏堀正元「小樽の反逆」岩波書店（1993.11.18）/ ■「湯河原村ノ新聞」湯河原町立図書館（1994.3.31）/ ■「関東大震災と朝鮮人殉難事件について」熊谷市立図書館（1994.9）/ ■「歴史地理教育」（506号、809号、959号）歴史教育者協議会/ ■山田昭次「金子文子（自己・天皇制国家・朝鮮人）」影書房（1996.12.5）/ ■松尾章一監修「関東大震災政府陸海軍関係史料全3巻」（1997.1.10）/ ■石井研堂「明治事物起源（全八冊）」筑摩書房

（1997.11.10）／■東京公文書館所蔵「関東大震災関係資料目録」東京都（1997.9）／■「1923 日録 20 世紀」講談社（1997.9.9）／■「版画に見る関東大震災」小田原城天守閣（1997.10.10）／■「週刊 20 世紀関東大震災」朝日新聞社（2000.4.2）／■山田昭次編「朝鮮人虐殺関連新聞報道資料（全 4 巻、別巻 1)」（2004.1.15）／■千葉県日本韓国朝鮮関係史研究会「千葉の中の朝鮮」明石書店（2001.10.31）／■山岸秀「関東大震災と朝鮮人虐殺」早稲田出版（2002.9.10）／■「部落解放」（504 号、840 号、843 号」解放出版社／■「八十年目の記憶関東大震災といま」神奈川県立歴史博物館（2003.7.25）／■姜徳相「関東大震災・虐殺の記憶」青丘文化社（2003.9.1）／■「大震災と報道展」日本新聞博物館（2003.8.20）／■日本弁護士連合会『関東大震災人権救済申立事件調査報告書』及び『勧告書』（日弁連総第 39 号 2003.8.25）／■吉村昭「関東大震災」文芸春秋（2004.8.10）／■関東大震災 80 周年記念行事実行委員会「世界史としての関東大震災」日本経済評論社（2004.9.1）／■在日韓人歴史資料館編「写真で見る在日コリアンの 100 年」明石書店（2008.12.25）／■「震災・戒厳令・虐殺」関東大震災 85 周年シンポジウム実行委員会（2008.8.15）／■仁木ふみ子編「史料集　関東大震災下の中国人虐殺事件」明石書店（2008.10.5）／■工藤美代子「関東大震災『朝鮮人虐殺』の真実」産経新聞出版（2009.12.8）／■渋沢栄一記念財団編「渋沢栄一と関東大震災」渋沢史料館（2010.8.7）／■「関東大震災女学生の記録大震火災遭難実記」フェリス女学院 150 年史編纂委員会（2010.12.1）／■「報告書・関東大震災の記憶」横浜市史資料室（2010.9.1）／■山田昭次「関東大震災時の朝鮮人虐殺とその後」創史社（2011.9.1）／■北原糸子「関東大震災の社会史」朝日新聞出版（2011.8.25）／■尾原宏之「大正大震災忘却された断層」白水社（2012.5.10）／■鈴木裕子「金子文子わたしはわたし自身を生きる（増補新版）」梨の木社（2013.3.1）／■「関東大震災から 90 年、知られざる震災画家徳永仁臣（柳洲）」岡山県立美術館（2013.8.30）／■加藤康男「関東大震災『朝鮮人虐殺はなかった』」ワック株式会社（2014.8.28）／■ジェニファー・ワイゼンフェルド「関東大震災の想像力」青土社（2014.8.20）／■関東大震災 90 周年記念行事実行委員会「関東大震災 記憶の継承」日本経済評論社（2014.10.20）／■加藤直樹「九月、東京の路上で」ころから（2014.3.11）／■西崎雅夫「関東大震災朝鮮人虐殺の記録」現代書館（2016.9.1）／■西崎雅夫編「証言集　関東大震災の直後、朝鮮人と日本人（文庫）」筑摩書房（2018.8.10）／■張玉彪画「関東大震災中国人虐殺之図」（2020）／■「関東大震災で虐殺された中国人労働者を追悼する集い報告集」第五号〜第八号（2017〜 2021）／■「関東大震災時朝鮮人虐殺横浜証言集」関東大震災における朝鮮人虐殺の事実を究明する横浜の会（山本すみ子他 2016.9.3）／■辻野弥生「福田村事件」

崙書房出版（2013.7.31 初版）、五月書房新社（2023.7.10 改訂版）/ ■新井勝紘「関東大震災描かれた朝鮮人虐殺を読み解く」新日本出版社（2022.8.10）/ ■藤野裕子「民衆暴力（一揆・暴動・虐殺の日本近代）」中央公論新社（2020.8.25）/ ■関原正裕学位論文「関東大震災時の朝鮮人虐殺に於ける国家と地域。日本人民衆の加害責任を見据えて」（2021.6）/ ■キム・ジョンス文、ハン・ジョン絵「飴売り具學永」展望社（2022.4.27）/ ■佐藤冬樹「関東大震災と民衆犯罪」筑摩書房（2023.8.15）/ ■佐藤美侑・米原範彦「映画『福田村事件』公式パンフレット」太秦株式会社（2023.9.1）/ ■森達也「虐殺のスイッチ」筑摩書房（2023.7.10）/ ■上原善広「四国辺土」角川書店（2021.11.28）/ ■呉充功監督「記録映画　隠された爪跡　関東大震災朝鮮人虐殺」/ ■「映像の世紀　関東大震災、帝都壊滅の三日間」NHK2023 年 / ■ＥＴＶ特集「映像　関東大震災と朝鮮人」2016 年 / ■中川五郎詞・歌「1923 年福田村の虐殺」/ ■イ・ジュンイ監督「映像　金子文子と朴烈」/ ■関東大震災時殺された中国人労働者を悼む会「映像　関東大震災の中国人虐殺」/ ■森達也監督「映画　福田村事件」（2023.9）/ なお、所蔵先・著作権者が不明な史料・図版があります。

著者　久保井　規夫　(Kuboi Norio)

香川県仲多度郡琴平町出生。香川大学教育学部卒業。大阪府公立学校教員。同和・人権教育研究協議会の役員歴任。私立大学教員。歴史学名誉博士。アジア民衆歴史センター主宰。領土教育研究会理事長。

著書多数。例えば、「教科書から消せない歴史……慰安婦削除は真実の隠蔽」「消され歪められた歴史教科書」「絵で読む　大日本帝国の子どもたち」「日本の侵略とアジアの子どもたち」「絵で読む　紫煙・毒煙、大東亜幻影」「図説　朝鮮と日本の歴史　光と影（前近代編）」「図説　朝鮮と日本の歴史　光と影（近代編）」「わかりやすい日本民衆と朝鮮の歴史」「入門　朝鮮と日本の歴史」「地下軍需工場と朝鮮人強制連行」「わかりやすい日本民衆と部落の歴史」「入門　日本民衆の歴史」「江戸時代の被差別民衆」「近代の差別と日本民衆の歴史」「戦争と差別と日本民衆の歴史」「図説　食肉・狩漁の文化史」「図説　病の文化史」「図説　竹島＝独島問題の解決」「図説　史料に基づく釣魚（尖閣）諸島問題の解決」「関東大震災百周年追悼　史料が証す戒厳令下の大虐殺の真相　朝鮮人・中国人・社会主義者の犠牲」etc

関東大震災　史料が証す戒厳令下の大虐殺の真相
―朝鮮人・中国人・社会主義者の犠牲

2024年9月1日第1刷発行　定価4,000円＋税

著　　　者　久保井　規夫
発　　　行　柘植書房新社
　　　　　　〒113-0033　東京都文京区白山1-2-10-102
　　　　　　TEL 03（3818）9270 FAX 03（3818）9274
　　　　　　https://www.tsugeshobo.com　郵便振替00160-4-113372
印刷・製本　中央精版印刷株式会社

乱丁・落丁はお取り替えいたします。　　　ISBN978-4-8068-0773-5　C0030

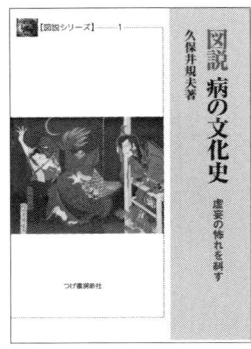

図説　病の文化史
虚妄の怖れを糾す

久保井規夫著　定価 3600 円 + 税

ISBN4-8068-0549-1 C0030

図説　食肉・狩猟の文化史
殺生禁断から命を生かす文化へ

久保井規夫著　定価 4500 円 + 税

ISBN978-4-8068-0550-2 C0030

絵で読む
大日本帝国の子どもたち
戦場へ誘った教育・遊び・世相文化

久保井規夫著　定価 2800 円 + 税

ISBN978-4-8068-0550-2 C0030

図説　史料に基づく
釣魚（尖閣）諸島問題の解決
殺生禁断から命を生かす文化へ

久保井規夫著　定価 2800 円 + 税

ISBN978-4-8068-0550-2 C0030